Niveles y Curvas (y más) con GIMP

Alberto García Briz

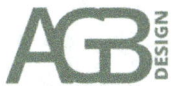

Niveles y Curvas (y más) con GIMP

Alberto García Briz

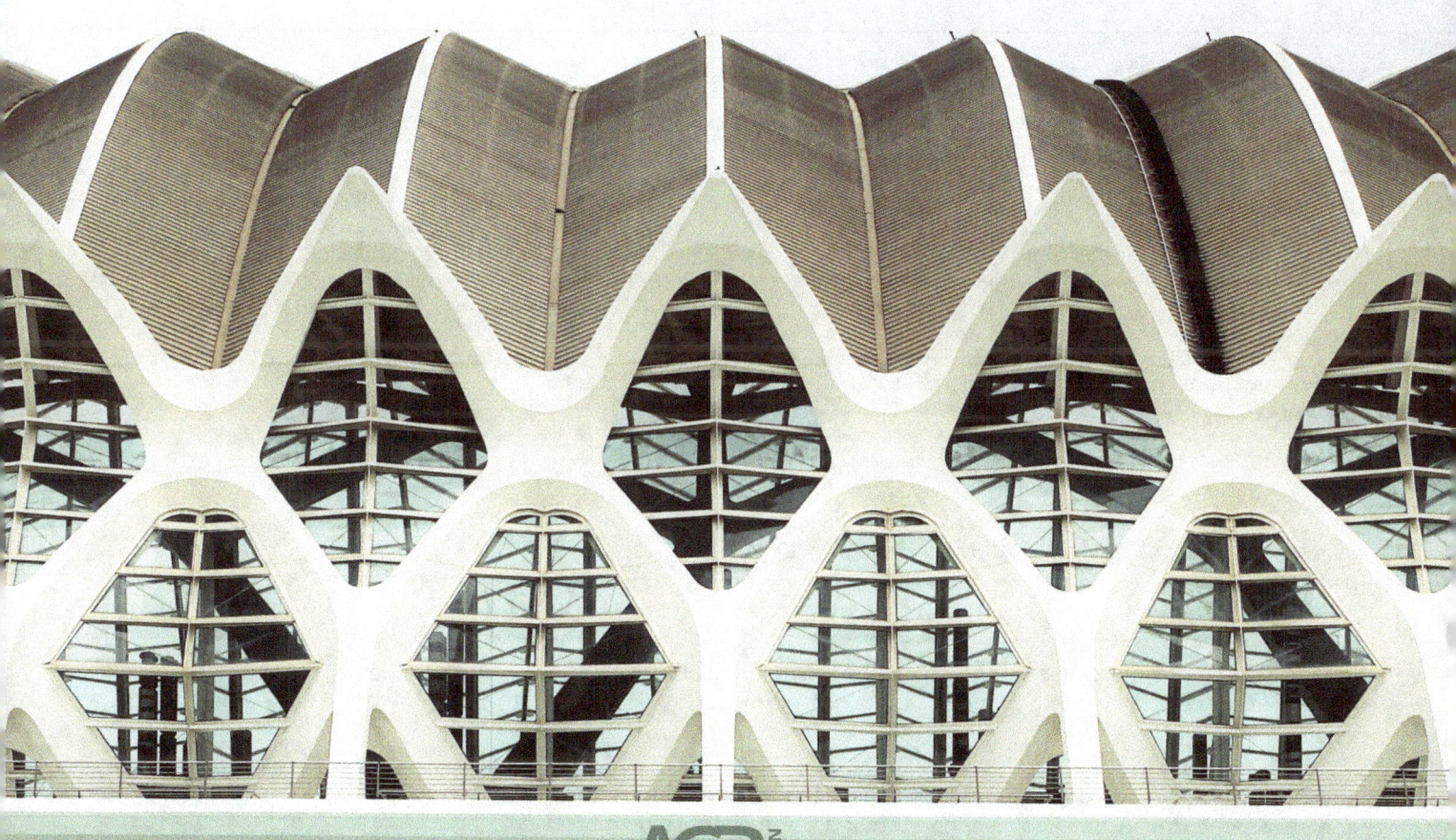

Niveles y Curvas (y más) con GIMP

Alberto García Briz

Primera Edición – enero de 2024

ISBN-13: 979-8873943791

En estos tiempos de Inteligencias Artificiales, este libro está dedicado a quienes quieren aprender algo nuevo y entender cómo funcionan las cosas. No perdáis la curiosidad.

Índice

Presentación

Las cámaras digitales modernas, incluyendo las disponibles en los teléfonos móviles, producen fotografías casi perfectas, mejoradas mediante algoritmos de mejora del contraste, el color y la iluminación, o incluso con Inteligencia Artificial. En la mayoría de los casos, podremos utilizar esas imágenes directamente (quizá, después de aplicarles un simple recorte) para compartirlas en nuestra red social favorita.

Entonces, ¿es realmente necesario un libro como este? Vaya, en mi opinión sí que lo es, aunque quizá con motivaciones diferentes a la descrita arriba.

Por un lado, quizá quieras recuperar fotos antiguas, o bien reeditarlas para presentar una imagen diferente de aquella captura que te quedó tan bien.

Y, por otro lado, todavía hay algunas ocasiones en las que las cámaras modernas no consiguen ajustar la imagen para reflejar "lo que vemos": Recuerda que el ojo humano sigue siendo, en muchas ocasiones, mejor que cualquier cámara digital.

Sea como sea, las herramientas presentadas en este libro pueden servirte para darle ese toque final a tus imágenes, una aportación personal que las hará diferentes a las que podría hacer otra persona. Y, yendo un paso más allá, podrás crear versiones alternativas de tus fotografías, incluso alterando los colores de manera consciente.

No necesitas tener grandes conocimientos informáticos. Al final, tu ordenador es una herramienta, y en este libro te contaré sus limitaciones y cómo los ajustes presentados se aprovechan de la naturaleza matemática de las imágenes digitales. Pero todo esto con un lenguaje sencillo y aumentando la complejidad poco a poco.

Si, además, hacemos todas estas ediciones con un programa como GIMP (ojo, la mayoría de los conceptos presentados aquí pueden aplicarse en otros programas), completamente gratuito y legal, con la potencia de otras aplicaciones mucho más caras, ¿Qué más podemos pedir?

Publiqué la edición anterior de **"Niveles y Curvas con GIMP"** en abril de 2014, hace casi diez años. Desde entonces, GIMP ha evolucionado mucho en su interior con la adopción de las bibliotecas GEGL. Personalmente, también he refinado mi manejo de estas herramientas (y otras nuevas), y considero que ha llegado el momento de que tengas esta actualización en tus manos.

Además, he reordenado los capítulos y he añadido alguno nuevo, como el dedicado a la solarización local de las imágenes (emulando la sobrexposición y la subexposición), un apartado que no incluí en la edición anterior. Así, la edición avanzada de fotografías se acerca un paso más a lo que era el trabajo en un laboratorio químico tradicional.

Pienso que la distribución actual de los capítulos es más lógica y fácil de seguir. Espero que tú también encuentres amenos estos contenidos.

Notas técnicas

La edición anterior de **"Niveles y Curvas con GIMP"**, de 2014, se basó en la versión 2.6 de la aplicación. Desde entonces, GIMP ha evolucionado mucho, pasando por la versión 2.8 hasta la actual 2.10 (concretamente, la 2.10.36 en el momento de publicar este libro).

La versión 3.0 está en preparación, y debería aparecer en cualquier momento...

9

La incorporación de las bibliotecas GEGL significó, sobre todo, la posibilidad de trabajar con más de ocho bits por canal de color (enseguida veremos qué quiere decir esto), lo que nos dará una mayor libertad a la hora de aplicar las distintas herramientas y técnicas.

Desde el lado práctico, este libro ha cambiado el formato (para la edición en papel) respecto a "**Niveles y Curvas con GIMP**", a uno nuevo, cuadrado, de 21,56 centímetros de lado (8,5 pulgadas...), siguiendo la línea de mis últimos libros prácticos.

Sobre mí

Hace más de veinticinco años que manejo programas de edición de imagen. Puedo afirmar que he visto cómo evolucionaban, pasando de ser simples «calculadoras» de mapas de bits a potentes herramientas de gran ayuda para cualquier labor de diseño gráfico, ya sea profesional o para un aficionado.

Comencé en la universidad alrededor de 1995 con aplicaciones muy básicas de edición de imagen (Paint) sobre ordenadores Macintosh hasta el arcaico Photoshop 3.0, para acabar, ya a comienzos de este siglo, con las primeras versiones de GIMP, que conocí en un primer contacto con el sistema operativo Linux.

Una vez que conseguí tener un proceso de edición estable (ahora ya bajo Windows), en 2012 publiqué mi primer libro, «**Blanco y Negro con The GIMP**», donde presentaba las diferentes técnicas para conseguir imágenes monocromas a partir de fotografías en color.

Aunque había una pequeña sección dedicada a las herramientas en ese libro, su descripción debía ser, necesariamente, breve, dado el alto coste de la impresión a color bajo demanda en aquel momento.

Pero las herramientas de ajuste de niveles y curvas merecían tener una explicación más detallada, que acabó publicada en 2015 como la primera edición de «**Niveles y Curvas con GIMP**».

Reconozco que aquella primera edición de este libro tampoco fue lo que estaba buscando. Rápidamente encontré que faltaban contenidos y explicaciones, y un hilo conductor para facilitar una lectura amena. Así, poco después publiqué una segunda edición del libro, que es la que ha estado disponible hasta hace muy poco en las diferentes tiendas de Internet.

Ahora, más de cinco años después de esa última revisión, he decidido publicar esta nueva actualización, por varios motivos.

Sobre todo, hay algunas de estas herramientas que complementan a los ajustes de niveles y curvas, y que no se incluyeron en las ediciones anteriores y que sí tienen su hueco en este libro.

De esta manera, la publicación del libro que tienes en tus manos se convirtió en una prioridad para mí en 2023 y 2024, tras la publicación de mi quinta novela. Espero que los contenidos (y esta nueva presentación más visual) sean de tu agrado. Me encantará saber tu opinión en las diferentes redes sociales.

Un último comentario y una petición, por mi parte. Este libro está publicado de manera independiente, sin el respaldo de ninguna editorial. Si te ha gustado el contenido y te ha parecido útil (incluso, si has aprendido algo nuevo hoy), te agradeceré que dejes una reseña en la tienda donde lo adquiriste.

Esa es la forma (junto con la recomendación directa a tus contactos) de ganar visibilidad frente a las publicaciones de las editoriales comerciales. El boca a boca sigue siendo la mejor arma de los autores autopublicados... ¡gracias por tu ayuda!

Valencia, enero de 2024

Introducción

La inmensa mayoría de la imágenes que puedes encontrar en Internet comparten ciertas características comunes. Concretamente, casi todas están definidas en un «espacio de color» RGB (del inglés, Red, Green and Blue, rojo verde y azul), con cada canal de color definido de manera independiente con ocho bits de resolución.

No te preocupes, veremos qué significa todo esto enseguida.

Además, del lado práctico, las imágenes digitales (también las que puedes producir con un escáner, con tu móvil o una cámara fotográfica moderna) forman una cuadrícula de puntos ordenados (píxeles), algo que facilitará mucho su edición.

Este libro se centrará en entender cómo se producen estas imágenes digitales, qué limitaciones tienen y cómo algunas herramientas pueden aprovechar al máximo la información de imagen para llegar a un resultado más agradable a la vista.

En muchas ocasiones, esa edición significará una pérdida de información real, pero se potenciará el efecto de la información que permanezca en la imagen.

Pues bien, desde esta descripción genérica de una imagen en mapa de bits, pasaré a explicar qué es el histograma y cómo podemos analizarlo para tomar ciertas «primeras decisiones» para la edición de nuestras fotografías.

La herramienta de Niveles nos servirá, entonces, para hacer un primer ajuste de la iluminación general y el contraste de la imagen. Después (o, en ocasiones, en su lugar), la herramienta de ajuste de Curvas nos permitirá una edición mucho más fina de los tonos de la fotografía.

Finalmente, el uso de otras herramientas «menores» nos facilitará darles un toque más personal a nuestras imágenes, como los coloreados o virados.

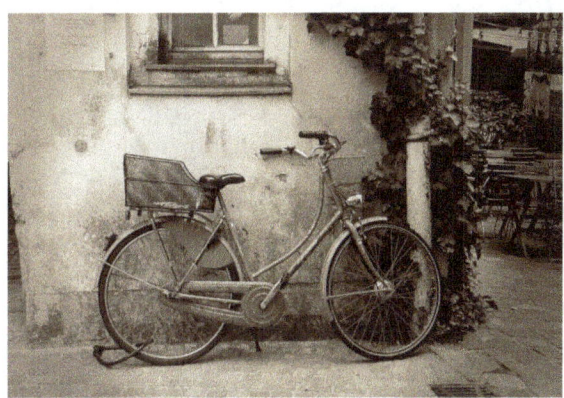

Eso sí, te corresponderá a ti decidir si esas herramientas son útiles o no para tus imágenes. A lo largo de este libro verás que la edición de imagen es algo muy personal: No hay una edición «buena» ni «mala». Salvo que trabajes para un cliente con requerimientos muy concretos, tú deberás decidir cómo debe verse tu fotografía, qué quieres resaltar y qué quieres ocultar.

He intentado presentar las diferentes herramientas y técnicas con una complejidad creciente, desde las más sencillas a las más complejas. Pero solo tú puedes decidir qué «necesitan» tus imágenes.

Como es habitual en mis libros prácticos, al final de este tendrás un Glosario de términos y acrónimos utilizados, de manera que puedas consultarlo siempre que lo necesites.

Edición de imagen digital

Hoy en día, podemos encontrar imágenes digitales en cualquier sitio. Lo que hace poco más de dos décadas estaba limitado al trabajo con ordenador, se ha universalizado a través del auge de Internet y de la impresión digital sobre virtualmente cualquier soporte imaginable.

Se podría decir que casi cualquier persona de un país desarrollado tiene acceso a una cámara digital (de mejor o peor calidad…), al menos las que vienen integradas en la mayoría de teléfonos móviles. Así que la capacidad de crear imágenes digitales está ahí, para bien o para mal.

Pero, en muchas ocasiones, las limitaciones de la cámara o de la escena capturada producen imágenes alejadas de nuestro objetivo. En muchos casos, querremos mejorarlas, para compartirlas con nuestros contactos de internet, o bien para preparar composiciones o documentos concretos.

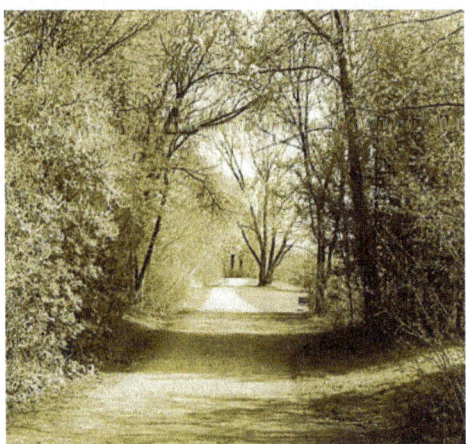

Un teléfono móvil moderno puede generar archivos con ciertos tipos de edición, como el recorte y el coloreado (aquí, en sepia)

Por supuesto, muchos teléfonos inteligentes ya incluyen sus propios programas de edición "sobre la marcha", de manera que actualmente podemos aplicar una serie de ajustes o modificaciones concretas (blanco y negro, sepia, foto antigua…) en el mismo teléfono, como se ha hecho con la imagen que puedes ver en esta página.

Y muchos programas de edición de imagen como GIMP, utilizado en este texto, también incluyen funciones automáticas para el retoque digital, que están pensadas y desarrolladas para quitarnos muchos dolores de cabeza – pero también parte de las posibilidades creativas.

En este libro, vamos a ver cómo se maneja la información digital de una imagen de cara a producir resultados más acordes con nuestras expectativas, más cercanos a lo que queríamos capturar – o bien más espectaculares y llamativos.

También veremos la forma de automatizar (hasta cierto punto) "nuestras" modificaciones personales, de manera que podamos recuperarlas y aplicarlas posteriormente a la misma imagen, o bien a otra completamente diferente.

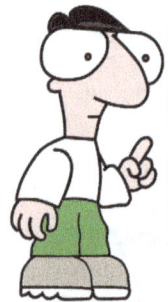

Si te gusta editar tus fotos "sobre la marcha" en tu teléfono móvil o tablet, te recomiendo la aplicación SnapSeed de Google. También tiene un ajuste de Curvas como el que veremos en este libro…

Puntos y píxeles

El primer concepto que debemos tener claro es que las imágenes digitales están formadas por puntos de color único. A estos puntos los denominamos píxeles (del inglés PICture ELement, elemento de la imagen). Vienen definidos por su color y son la menor cantidad de información posible de una imagen.

Por supuesto, debemos tener una forma de "ver" esos píxeles, ya sea en la pantalla o en papel desde una impresora.

Nos encontraremos que, para representar un único punto de color determinado, un monitor utilizará tres o cuatro puntos de colores primarios (rojo, verde, azul, quizá amarillo), con diferentes intensidades. Y una impresora puede utilizar miles (incluso millones) de gotas de tintas de diferentes colores, microscópicas, depositadas sobre un área concreta, para conseguir el color buscado.

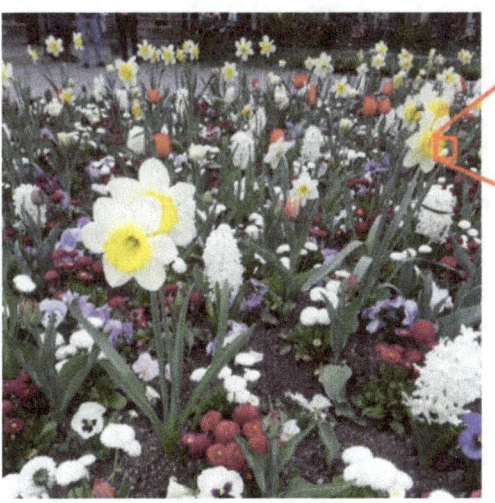

Arriba: Cualquier imagen digital que tengamos estará formada por puntos "cuadrados" con un color único (píxeles). Podremos verlos ampliando la imagen hasta el límite…

Así que nos enfrentamos a una primera "posible confusión": si hablamos de puntos, ¿hablamos de puntos reales de la imagen, puntos de una pantalla, puntos de tinta de una impresora…?

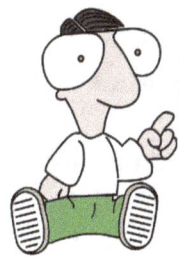

Nota: un atajo muy útil en GIMP es el del zoom, que nos permite aumentar el tamaño de la vista de una imagen con la tecla "+" (más) y reducirla con la tecla "-" (menos)

Lo que se hace habitualmente, y haremos en este libro, es denominar "píxeles" a los puntos de información de la imagen, y "puntos" a los utilizados por los dispositivos de salida (monitores, impresoras) para representar los píxeles. Normalmente, tendremos varios (o muchos) puntos de color para cada píxel.

Bits y Bytes

A partir de aquí, ¿cómo trata un ordenador los píxeles? Al manejar una imagen, el ordenador creará una cuadrícula imaginaria, superpuesta a la imagen, de manera que cada celda contenga un único píxel.

Entonces, podremos conocer la información de cada píxel si conocemos dos datos clave: su posición dentro de la cuadrícula (coordenadas horizontal y vertical) y el valor asignado para el color específico. Y es sencillo imaginar cómo organizar el sistema de coordenadas a partir de una esquina (normalmente, la de abajo a la izquierda).

Por el contrario, es algo más complicado definir cómo guardamos cada color diferente como información digital. Aquí es donde entra el uso de los datos digitales, en forma de bits y bytes.

En informática, un bit es la menor unidad de información que podemos tener. Los circuitos electrónicos almacenarán y transmitirán señales en dos niveles de voltaje diferentes, de forma que podemos distinguirlos.

Un bit podrá indicarse con uno de esos dos niveles o valores. Podrá ser "A" o "B", nivel "alto" o nivel "bajo", blanco o negro... La convención habitual es utilizar este sistema binario (dos valores posibles), que sólo usa los números cero y uno.

Además, la mayoría de programas de edición siguen una convención muy útil: el cero indica ausencia de color, el uno el color "completo".

Pero esto no nos dejaría mucha libertad a la hora de almacenar nuestra información, si junto con las coordenadas sólo podemos decir si el punto tiene color o no.

La manera de superar esto es la de agrupar varios bits para definir la información de cada color.

Si utilizamos dos bits por píxel, tenemos cuatro combinaciones posibles, que podríamos asignar como sigue:

> 00 – Negro
>
> 01 – Gris oscuro
>
> 10 – Gris claro
>
> 11 – Blanco

Si utilizamos tres bits por cada punto, tendremos ocho combinaciones posibles; con cuatro bits, dieciséis... échale un ojo a la tabla de la derecha; ahí puedes ver la correspondencia del número binario con el valor de intensidad de color.

A partir de ahí, una agrupación muy utilizada en informática es el Byte, equivalente a ocho bits. Muchos microcontroladores y microprocesadores están diseñados para trabajar con bloques de ocho bits, o bien grupos de estos (16, 32, 64 bits...).

Si seguimos con el ejercicio anterior, veremos que con ocho bits podemos representar 256 tonos diferentes (por ejemplo, los colores blanco, negro y 254 tonos diferentes de gris entre ellos).

Esta cantidad de tonos diferentes ya es capaz de producir resultados agradables a la vista; el ojo humano apenas apreciará las transiciones

Definición de colores con 3 bits

dec	bits	% color	valor	color
0	000	0,00%	0	
1	001	14,29%	36	
2	010	28,57%	73	
3	011	42,86%	109	
4	100	57,14%	146	
5	101	71,43%	182	
6	110	85,71%	219	
7	111	100,00%	255	

Definición de colores con 4 bits

dec	bits	%	valor	color
0	0000	0,00%	0	
1	0001	6,67%	17	
2	0010	13,33%	34	
3	0011	20,00%	51	
4	0100	26,67%	68	
5	0101	33,33%	85	
6	0110	40,00%	102	
7	0111	46,67%	119	
8	1000	53,33%	136	
9	1001	60,00%	153	
10	1010	66,67%	170	
11	1011	73,33%	187	
12	1100	80,00%	204	
13	1101	86,67%	221	
14	1110	93,33%	238	
15	1111	100,00%	255	

Definición de tonos en escala de grises con tres y cuanto bits. Fuente: Blanco y negro con The GIMP, Alberto García Briz

entre dos tonos contiguos o dos colores en un canal determinado.

Yendo un paso más allá, el ojo humano es sensible a tres colores primarios, rojo, verde y azul. Si somos capaces de definir la proporción correcta de estos colores, podremos definir prácticamente cualquier color, con una gran precisión.

El sistema de color RGB, por ejemplo, utiliza esa estrategia (colores aditivos), y maneja grupos de tres bytes de información, uno para cada color primario. Con 256 combinaciones de tonos de cada color primario, podremos generar más de 17 millones de colores diferentes... suficiente para representar cualquier fotografía "normal". De hecho, este sistema es el utilizado en la mayoría de dispositivos electrónicos y sistemas habituales.

Por supuesto, los sistemas de fotografía e imprenta profesionales pueden ser más complejos, utilizando

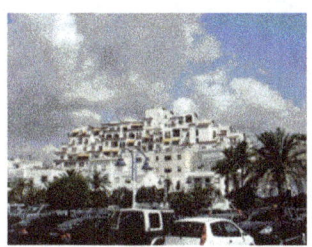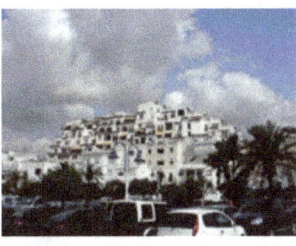

Izquierda: Imagen en formato GIF, definida con ocho bits por píxel. Derecha: La misma imagen representada con 24 bits por píxel - Blanco y negro con The GIMP, Alberto García Briz

más bits de información por cada punto (doce, o dieciséis por color, para dar lugar a imágenes de 36 ó 48 bits por punto), pero son aplicaciones muy concretas.

También hay algunos formatos de imagen que utilizan menos bits por cada punto, ya sea porque utilizan estrategias diferentes (como el indexado) o porque limitan el número de colores a representar, lo que (en principio) producirá imágenes de peor calidad.

Los lectores de eBook actuales (si estás leyendo esto en versión electrónica, puede ser tu caso) suelen trabajar con cuatro bits por píxel, por lo que son capaces de representar hasta 16 niveles de gris diferentes.

Límites y recortes...

Por ahora, nos bastará con saber que los puntos de nuestra imagen pueden tomar, habitualmente, valores entre cero y 255, ya sea en un valor único (por ejemplo, en tonos de grises) o en grupos de tres o cuatro colores primarios.

Específicamente, no podremos trabajar con valores negativos, ni mayores que 255 en un sistema que utilice ocho bits por canal.

Esto nos limitará, como veremos, las posibilidades de edición, "recortando" ciertas zonas de la imagen si nos excedemos con el ajuste.

Si la imagen presenta valores muy claros, o fuera del rango, nuestro programa limitará necesariamente su

valor a 255 (el máximo), "recortando" cualquier posible valor superior. Esto se traducirá en áreas de color blanco uniforme, que pueden no ser agradables a la vista, ya que transmitirán una sensación de que "falta algo". Mira la imagen que usaremos como ejemplo más adelante.

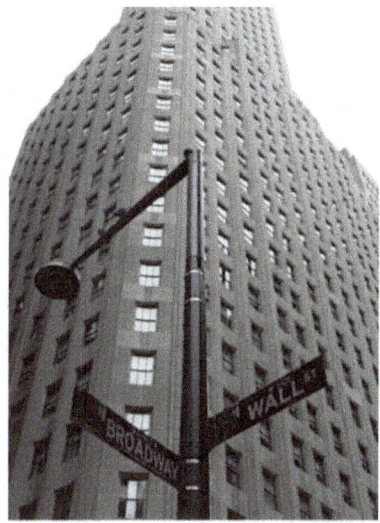

En este libro veremos cómo podemos corregir esta situación de "recorte", para producir un resultado visual más agradable.

Si, por el contrario, intentamos obtener valores negativos ("más negro que el negro"), el programa simplemente asignará el valor cero a esos puntos, recortando en las áreas oscuras. En este caso, veremos zonas negras sin ninguna información útil (contornos, texturas...) de la imagen.

El Histograma

El histograma es una representación en forma de gráfica de la cantidad de puntos de una imagen que tienen un color determinado.

Aquí, voy a retomar brevemente un ejemplo que presenté en «**Blanco y Negro con GIMP**»: Mi hucha.

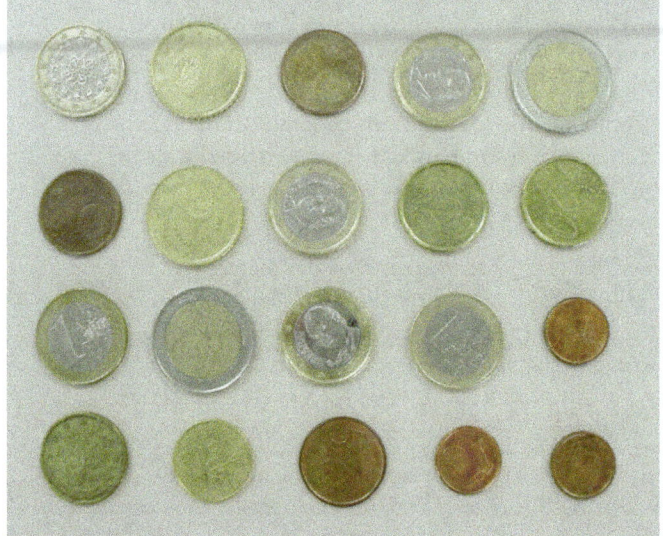

En la imagen de la derecha se puede ver lo que pude rescatar de mi hucha (no es mucho, lo admito): 11,88€.

El contenido de mi hucha se componía de diferentes monedas, cada una con su valor:

- Dos monedas de 2€
- Seis monedas de 1€
- Dos monedas de 0,50€
- Tres monedas de 0,20€
- Una moneda de 0,10€
- Tres monedas de 0,05€
- Cero monedas de 0,02€
- Tres monedas de 0,01€

El promedio de valor es de 0,59€ por moneda, y tengo veinte monedas.

Esta información podría representarla en una gráfica como la presentada bajo la foto. Los valores de moneda bajos están colocados a la izquierda, los altos a la derecha.

Pues bien, esta sencilla gráfica sería el histograma de mi hucha. Tan fácil como esto.

La gráfica representa columnas de diferentes

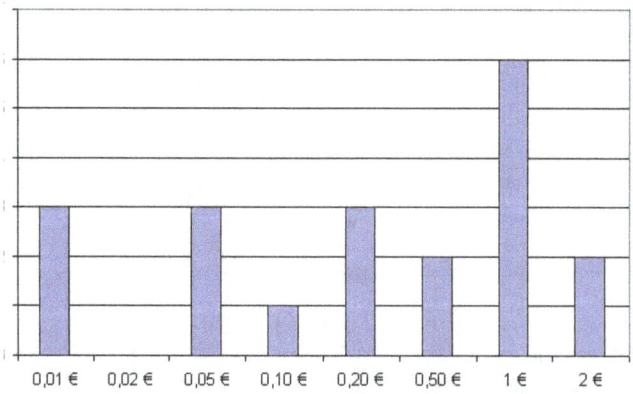

alturas, relacionadas con la cantidad de monedas de cada valor concreto.

A partir de esta gráfica, puedo hacer el siguiente análisis (tan complicado como queramos):

- Tengo monedas de casi todos los valores.

Específicamente, tengo algunas de las de más valor y de las de menos.

• Hay un valor de moneda (0,02€) del que no tengo ninguna unidad.

• La mitad de las monedas tienen un valor «alto» (0,50€ o más), la otra mitad tienen un valor «bajo».Hay un equilibrio en el valor de las monedas, que se refleja en el promedio calculado de 0,59€.

• El número mayor de monedas de un valor determinado lo tengo en seis, para las monedas de un Euro.

¿Verdad que este análisis es sencillo? Seguro que tú puedes pensar en alguna otra afirmación similar.

Pues con nuestras imágenes digitales haremos exactamente lo mismo, y utilizaremos el resultado de este análisis básico para tomar decisiones en nuestros ajustes.

Para explicar los primeros pasos con el histograma, en este libro utilizaremos una imagen falsa muy sencilla (lo que denominaremos un «mapa de bits», o bitmap), compuesta por dieciséis puntos de color de ocho bits, en tonos de gris (a esto se le denomina escala de grises) y dispuestos en una cuadrícula:

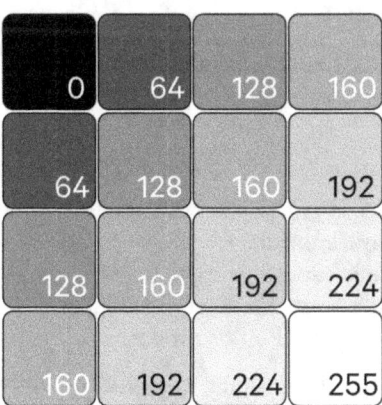

En cada píxel cuadrado "gigante" he indicado el valor numérico del tono representado. Nota que el valor cero indica el color negro puro y el 255 el

blanco. Los tonos intermedios de gris serán más claros cuanto mayor (más cercano al 255) sea su valor.

Ahora, hago una lista de los tonos que aparecen en la imagen, junto con el número de veces que aparecen:

Valor 0:   1 vez

Valor 64:   2 veces

Valor 128:   3 veces

Valor 160:   4 veces

Valor 192:   3 veces

Valor 224:   2 veces

Valor 255:   1 vez

Esa lista la puedo representar, de nuevo, a modo de gráfica, como puedes ver a continuación:

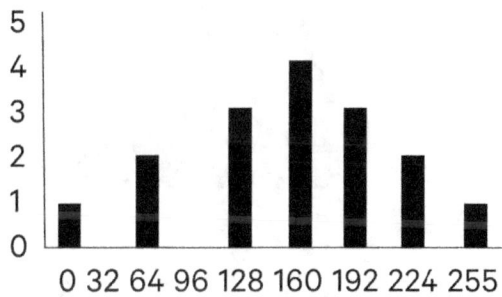

Fíjate que, al igual que he hecho con mi hucha, he puesto los valores más bajos (el cero, que corresponde al color negro) a la izquierda, y los más altos (hasta el blanco, 255) a la derecha, sobre el eje inferior. En el eje vertical, pongo la indicación de cuántas veces aparecen en la imagen. En este ejemplo simplificado, no hay (es decir, tenemos cantidad cero) puntos o píxeles con el color 32 ni el 96.

Pues bien, esta gráfica es, al igual que he hecho antes con mi hucha, el histograma de la imagen. Por supuesto, la imagen de partida es demasiado sencilla. Una imagen normal, en escala de grises, presentará habitualmente información para los

256 valores diferentes (desde el negro puro hasta el color blanco), leídos desde un mapa de bits de varios millones de píxeles.

Enseguida veremos qué pasa con las imágenes en color.

Además, una imagen típica tendrá información en la mayoría de los tonos disponibles; si hay un color o un tono predominante, veremos una columna o un «pico» más alto que los demás en la gráfica, correspondiente a ese valor concreto.

Dado que se "amontonarían" los números en el eje, no se suelen representar (En GIMP, puedes ver el histograma de una imagen mediante el comando "Colores – Info – Histograma"), de la misma forma que

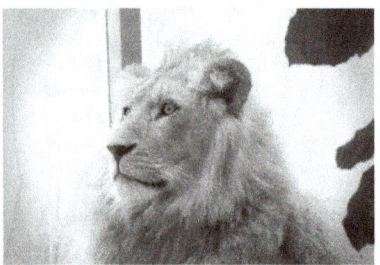

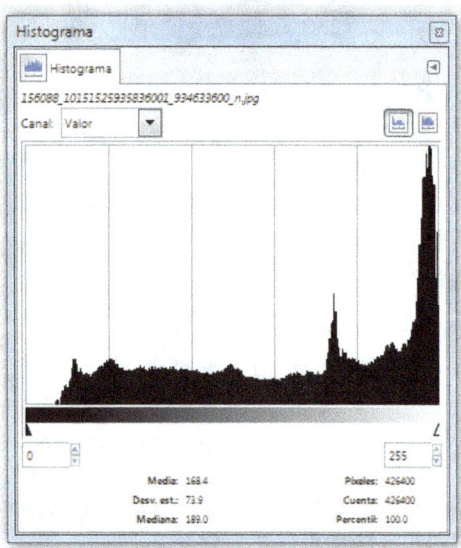

tampoco se muestra el valor (entre 0 y 255) en el eje de la izquierda.

En la imagen anterior, hay un pico muy marcado en los colores más claros, correspondiente al fondo casi blanco. Por el contrario, no hay puntos a la izquierda del todo, por lo que la fotografía no contendrá el color negro puro (el hocico es gris muy oscuro, lo mismo que las hojas en la parte derecha de la imagen).

También, hay una distribución más o menos uniforme en todos los tonos de gris. En este caso, se trata del pelaje del león y el trozo visible del poste detrás de él.

La ventana de Histograma

Como ya he indicado, en GIMP podemos mostrar el Histograma mediante el comando "Colores – Info – Histograma". Vamos a ver un par de detalles de esa ventana auxiliar.

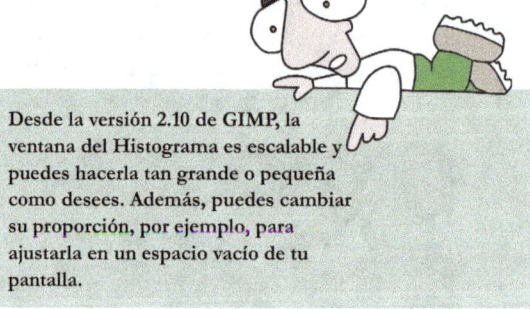

Desde la versión 2.10 de GIMP, la ventana del Histograma es escalable y puedes hacerla tan grande o pequeña como desees. Además, puedes cambiar su proporción, por ejemplo, para ajustarla en un espacio vacío de tu pantalla.

Por defecto, la gráfica se mostrará en la zona central de la ventana auxiliar, ocupando, como es lógico, la mayoría de la superficie. Bajo la gráfica podremos ver los valores extremos (cero y 255) con dos triángulos, que podremos mover.

En la captura de la página siguiente, puedes ver cómo he tomado los valores 32 y 248, como ejemplo. Más adelante veremos la utilidad de estos marcadores.

Además, en esa zona inferior podremos ver algunos

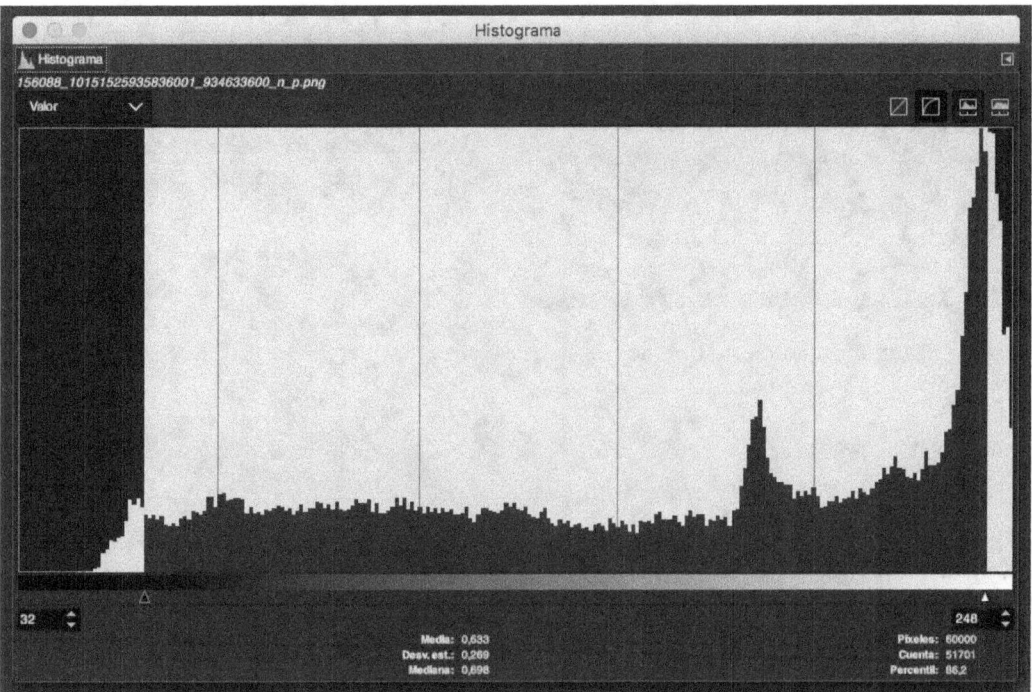

datos estadísticos de nuestra imagen: La cantidad de píxeles y el promedio de su valor, por ejemplo. Por regla general, y con todo lo visto hasta ahora, una imagen con una mediana por encima de 128 será "clara", y una imagen con mediana por debajo de ese valor será "oscura".

La desviación estándar nos dará una indicación de lo «alejados» que están los tonos generales de la imagen de ese valor promedio. En principio, una desviación alta hablaría de imágenes con tonos muy claros y/o muy oscuros, por lo que podría tratarse de una imagen contrastada, o bien de una fotografía en clave alta o baja.

En la zona superior tendremos las áreas de configuración e información de la ventana auxiliar de Histograma. Desde un pequeño triángulo enmarcado, situado en la esquina superior derecha, podremos añadir más pestañas a la ventana, si lo deseamos. Es habitual tener, por ejemplo, la pestaña de Canales a mano, para ver el impacto de las ediciones que vamos realizando.

También podremos decidir si queremos ver la información de manera lineal (como una gráfica "de toda la vida"), o bien si queremos que se muestre la información en escala logarítmica, que debería ser más próxima a la sensibilidad del ojo humano.

De todas formas, es suficiente con que te acostumbres a trabajar de una u otra forma. Yo utilizaré el Histograma lineal a lo largo de este libro.

También puede ser útil que muestres la miniatura de la imagen en la ventana auxiliar, si trabajas con varias imágenes a la vez. Así sabrás qué histograma estás viendo en cada momento, para evitar que tomes una decisión de edición incorrecta.

Un dato que quizá utilices en algún momento (lo veremos en este libro también) es el del percentil, que indica la cantidad de puntos seleccionados. Por defecto, este valor el del cien por cien, pero podrías marcar un rango en el histograma con el ratón, para comprender qué proporción de píxeles está incluida en ese rango de valores.

En el caso del ajuste que he presentado antes,

entre el valor 32 y el valor 247, mi imagen contendría el 84% de tonos dentro de ese rango.

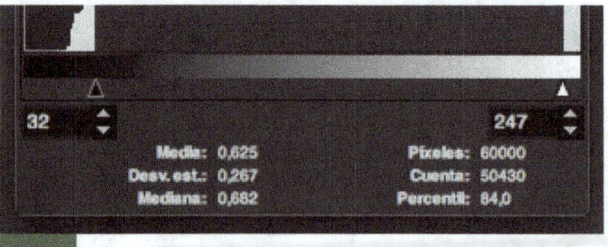

Quizá en algún momento este tipo de información te resulte útil...

Tipos de histogramas

A partir de la definición de histograma del apartado anterior, podremos utilizar esta gráfica como una herramienta de análisis, para saber (de una manera similar a como hemos hecho con las monedas de la hucha) cómo se distribuye la información en una imagen, ver si hay algún problema y detectar cómo podemos resolverlo.

En general, no debería haber una gran cantidad de puntos con los valores extremos, blanco o negro, salvo que se trate de imágenes muy concretas (fotografías en clave alta o baja, respectivamente), porque esto se traducirá zonas de color uniforme en esos extremos, sin nada de información de textura o contenido gráfico, que pueden resultar incómodas o desagradables para el público.

Como ya hemos visto en la sección anterior, diríamos que la imagen está recortada en las luces o en las sombras, según el caso.

Sin embargo, una distribución uniforme a lo largo de toda la escala puede no ser (en contra de lo que se puede pensar) agradable a la vista. En su lugar, será normal trabajar con imágenes que presentarán uno o varios "picos", más o menos pronunciados y anchos, de información en un tono concreto. Habitualmente, nos encontraremos con uno de los siguientes tipos de histograma:

Pico de valores en el lado derecho del histograma: Corresponderá con una imagen en clave alta, o bien con imagen muy iluminada o que contenga predominantemente objetos muy claros. Podría ser el caso de una fotografía en la nieve, o en la playa, o bien elementos como las piedras de la imagen de ejemplo.

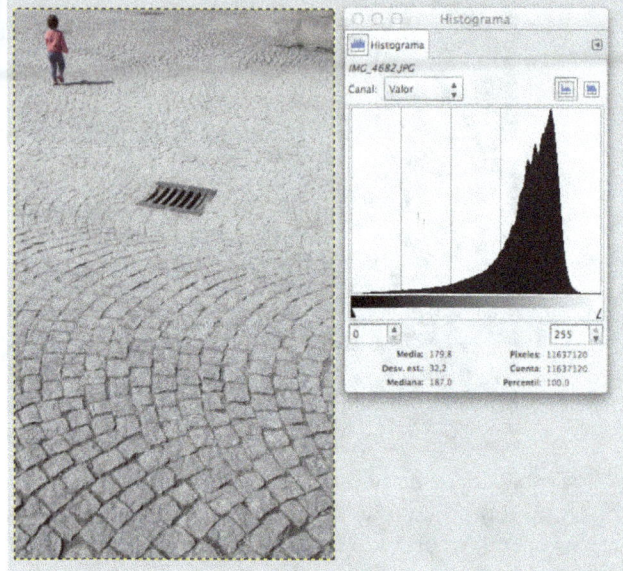

Imagen con gran contenido de tonos claros. Nota que no hay puntos con valores de iluminación extremos (blanco o negro puros). La media es 179.8 (así que es una imagen "clara") y la mediana es baja, de 32.2, lo que indica una mayoría de tonos uniformes y cercanos al tono medio.

Corremos el riesgo de que tenga las luces "quemadas", y perdamos detalles en las zonas más claras. Deberemos intentar que el pico no esté situado sobre los valores más altos (a partir del valor 245, por ejemplo).

Pico de valores en el lado izquierdo del histograma: será correcto en imágenes de clave baja, o bien en situaciones donde haya poca luz o los objetos sean oscuros.

Es el caso opuesto al anterior, con una mayoría de tonos oscuros, quizá con un pico muy diferenciado en un tono oscuro. Tendremos que fijarnos en que este pico de valores no esté situado "demasiado" a la izquierda (digamos, por debajo del valor 10), ya que corremos el riesgo de perder información (texturas, objetos) en las zonas de sombras más oscuras.

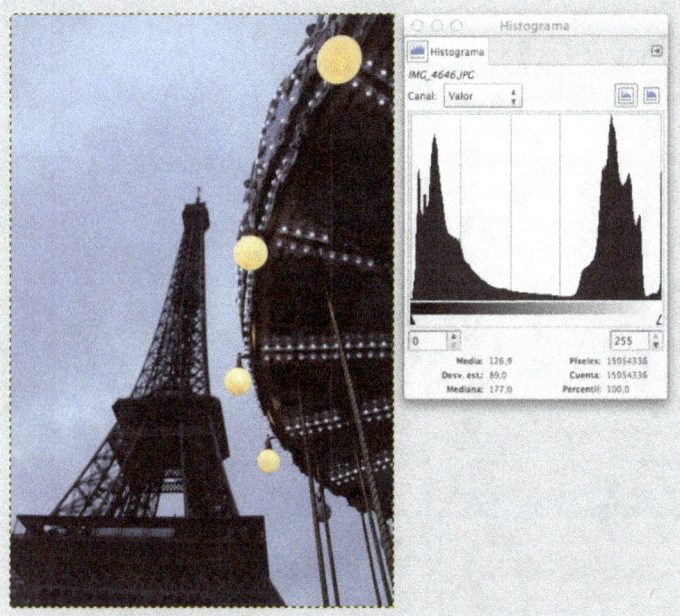

Imagen con dos picos marcados: uno en la zona de sombras y otro (cielo y las luces) en los valores más claros. Aquí, sí se detecta algo de recorte en el punto blanco, ya que la exposición "quemó" la lectura de las bombillas más pequeñas. La media es de 126,9 (así que está equilibrada), pero tiene una desviación estándar de 89, lo que habla de grandes zonas diferenciadas con valores muy claros y/o muy oscuros.

Dos picos, uno en la zona de luces, otro en la zona de sombras (imagen de arriba). En este caso, se tratará, en principio, de una imagen con alto contraste, lo que podría ser positivo. De nuevo, los picos no deberían estar demasiado cerca de los extremos, ya que ahora podríamos perder información de la imagen tanto en las luces como en las sombras.

Una falta de tonos intermedios (valores demasiado bajos entre los picos) puede dar lugar también a imágenes poco agradables.

Por supuesto, será muy diferente el tener picos muy fuertes (limitados a un entorno de valores reducido)

que el tener un valor máximo que "cae" suavemente a ambos lados. El primer caso podría corresponder, por ejemplo, a una imagen en clave baja con elementos que tengan un brillo elevado, como la incluida aquí arriba, o, por ejemplo, los ojos, joyería o dientes en un retrato.

Histogramas por canal

Si observamos que nuestra imagen en color tiene un tinte incorrecto, o un "tono" que queremos corregir (quizá amarillento de una bombilla incandescente, o azulado al fotografiar con fluorescentes), podemos hacer un análisis similar al hecho hasta ahora, aplicado a cada canal de color primario (rojo, verde o azul).

Para ello, con la ventana del histograma abierta, seleccionaremos el color deseado del menú desplegable. Por defecto, vemos el valor global de iluminación (promedio de los tres canales); por eso se indica como "Valor" en ese desplegable.

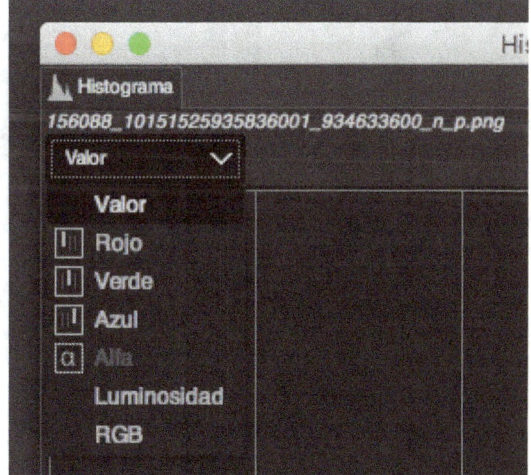

Como detalle práctico, la barra con el degradado que se presenta debajo del histograma cambiará al color seleccionado – de esta forma, sabremos de un vistazo qué canal estamos analizando y podremos detectar si hay algún canal concreto con luces o sombras recortadas.

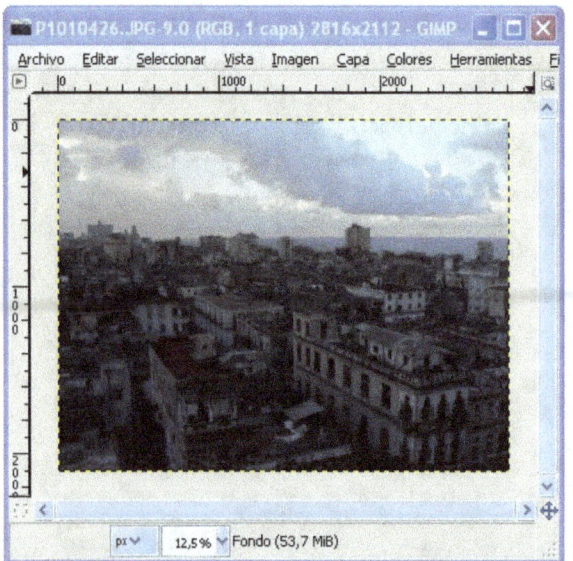

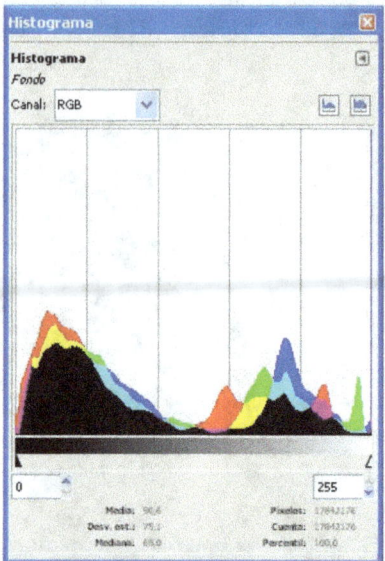

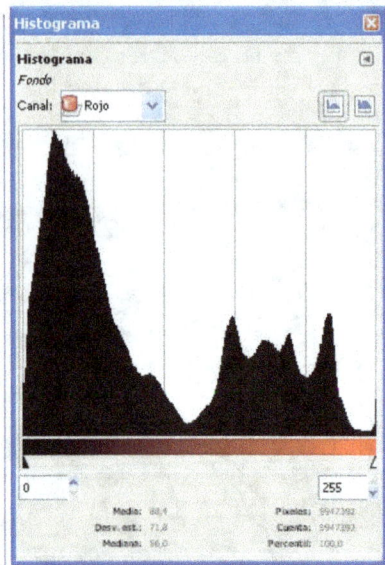

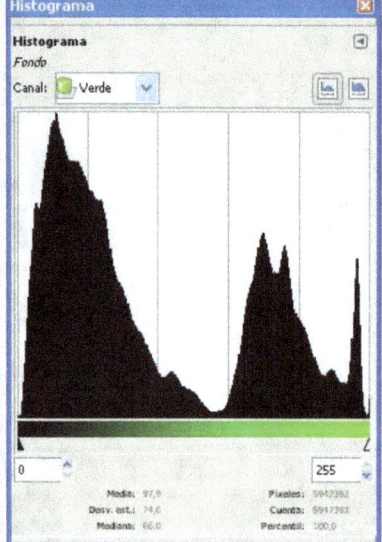

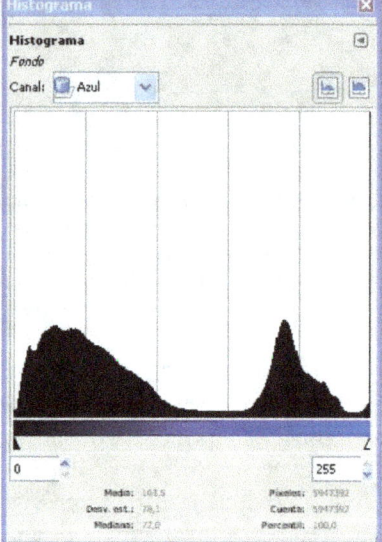

Histograma compuesto RGB y
por canales separados. Se puede
ver que cada canal contiene
información diferente. Fuente:
Blanco y negro con GIMP,
Alberto García Briz

No habrá mucho que podamos hacer desde la ventana del histograma, pero este análisis previo sí nos dará una idea de qué podemos hacer más adelante desde los ajustes de niveles o curvas.

Cálculos básicos

Muy bien, ahora tenemos nuestra imagen de 4x4 píxeles y conocemos su histograma. ¿Qué podemos hacer a partir de ahí? Por supuesto: Jugar con sus valores.

Recuerda nuestra posición inicial, que incluye varios tonos intermedios, además del blanco y el negro:

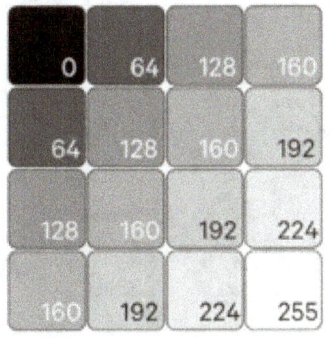

Si, por ejemplo, sumamos o restamos una cantidad fija (voy a tomar un valor de 32) a todos los puntos, obtendremos una nueva "imagen", que será más clara u oscura, respectivamente:

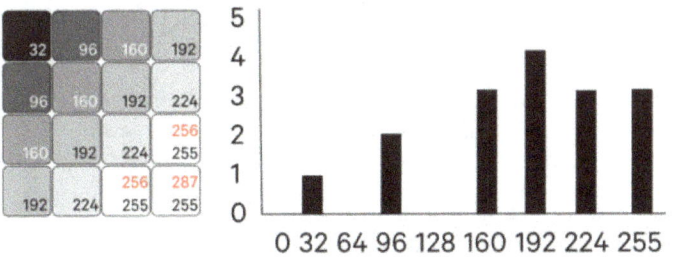

Los valores que obtengamos mayores que 255 (indicados en rojo en la captura anterior) se recortarán a ese número, tal y como hemos visto.

Vemos también que la distribución de los valores se ha movido a la derecha (aclarando la distribución general) y ya no tenemos puntos con valores 0, 64 ni

128. El valor 255 comienza a ganar importancia, debido al aumento de puntos limitados (recortados) por encima de ese valor.

Alternativamente, podríamos multiplicar (o dividir) todos los valores por un número dado.

Si los multiplicamos los valores de la imagen original por dos, tendríamos la siguiente distribución, también con valores recortados.

Esa mayoría de puntos con valor límite de 255 nos generaría un área blanca en nuestra imagen. Posteriormente, no tendríamos forma de saber cuáles fueron los valores (distintos) originales.

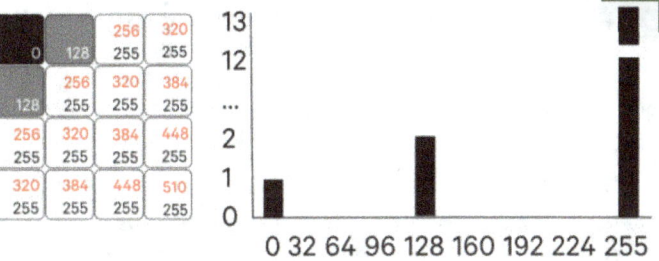

Haciendo una división de esos valores de partida por un número mayor que uno, llegaríamos a un resultado diferente, con la peculiaridad de que no obtendríamos valores negativos ni mayores que 255, por lo que no habría ningún recorte en la imagen.

Si divido el mapa de bits original por dos, obtengo la distribución que puedes ver en la página siguiente.

Vemos que la división (o una multiplicación por un número menor que la unidad) da lugar a una concentración de los valores hacia la izquierda, que es donde situamos los tonos más oscuros.

Estas modificaciones (suma, resta, multiplicación, división) las hemos aplicado a toda la imagen. El conjunto de valores de información se ha movido de una manera uniforme «hacia arriba» (suma, multiplicación) o «hacia abajo» (resta, división).

Nota que las operaciones que aumenten el valor de los puntos aclararán su tono o color general, mientras que las que reduzcan el valor

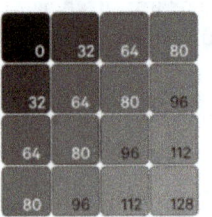
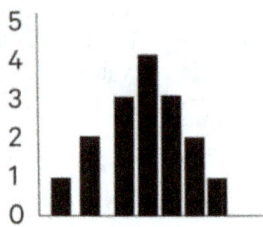

producirán colores más oscuros. En muchas ocasiones, este tipo de transformaciones nos puede permitir alejarnos de los límites (blanco o negro), y obtener una distribución uniforme de grises intermedios.

Aunque debemos trabajar con cuidado: un valor demasiado alto en los cálculos para alejarnos de un extremo de la gráfica puede hacer que haya muchos puntos con recorte de información en el otro extremo, y nuestra imagen final puede perder detalle.

En los ejemplos anteriores, multiplicando por dos ya obteníamos "demasiados" puntos con valor 255, por lo que perdemos la mayor parte de la información de la imagen.

En cualquier caso, acabamos de ver una forma

«matemática» de aclarar una imagen, o bien de oscurecerla. Comenzamos a ver que podemos modificar, mediante operaciones matemáticas simples, la información contenida en una imagen, sin considerar su contenido real.

El considerar una fotografía como una cuadrícula de valores "sin sentido" es un buen ejercicio para comenzar… aunque con una imagen de varios millones de puntos, no nos vamos a poner a hacer operaciones manuales, ¿no?

Afortunadamente, los programas de edición de imagen serán perfectos para esta labor: Están diseñados para poder procesar la enorme cantidad de información contenida en cada imagen…

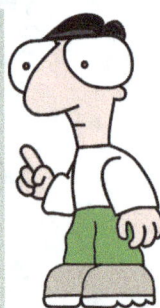

Nota: Cuando invertimos los colores de una imagen (para crear un «negativo», o bien para producir una imagen correcta a partir de uno escaneado), GIMP calculará el nuevo valor restando el original de 255. Así, el color blanco (255) dará lugar a $255 - 255 = 0$ (negro), y el color negro producirá $255 - 0 = 255$.

Un tono de gris oscuro (por ejemplo, el 64) se traducirá en otro más claro ($255 - 64 = 191$) y viceversa.

Ajuste de Niveles

Por supuesto, la pregunta es ¿puedo hacer estas transformaciones de manera sencilla con un programa de edición de imagen? Y, si es así, ¿Cómo realiza GIMP esta transformación? La respuesta es que sí, y con el ajuste de Niveles.

Aunque la forma de trabajar será ligeramente diferente: no tendremos la posibilidad de introducir el valor a sumar o restar (o multiplicar, dividir…), sino que, directamente, podremos definir qué "es" el color blanco y el color negro para nosotros. Y un gris intermedio.

Herramienta de Niveles

En GIMP, con una imagen cualquiera abierta, podemos ir al comando "Colores – Niveles…" para

abrir la ventana de diálogo como la que puedes ver aquí abajo.

Desde la versión 2.10 de GIMP, esta ventana es escalable, y puedes hacerla todo lo grande (o pequeña) que quieras.

Por ahora, dejamos para más adelante la información de la zona superior. En el centro, podemos ver el histograma (¡vaya!) de nuestra imagen, que normalmente tendrá una distribución uniforme de valores entre los dos extremos, quizá con uno o dos picos de valores más frecuentes.

Justo debajo, hay una barra con un degradado del negro al blanco, con tres triángulos, que marcan el punto del

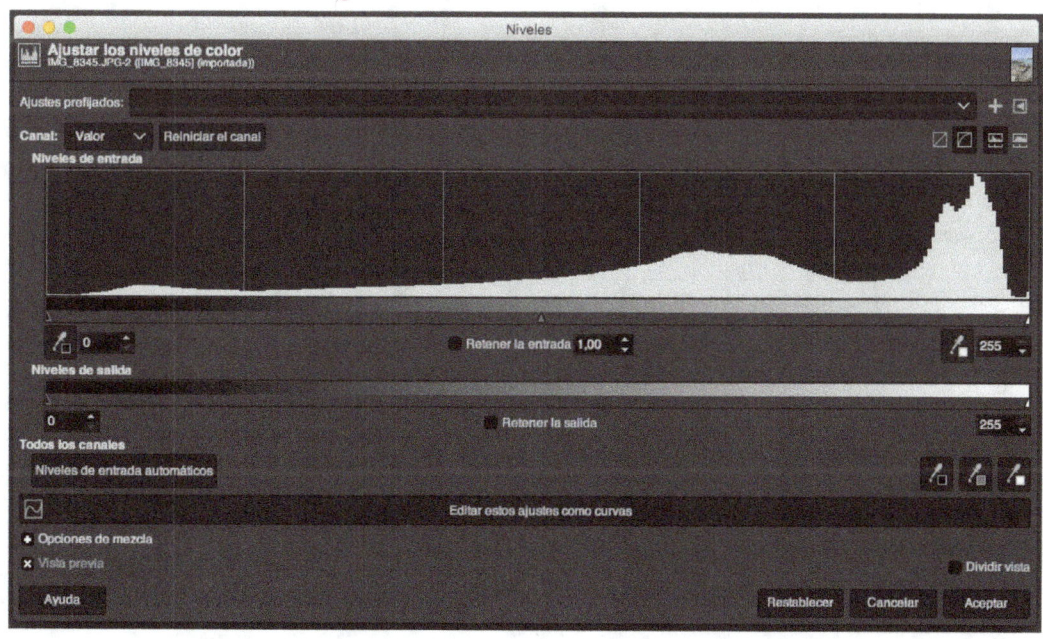

histograma donde tenemos los colores negro, gris medio y blanco.

La posición de los colores negro y blanco viene indicada, además, con un valor numérico (inicialmente cero y 255, respectivamente), y podemos ver dos cuentagotas, uno con la punta negra, el otro con la punta blanca. No hagas nada aún…

Un poco más abajo, hay otra barra con degradado, marcada como "Niveles de salida". Ahora, sólo tenemos los triángulos (que podremos mover) y la entrada numérica.

Y después puedes ver un botón, que cubre todo el ancho de la ventana, con la leyenda "Editar estos ajustes como curvas". Ya puedes imaginar que el ajuste de niveles estará relacionado con el de curvas… pero esto lo veremos más adelante.

Por último, puedes ver la casilla de vista previa y los botones habituales de Aceptar, Cancelar y Ayuda, junto con uno que nos permitirá recuperar el estado inicial, si nos liamos.

Definición de puntos de entrada

Mediante esta ventana auxiliar de ajuste de Niveles, podremos hacer una primera corrección general de la iluminación y el contraste de nuestras imágenes.

El primer paso será el de "decirle" a GIMP qué es el color blanco y el negro en nuestra imagen. Lo que antes hemos calculado mediante operaciones matemáticas, ahora lo podremos hacer directamente desde la imagen, o bien desde los controles de la ventana auxiliar.

Vamos a ver todo esto con un par de ejemplos.

Imagen muy oscura

En algunas ocasiones, tendrás imágenes con todo (o la mayoría) su contenido desplazado

hacia un lado, sin información en el otro extremo. Eso querrá decir, simplemente, que no utilizas toda la gama de tonos disponibles en tu fotografía.

Ojo, esto podría ser correcto. Puedes capturar una escena que no tenga brillos muy fuertes, o sombras cerradas. En ese caso, la fotografía podría ser correcta. Sin embargo, lo habitual es intentar que nuestra imagen utilice al máximo su información, para dar lugar a imágenes más agradables a la vista.

El tener una "referencia" de algo muy claro y muy oscuro nos ayuda a situar el resto de elementos en la composición de la escena.

Por ejemplo, voy a tomar la siguiente foto, realizada al atardecer y ya con poca luz. En la fotografía no hay iluminación solar directa, ni tampoco brillos que resalten en la imagen. En general, transmite una sensación "oscura" – de hecho, estaba anocheciendo…

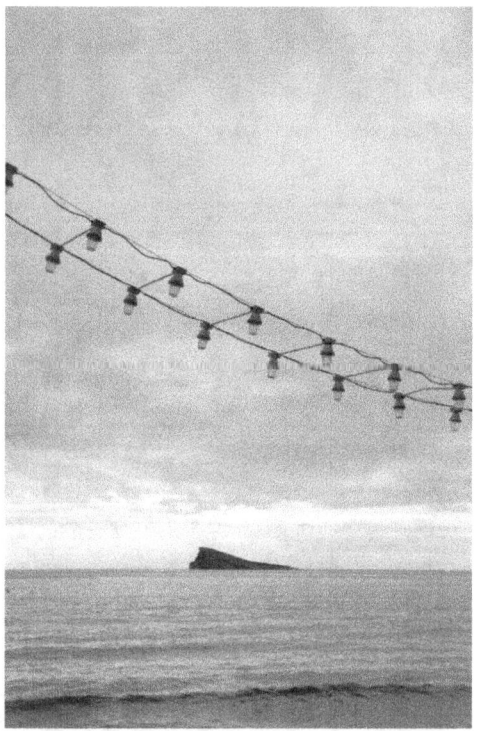

Si abrimos su Histograma, veremos que hay una distribución de tonos por casi todo el rango con la mayoría de valores en el lado derecho, que corresponden a los tonos claros.

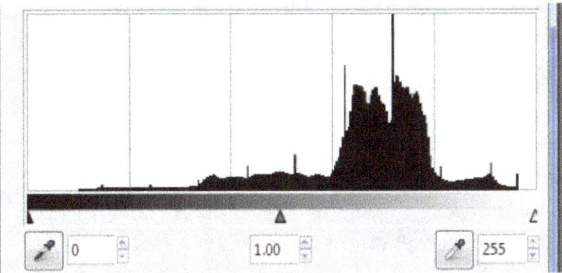

Ahora, abro la ventana auxiliar de ajuste de Niveles, mediante "Colores – Niveles…", donde puedes ver el mismo histograma de partida de la imagen anterior.

Vemos en la captura de abajo que casi no hay información en el extremo derecho del histograma,

lo que quiere decir que NO hay puntos blancos en la imagen – y en realidad, es así.

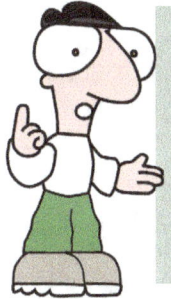

Matemáticas: ¿Qué significa este nuevo valor? En realidad, multiplicamos todos los valores de información de la imagen por 255/245 = 1.04 (redondeando los valores finales), es decir, que aclaramos toda la imagen, incluyendo las zonas más oscuras…

El color negro, seguirá siendo negro, ya que 0 * 1.04 = 0.

Sin embargo, para mejorar la presentación de la fotografía, forzaremos a que contenga ese color blanco, moviendo el triángulo blanco de la barra superior (con valor inicial 255) hacia la izquierda, hasta el punto donde comienza a

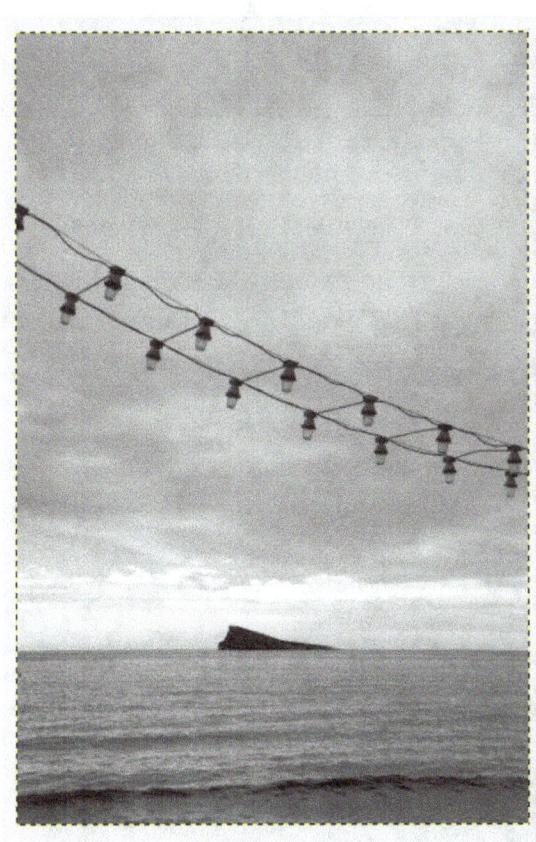

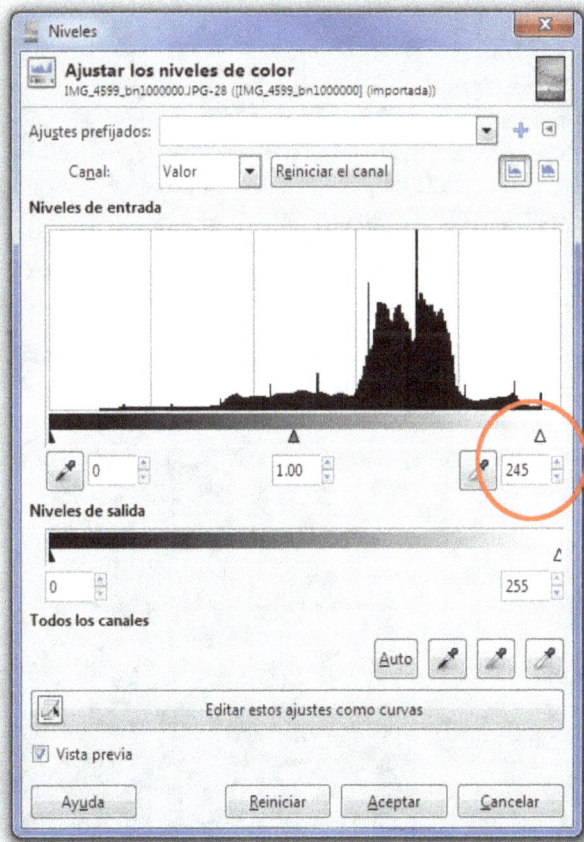

haber información (en este caso, con valor 245). Al hacer este ajuste, la imagen se ha aclarado ligeramente.

En cualquier caso, ahora, abre el histograma (con el comando "Colores – Info – Histograma"). Podrás ver que hay valores que no presentan información y que se ven como unas bandas blancas en el histograma, como si faltase algo.

En realidad, al multiplicar por un valor fijo y redondear, hemos eliminado efectivamente algunos posibles valores, así que tampoco estamos usando toda la gama de tonos posibles.

Esta reflexión es lógica: no estamos creando nueva información, sino simplemente cambiando sus valores. Depende de ti decidir qué imagen prefieres: la original, oscura (pero hecha al atardecer…) o la nueva, más clara.

Imagen muy clara

SI tuviésemos el caso opuesto, una imagen muy clara sin información en las sombras más oscuras, podríamos mover el triángulo negro hacia la derecha, hasta el punto en el que tengamos información útil.

Recupero la fotografía del león presentada anteriormente. Como ya comenté, no contiene el color negro puro y los valores de la imagen comienzan en torno al valor 15 (un gris bastante oscuro…).

En este caso, "estiraremos" la información de iluminación hacia la izquierda (moviendo el triángulo negro hacia la derecha), de manera que se oscurece toda la imagen. Tenemos un nuevo valor numérico para el color negro, en este caso 20.

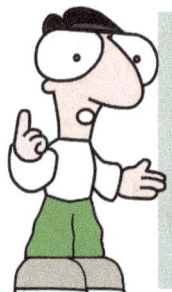

Matemáticas: En este caso, la fórmula es algo más complicada. Primero, restamos el valor escogido de 20 a todos los puntos (en principio, los oscurecemos…), y multiplicamos el nuevo valor por $255/(255-20)$.

Así, el color blanco sigue siendo blanco, ya que $(255-20) * 255/(255-20) = 255$.

El color blanco no se debe ver afectado, al igual que los valores más elevados. Ahora, comprueba en la página siguiente el cambio de una imagen a otra.

El cambio introducido es mínimo, pero quizá

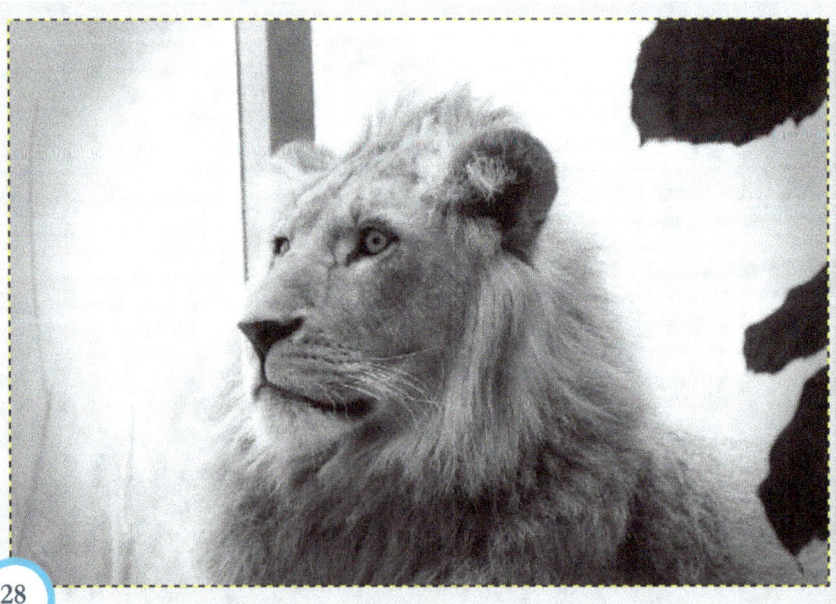

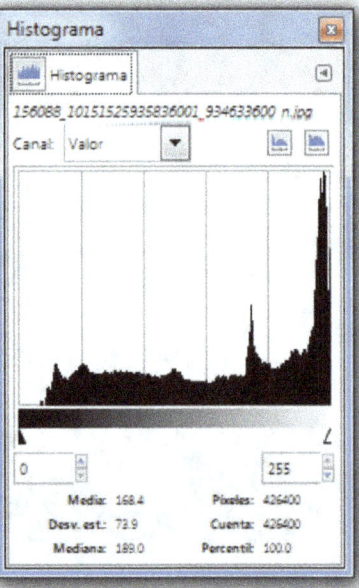

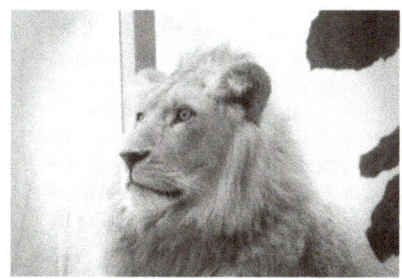

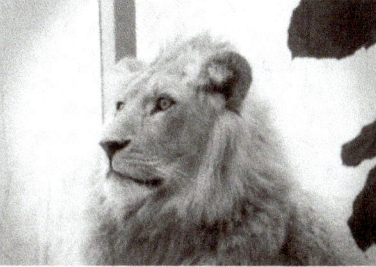

Arriba: fotografía original, sin negros puros. Abajo: foto con los niveles corregidos.

puedas apreciar algo más de contraste en el pelaje del león. Como "efecto secundario", las hojas, el hocico y la boca también se han oscurecido.

Como puedes ver en la foto de partida de este ejemplo (quizá con poco contraste, "blanda"),

podemos recuperar parte del contraste de la imagen, aunque tampoco crearemos nueva información, sólo estamos modificando la distribución de valores, como en el apartado anterior.

Volviendo al ejemplo de la playa, podemos observar que tampoco contenía información en los grises más oscuros. Teóricamente, deberíamos ajustar también el punto negro para corregirlo.

En este caso, lo podemos subir hasta el valor 25. Al aplicar los dos cambios (blancos a 245, negros a 25), la nueva imagen ya contiene ambos extremos – pero a cambio habremos "perdido" algún valor intermedio.

Si no nos excedemos en el ajuste, esta pérdida no será apreciable. Si buscamos valores más forzados, podremos llegar a ver efectos de tramado o generación de bandas de color uniforme – algo poco agradable a la vista, ya que creamos estructuras visuales de manera artificial.

Cuentagotas

Una manera rápida de trabajar con el ajuste

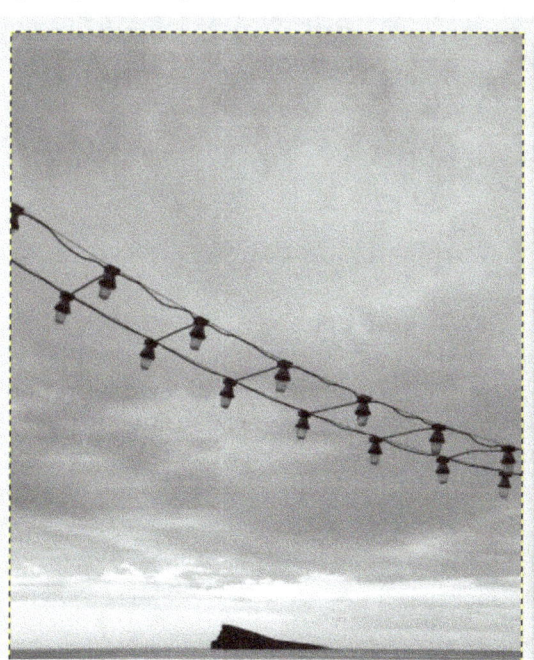

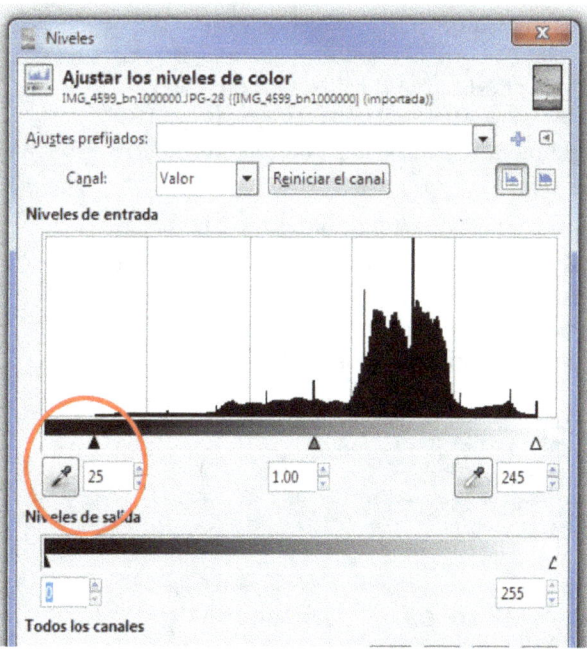

de niveles es el de tomar las referencias de color blanco y negro directamente de la imagen, mediante los cuentagotas.

Para cada color (blanco, negro y gris medio) hay un cuentagotas específico.

Haciendo clic en cada botón, el cursor del ratón cambia al tono elegido. Lo único que tienes que hacer es hacer clic en la imagen donde consideres que está el tono activo. La información del tono que indiques se pasará automáticamente a la ventana auxiliar de niveles.

Las herramientas de cuentagotas pueden no ser tan exactas como las entradas numéricas, porque puedes encontrarte con ligeros cambios de tono en un área que parece uniforme en la pantalla.

Sin embargo, son una buena "primera aproximación" para definir unos valores de partida. Además, haciendo clic en distintos puntos de la imagen puedes ver el efecto de esta herramienta de una manera más directa…

El punto medio

Una vez que hemos elegido nuestros valores de negro y blanco entre los puntos de la imagen (ya sea mediante los deslizadores, las entradas numéricas o con los cuentagotas), podemos definir el comportamiento de los grises intermedios mediante el deslizador (triángulo) gris.

Este indica la relación existente entre las luces y las áreas más oscuras de nuestra imagen. Inicialmente, se coloca en el punto central (valor 128), y la entrada numérica indica un valor de referencia de "1.00". Hay la misma cantidad de tonos claros (126 más el

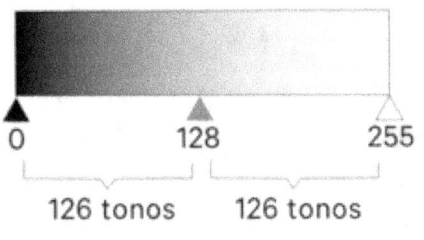

blanco) que oscuros (126 más el negro) a ambos lados.

Si movemos el deslizador gris hacia el color negro (hacia la izquierda), forzamos a que haya menos cantidad de tonos "por debajo" de 128. Por el contrario, muchos puntos tomarán valores por encima de esa cifra.

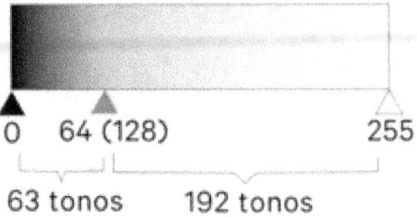

La fracción entre tonos claros y oscuros será mayor que la unidad. El valor numérico estará por encima de 1.00.

La imagen resultante será más clara, y habremos perdido algo de detalle en las sombras (ya no estarán todos los valores entre 0 y 128 presentes) y en las luces (algunos puntos tomarán valores idénticos).

Por el contrario, si desplazamos el valor 128 hacia la derecha, permitiremos que haya pocos tonos diferentes entre el 128 y el 255, y muchos entre cero y 128:

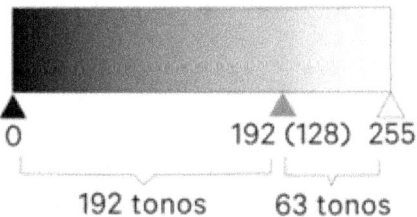

En ese caso, la fracción entre la cantidad de tonos más claros y más oscuros será menor que 1.00, y la imagen resultante se verá más oscura.

El control del punto medio es, en ocasiones, complicado de comprender. Parece ir en contra de la intuición: Al desplazar el triángulo hacia el blanco, creamos más tonos oscuros, y viceversa.

En cualquier caso, es una cuestión de acostumbrarse, buscando el resultado de manera visual sobre nuestra imagen, y no tanto mirando los valores numéricos.

Con esta edición, de nuevo, habremos perdido algo de información de la imagen, dado que duplicaremos valores oscuros y reduciremos la cantidad de valores diferentes claros.

Definición de puntos de salida

Hasta ahora, hemos visto cómo conseguir que nuestra imagen se vea bien en pantalla (y posteriormente al imprimirla). Sin embargo, los monitores (y las impresoras) tienen sus limitaciones técnicas, que darán lugar a ciertos problemas de representación.

Negro...

Concretamente, será complicado mostrar las diferencias entre tonos muy oscuros, cercanos al negro. En los monitores, esto implica ausencia casi total de luz (ya sea enmascarándola toda en un monitor TFT, o bien no emitiéndola en absoluto en un monitor LED o de tubo CRT), y debemos trabajar en los límites del dispositivo.

Con las impresoras, es incluso peor, dado que producen el color negro mediante la deposición de una cantidad determinada de polvo de tóner, que se funde para dar lugar al acabado uniforme, o bien de gotas de tinta, que se extienden más o menos por la superficie del papel, antes de secarse.

Así, una posible solución es la de no utilizar el color negro puro a la hora de imprimir. Jugaremos con grises o colores muy oscuros, pero nunca con el valor cero.

Nota: En imprenta, se utiliza un sistema diferente de colores, el CMYK (ver glosario). Raramente se usará un negro puro, sino que se aportará cierto porcentaje de otros colores, para dar ciertas características al color.

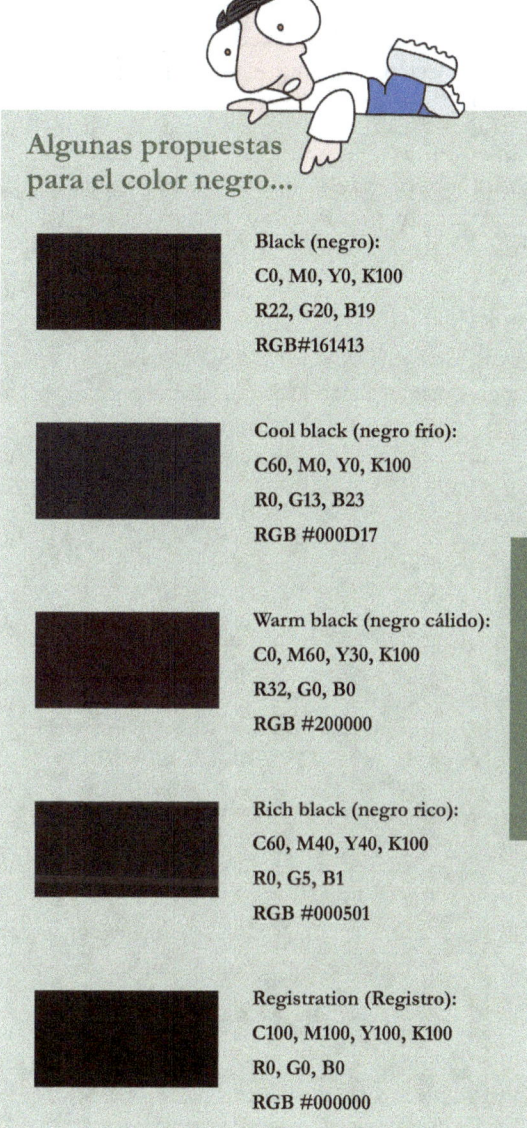

Algunas propuestas para el color negro...

Black (negro):
C0, M0, Y0, K100
R22, G20, B19
RGB#161413

Cool black (negro frío):
C60, M0, Y0, K100
R0, G13, B23
RGB #000D17

Warm black (negro cálido):
C0, M60, Y30, K100
R32, G0, B0
RGB #200000

Rich black (negro rico):
C60, M40, Y40, K100
R0, G5, B1
RGB #000501

Registration (Registro):
C100, M100, Y100, K100
R0, G0, B0
RGB #000000

Así, podemos encontrar definiciones como:

* Negro estándar, (0C, 0M, 0Y, 100K)

* Negro frío (60C, 0M, 0Y, 100K)

* Negro cálido (0C, 60M, 30Y, 100K)

* Negro neutro (50C, 50M, 50Y, 100K)…

GIMP todavía no puede trabajar de forma

nativa con el sistema CMYK. Sin embargo, puedes usar los valores para definir el equivalente RGB aproximado…

La forma de hacer esto será desplazar el triángulo negro de la barra inferior hacia la derecha, fijando qué valor de gris oscuro será nuestro límite – por ejemplo, un valor numérico de 5 ó 10.

…y blanco

De la misma forma, los tonos muy claros, cercanos al blanco puro, generan áreas vacías en pantalla o en el papel de salida. Da la impresión de que "falta algo", aunque realmente no sea así.

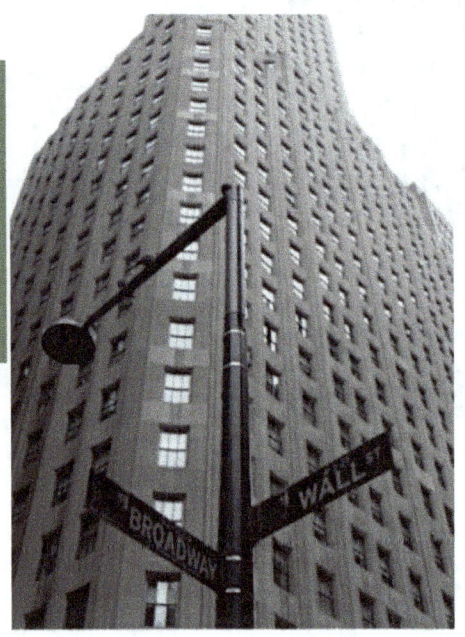

Arriba: Sin un enmarcado correcto, el cielo "quemado" puede transmitir una impresión de que "falta algo" en la zona superior de la imagen…

La forma de evitar esto es la de limitar nuestro blanco más claro, forzando a que la pantalla o la impresora muestren "algo" diferente del blanco puro – aunque sea un gris muy claro.

Moviendo el triángulo blanco de la barra inferior, conseguiremos que todos los tonos igual al que fijemos y superiores se representen en la

pantalla como el valor que decidamos. Aquí, el alejarnos 5 – 10 puntos respecto al máximo también es un buen punto de partida. Elegiremos, por ejemplo, un valor de 245 ó 255.

Aclaraciones…

En la ventana del ajuste de niveles podemos ver un botón marcado como "Auto", que ajustará los niveles de entrada a un nivel óptimo – siempre en opinión de GIMP. Prueba a abrir una imagen nueva, abre la ventana auxiliar de Niveles y utiliza ese botón. En la mayoría de los casos, el resultado será bastante aceptable…

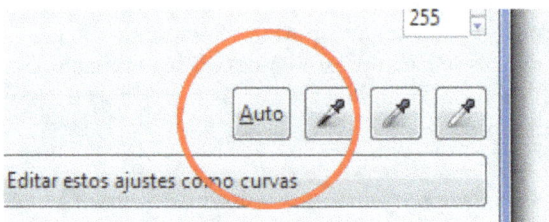

Aquí es donde es necesaria una correcta calibración del monitor y la impresora.

Como digo, la mayoría de la veces el ajuste automático será correcto, y quizá quieras modificarlo (ya sea el color negro, el gris o el blanco) unos pocos puntos a la izquierda o a la derecha – pero no mucho más.

Si no ves una imagen correcta en pantalla, quizá no tengas ésta bien ajustada, o la iluminación del sitio donde trabajas no sea la correcta.

Y lo mismo sucederá con la impresora. Una imagen que ves "perfecta" en la pantalla, puede no dar el resultado deseado en papel. La forma en la que los controladores (drivers) de las impresoras mezclan los pigmentos (ya sean sólidos o líquidos) y en qué proporción para conseguir un color determinado, puede dar lugar a sorpresas…

Más adelante veremos una manera práctica de hacer una calibración básica de la impresora – con un ajuste de curvas.

Ajuste de niveles por canal

Como vimos en el apartado del histograma, podemos ver por separado la distribución de la información de color en cada canal primario (rojo, verde y azul).

Pues bien, en la ventana de ajuste de niveles también tenemos un menú desplegable (en la parte superior), que nos da acceso al ajuste de cada color primario por separado. Si tienes práctica, puede ser una forma sencilla de corregir ligeras dominantes (habitualmente, deslizando el triángulo de valor medio).

En cualquier caso, si desplazamos uno de los canales por separado podemos desequilibrar la composición de todos los colores de nuestra fotografía. Podemos llegar a resultados realmente artísticos, forzando este ajuste.

Pero también podemos arruinar la fotografía original… recuerda trabajar siempre sobre una copia de tus fotos.

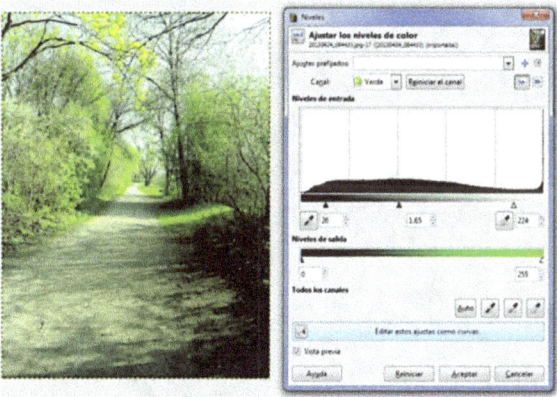

Ejemplo de edición de un canal individual, desde el menú desplegable de la parte superior: Se han bajado las luces verdes (para evitar el recorte por saturación), se ha subido las sombras (para eliminar zonas negras) y se ha movido el punto medio hacia la izquierda, para dar más importancia a los tonos claros.

Claramente, la edición independiente de cada canal de color puede crear efectos extraños, o incluso desagradables, en tus imágenes. Sin embargo, también podrían producir algún resultado artístico válido, que podría definir "tu" estilo personal. No tengas miedo de probar cosas nuevas.

Guarda tus ajustes...

La configuración por defecto de GIMP no tiene almacenado ningún ajuste de niveles. Puedes ver un menú desplegable marcado como "Ajustes prefijados", que está en blanco.

Pues bien, si tienes una serie de fotografías tomadas con las mismas condiciones de luz o ajustes de tu cámara, puedes guardar los ajustes de niveles para aplicarlos exactamente igual a todas ellas.

La forma directa de hacerlo será la de hacer clic en el icono "+", visible al lado de este desplegable. GIMP te pedirá que le des un nombre a este ajuste, para poder utilizarlo posteriormente. Alternativamente, puedes hacer clic en el pequeño triángulo de la esquina superior derecha, y exportar estos ajustes a un archivo que puedas recuperar posteriormente.

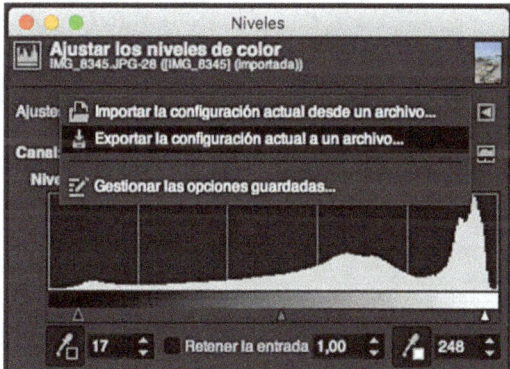

Como ya he comentado, esta práctica es muy útil para generar series de imágenes con un aspecto visual similar.

En la siguiente sección, dedicada al ajuste de Curvas, veremos cómo podemos hacer lo mismo con estas, pudiendo crear una "colección" de ajustes personales que nos permitirá trabajar de una manera más rápida y eficaz en el futuro.

Niveles – conclusiones

Bien, el ajuste de niveles es útil para modificar nuestras imágenes, "salvar" algo de información en las zonas de luces o sombras… Es una herramienta sencilla, que nos da cierta flexibilidad y "tiene en cuenta nuestra opinión" sobre cómo debe ser la imagen final. Nosotros podemos decidir si debe verse más clara u oscura, y cómo se distribuyen los tonos de grises intermedios.

Por supuesto, el ajuste del gris medio conlleva un riesgo de pérdida de información de la imagen, por lo que habrá que manejarlo con cuidado.

Además, podemos corregir hasta cierto punto la salida de nuestra imagen (ya sea en pantalla o en papel) para hacerla más agradable a la vista, respetando sus detalles en las sombras y las luces.

Pero aun así, es un método demasiado "rígido" para modificar los tonos o colores de una imagen, sobre todo los tonos intermedios… Quizá si tuviésemos dos (o tres, o más) ajustes de gris intermedio, podríamos afinar mejor la imagen… ¿hay otra forma, otra herramienta para corregir la iluminación de las fotografías?

De un vistazo

* El ajuste de Niveles permite realizar cambios generales en la iluminación general de una imagen.

* Podemos definir cuál es el punto más claro y más oscuro en nuestra imagen, y todos los tonos intermedios se midificarán en consecuencia.

* Un último ajuste del valor medio de iluminación nos permitirá controlar el balance entre tonos claros y tonos oscuros.

* Como punto negativo, salvo que se utilicen herramientas de selección este ajuste es demasiado uniforme, y puede no dar el resultado esperado.

* Otro punto negativo, la edición "intensa" de Niveles no crea nuevos colores: Solo los desplaza. Puede ser una edición destructiva.

Ajuste de Curvas

Pues sí, esta herramienta existe, y es, por supuesto, el ajuste de curvas.

Este ajuste sigue una filosofía similar a la del ajuste de niveles, pero nos da un paso más en las posibilidades de ajuste: teóricamente, podríamos utilizar un factor diferente de modificación (suma, multiplicación…) para cada tono de color de la imagen de partida.

De este modo, podríamos seleccionar un grupo de tonos determinado y aumentar su valor (aclarándolos) o reducirlo (oscureciéndolos), sin modificar el resto de tonos, por ejemplo.

O bien podemos decidir que una transformación afecte con más intensidad a las luces, o solo a las sombras…

Herramienta de Curvas

Podemos abrir la ventana auxiliar de ajuste de curvas mediante el comando "Colores – Curvas…". La ventana de trabajo será bastante similar a la de niveles, pero ya no tendremos los triángulos de ajuste, ni para los valores de entrada ni para los de salida.

La principal diferencia será, cómo no, la presentación de la curva en el centro de la ventana.

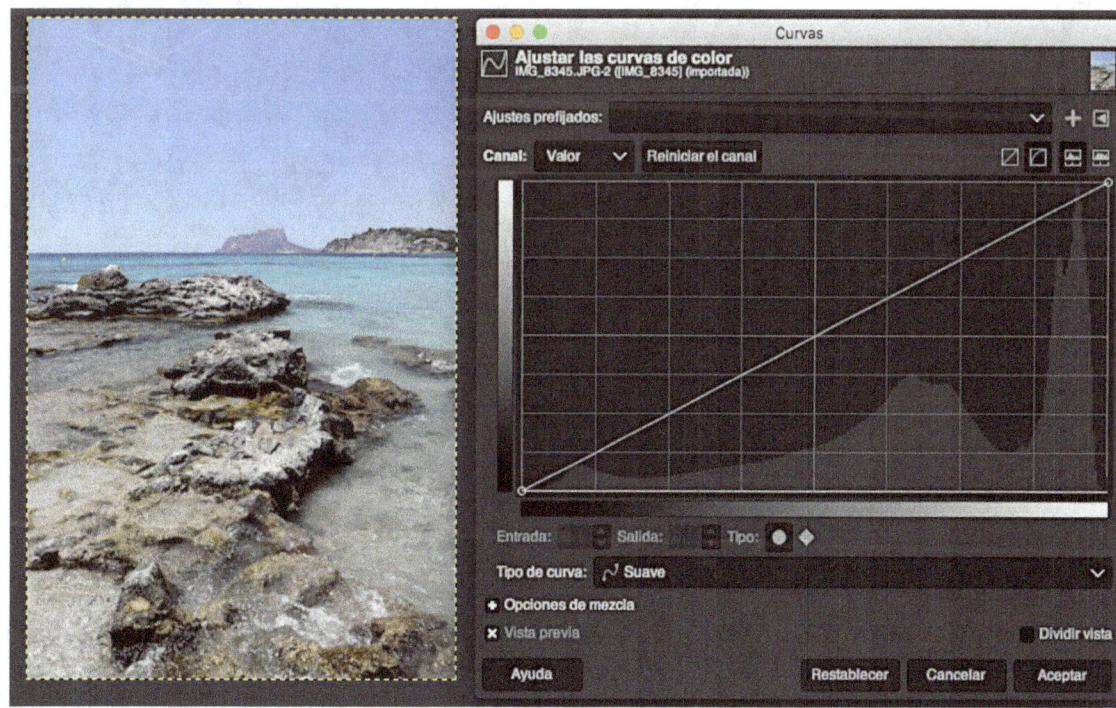

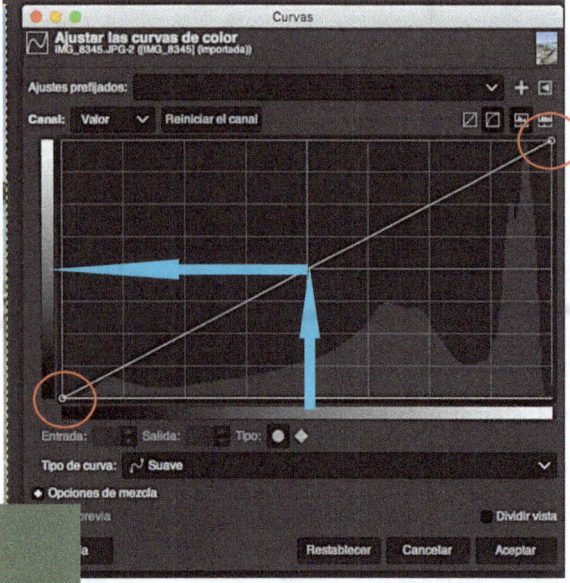

Inicialmente, esta curva es una línea diagonal. Además, si te fijas, hay dos barras con degradados del negro al blanco, una debajo y otra en el lado izquierdo del histograma.

Sobre la diagonal inicial, también podemos ver dos puntos de ajuste (dos cuadrados pequeños) en los extremos de la misma.

Interpretación de la curva inicial

Muy bien. Vemos la diagonal, vemos los degradados, vemos los dos cuadrados pequeños (o dos puntos, según tu sistema operativo)… Pero ¿qué es lo que estamos viendo en realidad?

La línea diagonal (recuerda, es nuestra curva inicial) nos indica la correspondencia entre la imagen original y la que obtendremos si aplicamos la transformación.

Así, el cuadrado pequeño de abajo a la izquierda nos indica que el color negro (del degradado de abajo) da como resultado el negro (en el degradado de la izquierda). De la misma

manera, el cuadrado de control de arriba a la derecha nos indica que el blanco (del degradado de abajo) es en realidad blanco (en el degradado de la izquierda)…

Y cualquier gris intermedio del degradado inferior será exactamente el mismo gris intermedio en el degradado de la izquierda, tal y como indico con las flechas azules. Al menos, inicialmente. Ahora, vamos a ver cómo cambiar esto.

Movimiento de los puntos de control

Con el ratón, podemos arrastrar los cuadrados de control por todo el recuadro del histograma. Pero, por ahora, vamos a hacer algo un poco más sencillo: los vamos a mover a lo largo del contorno del mismo histograma.

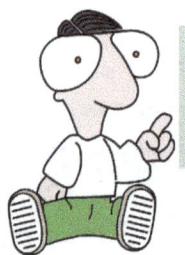

Nota: las imágenes utilizadas en esta sección están tomadas del libro "Blanco y Negro con The GIMP", del mismo autor.

Si movemos **el ajuste del punto negro hacia la derecha**, estamos forzando a que el tono de gris final abajo (recuerda, representa a nuestra imagen original) y todos los que sean más oscuros que este, tomarán el color negro (del degradado de la izquierda).

Lo que hacemos es oscurecer la imagen, exactamente igual que cuando ajustábamos los niveles moviendo el triángulo negro hacia la derecha. Aquí puedes ver, de una manera gráfica, lo que pasa con los tonos intermedios.

La nueva diagonal queda por debajo de la original, lo que indica que los nuevos tonos serán más oscuros.

Recuerda, del ajuste de niveles, que estamos perdiendo información, ya que un gran número de

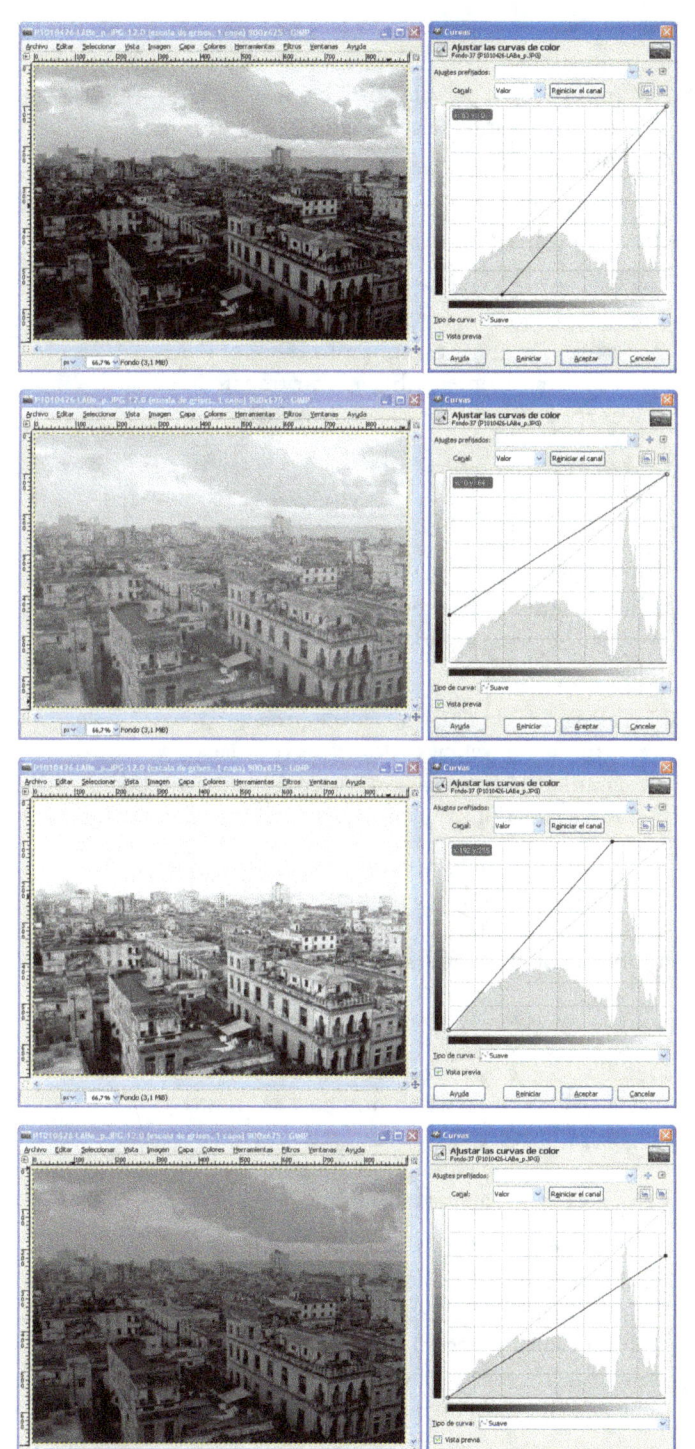

puntos (los situados a la izquierda del control que hemos movido) reciben ahora el mismo valor cero.

Si moviésemos **el punto negro hacia arriba**, estaríamos forzando a que los puntos con valor cero de la imagen original tomasen un valor gris más claro, el del degradado de la izquierda. El resto de tonos de la imagen se ajustan a ese valor.

De nuevo estamos perdiendo información, ya que, en este caso, sólo usaremos los valores por encima del seleccionado en la imagen final y no los 256 posibles.

Con el movimiento del punto blanco, tendríamos una situación similar. Si lo desplazamos en horizontal hacia la izquierda, estamos diciendo que todos los tonos de la imagen (en el degradado horizontal) por encima de ese punto serán blancos en la imagen final. El resto de tonos hasta el negro se ajustarán proporcionalmente.

Al asignar el mismo valor (255) a muchos puntos de la imagen, estaremos perdiendo información en la zona de luces altas. Es lo que sucedía con el ajuste de niveles al mover el triángulo blanco hacia la izquierda.

Por último, si desplazamos el punto blanco hacia abajo, estamos forzando a que no existan valores de gris por encima del valor del punto indicado en el eje izquierdo. Por tanto, la imagen se oscurecerá.

Como curiosidad, puedes probar a abrir una imagen y su ajuste de niveles. Modifica el ajuste del punto negro, moviendo el triángulo negro hacia la derecha, o bien el punto blanco, haciendo lo correspondiente con el triángulo de ese color.

Ahora, haz clic en el botón "Editar este ajuste como curvas" – verás que llegamos a los ajustes de esta sección.

Creación de puntos de control

Hasta aquí no hemos descubierto nada nuevo. Hemos hecho los mismos ajustes que podíamos hacer con la herramienta de

Niveles. Ahora, vamos a ver dónde reside la potencia de la herramienta de curvas.

Con el ratón, podemos añadir puntos sobre la diagonal, tantos como queramos, haciendo clic sobre ella. Inicialmente, esos puntos indicarán (como ya hemos explicado) la correspondencia de un tono de gris (debajo del punto, sobre el degradado inferior) consigo mismo, a la izquierda del punto creado sobre el degradado de la izquierda.

Ahora, podemos mover esos puntos de control dentro del área del histograma.

Veremos que, al arrastrar el punto con el ratón, la diagonal se transforma en una curva, cuya pendiente adaptará la inclinación necesaria en el punto marcado, para producir una transición suave.

De nuevo, si movemos el punto por encima de la diagonal, indicando que el valor de salida es más alto que el de entrada, estaremos aclarando el valor de salida del tono seleccionado y (como la curva es suave) los de los tonos inmediatamente cercanos.

Por el contrario, si movemos el punto por debajo de la diagonal inicial, el tono de salida que tendremos será más oscuro (un valor más bajo) que el de entrada en el punto seleccionado y los tonos más cercanos a este.

Según vayamos añadiendo más o menos puntos de control, podremos tener una curva más o menos compleja.

También, cuanto más te alejes de la diagonal inicial, más extremo será el cambio introducido. Por lo general, será recomendable aplicar transformaciones suaves (poco alejadas de la diagonal original).

Tipos de curvas habituales

Con lo dicho hasta ahora, veremos que habitualmente trabajaremos con unas determinadas "formas" de curva, cada una con su finalidad o aplicación concreta.

En la mayoría de revistas y libros prácticos encontrarás referencias a los tipos de curva presentados a continuación. Además, la mayoría de publicaciones utiliza una nomenclatura similar.

Vale la pena perder un tiempo revisando el comportamiento de los diferentes ajustes posibles, y cómo se denomina cada tipo de curva. Por orden de importancia, podríamos listarlas como sigue:

Curva en "S"

Definida con dos o tres puntos de control, los tonos más claros se aclaran aún más con un punto de control, y las sobras se oscurecen. El punto medio (opcional) define el rango de tonos que se mantendrán sin apenas cambios.

Dependiendo de la posición de partida de los puntos de control, podemos ajustar el valor del "punto de inflexión", que definirá cuántos tonos se aclararán (a su derecha) y cuantos se oscurecerán (a su izquierda). El resultado será un aumento general del contraste de la imagen.

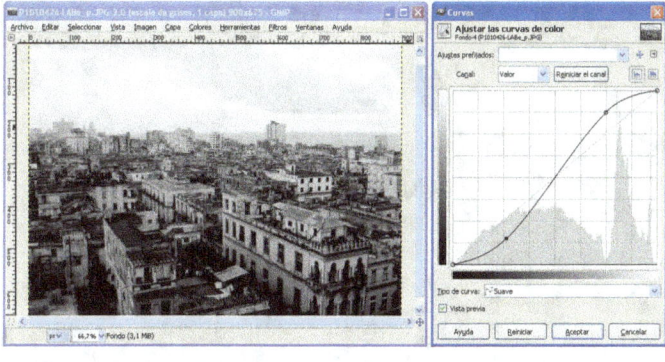

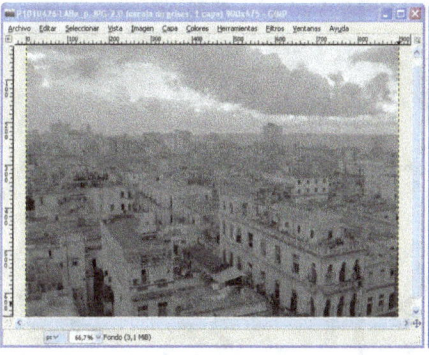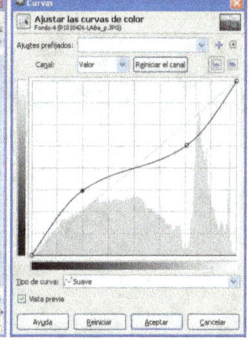

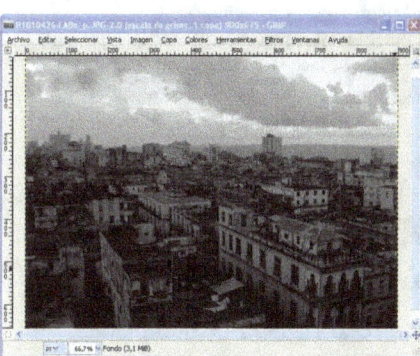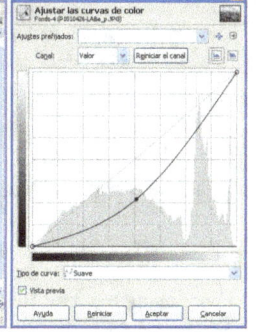

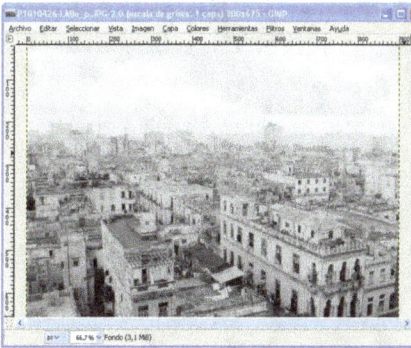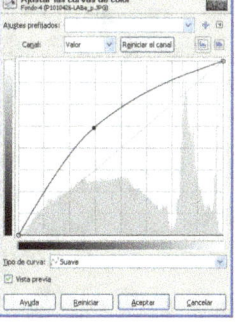

Dado que habitualmente trabajaremos con un ajuste suave de curvas, una práctica muy efectiva es la de colocar estos puntos donde tengamos los picos de valores en el histograma, para que el efecto del ajuste de curvas sea más visible.

Curva en "S" invertida

También generada a partir de dos o tres puntos, en este caso las luces se oscurecen y las sombras se aclaran. Aquí también el punto medio es opcional, y vuelve a definir tanto el punto de inflexión como los tonos que no cambiarán de manera importante.

De nuevo, la localización de los nuevos puntos de control permite colocar este punto de inflexión donde queramos, dando más importancia a los tonos claros u oscuros.

En cualquier caso, por lo general obtendremos una reducción del contraste de la imagen.

Nota, en el ejemplo anterior, que seguimos teniendo el punto blanco y el punto negro en la curva, por lo que, en teoría, estamos utilizando todo el rango de valores de la imagen.

Curva en "U"

En realidad, se parece más a una "J", pero es la denominación con la que la encontrarás en la mayoría de libros y revistas. Se crea con un único punto de control, arrastrándolo hacia abajo.

Ahora, todos los puntos de la curva quedan por debajo de la diagonal, por lo que el resultado será más oscuro que el original. El colocar el punto

De arriba a abajo:

Curva en "S"

Curva en "S" invertida

Curva en "U"

Curva en "U" invertida

Más curvas en la página siguiente

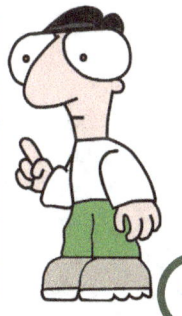

central más a la izquierda o a la derecha definirá la proporción de tonos claros respecto de los oscuros.

Nota que, de nuevo, el punto blanco y el negro no se han modificado, por lo que sus valores siguen estando presentes, si estaban en la imagen original.

Curva en "U" invertida

El efecto contrario al anterior, en este caso movemos el único punto de control hacia arriba. Toda la curva queda por encima de la diagonal original, y por tanto la imagen de salida es más clara que la original.

Al trabajar con un único punto, el situarlo más a la izquierda o a la derecha modificará la proporción de tonos oscuros y claros, pudiendo perderse gran cantidad de información de la imagen.

Curva en "V"

En realidad, esta debería llamarse curva en "U", pero la llamaremos así para no confundirla con la presentada anteriormente. Lleva un ajuste en dos pasos.

Primero, se crea un punto de control más o menos centrado, y se baja hasta un tono de salida "oscuro". Después, se sube el punto de control del color negro hasta (casi) el valor 255.

En este caso, las sobras más oscuras se transforman en luces altas, y son los tonos medios (controlados por el punto central) los que darán entidad a la imagen. El efecto que se produce es parecido al que se alcanzaba con la solarización en el revelado químico de laboratorio.

Curva en "V" invertida

Opuesta a la anterior, en este caso subiremos las luces de los tonos medios con un punto de control hasta un valor dado. Después, bajamos el punto blanco hasta el cero, de manera que las zonas con valor 255 (y próximos) se oscurecen drásticamente.

Nota: No me cansaré de repetir en estos libros que tú, como "artista" de la edición, eres

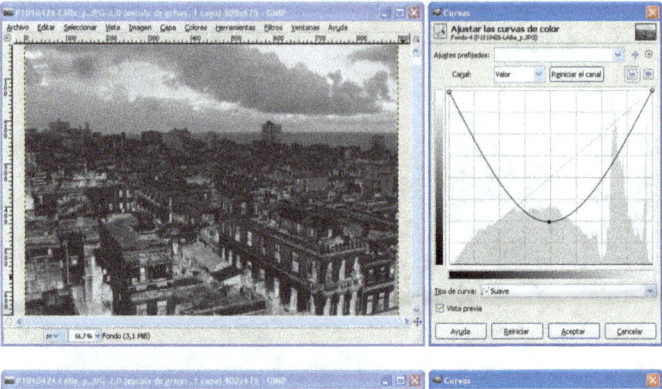

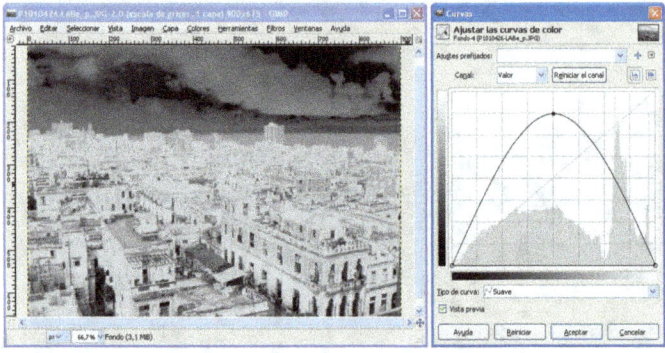

Arriba: Curva en "V". Los negros puros desaparecen, reemplazados por detalles en blanco. Abajo: Curva en "V" invertida, con la que los detalles blancos desaparecen y son reemplazados por el color negro.

quien debe decidir si una edición es válida o no. Es tu preferencia personal. Por supuesto, si tienes que vender tu trabajo a un cliente, es otra cosa…

Otros tipos de curvas

Por supuesto, puedes trabajar con tantos puntos de control como desees, o hacer una curva nueva combinando las anteriores. En una sección posterior veremos una aplicación útil para esto (la calibración básica de la impresora).

Ten en cuenta que cada punto de control que añadas irá distorsionando la información de la imagen original. Como hemos visto, estaremos modificando el contraste, y podemos perder ciertos tonos de la imagen (oscuros y/o claros) si desplazamos los puntos de control hacia los lados.

Puedes llegar a un punto donde la edición sea realmente un desastre – y debas volver hacia atrás.

Este es el motivo de que dispongas de un botón para "Reiniciar" la ventana de curvas: deshará todos los cambios que hayas hecho, volviendo a la diagonal original…

Guardado de curvas de ajuste

De la misma manera que en el ajuste de niveles podías guardar unos parámetros concretos para recuperarlos posteriormente, con el ajuste de curvas podrás almacenar tus ediciones personalizadas. En este caso, esto supondrá una personalización muy potente de "tu" versión de GIMP, que te permitirá trabajar con mayor fluidez, en caso de que quieras procesar series de imágenes con los mismos ajustes.

De nuevo, tendremos un icono "+" junto al desplegable (vacío inicialmente) de "Ajustes Prefijados".

Uso práctico de las curvas

En esta sección vamos a ver (por fin) aplicaciones prácticas del ajuste de curvas. He intentado ordenarlas por su nivel de complejidad – pero no te asustes, iremos poco a poco…

Contraste, exposición

Como ya hemos visto en la sección anterior, las curvas serán la mejor opción a la hora de ajustar los tonos generales de una imagen. Podemos aumentar o reducir el contraste de la fotografía, o bien aclararla o darle un tono más oscuro.

En este caso, y como hemos hecho en todos los ejemplos hasta ahora, editaremos sobre el conjunto de valores de iluminación. En la ventana de la herramienta de Curvas, puedes ver un desplegable con ese nombre (Valor)…

Como ya comenté, también podremos ajustar cada

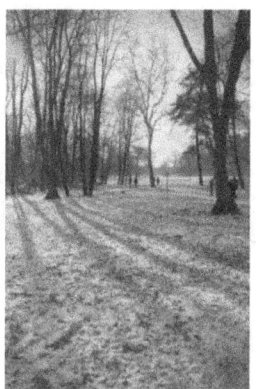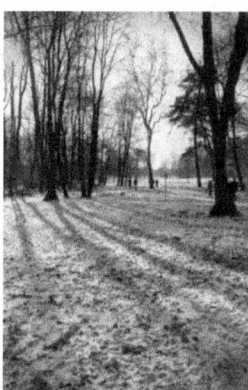

Izquierda: imagen original, conversión a blanco y negro de una imagen en color. Al hacerse con el sol de frente, se perdieron las sombras y la imagen tenía poco contraste. Derecha: se ha corregido el contraste con una curva en "S".

canal de color primario por separado – y es lo que haremos en los siguientes puntos.

Ajustes de color

La primera aplicación básica en este caso será la de la corrección de colores, o bien la aplicación de un desequilibrio intencionado para llegar a algún resultado creativo.

Por ejemplo, podemos encontrar imágenes capturadas por la mañana, o a última hora de la tarde. En retratos, pueden resultar muy favorecedoras, pero puede no ser el efecto buscado si, por ejemplo, queremos representar fielmente los colores del sujeto de la fotografía.

En la imagen de la página siguiente tenemos un contenido de luz amarillenta que queremos eliminar. El agua aparece demasiado verdosa, los árboles muy amarillos… quizá no es el resultado que esperábamos. Corrigiendo ligeramente el canal rojo (para eliminar tonos cálidos) y el azul (para compensar el efecto de la curva roja), podemos llegar a colores más parecidos a los esperados.

Como puedes ver en la imagen aquí abajo, hemos aplicado una suave curva en "U"sobre el canal rojo, y otra en forma de "U invertida" en el canal azul.

41

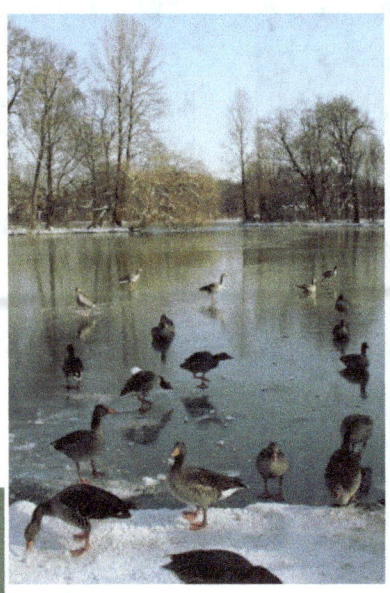
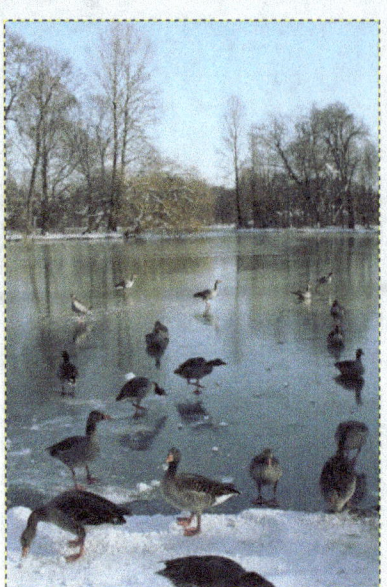
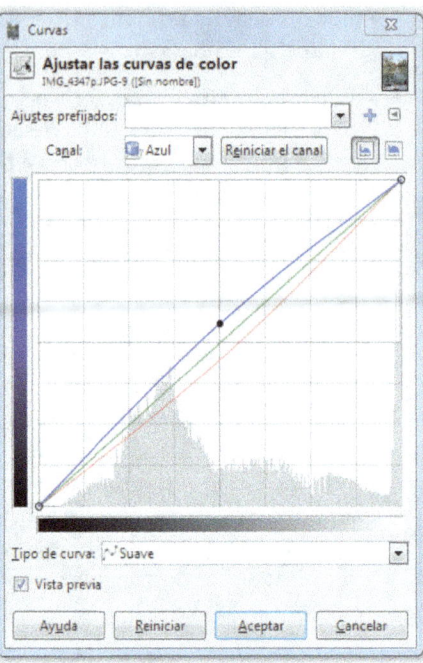

Duotonos, tritonos

Un efecto interesante se produce cuando aplicamos ajustes opuestos en diferentes canales de color.

Una aplicación tradicional es la de la creación de duotonos, imágenes que contienen dos colores – que no necesariamente son el blanco y el negro.

El mejor resultado se obtiene con fotografías que se han hecho (o se han convertido previamente) a blanco y negro, pero que todavía están en modo RGB.

Para hacer un duotono, habitualmente, se deja un canal de color sin apenas cambios (quizá un ligero ajuste de contraste) y se modifican los otros dos, con curvas diferentes.

Los tritonos llevan un proceso algo más complejo, que implica la modificación de los tres canales de color, para que cada uno sea predominante en las luces, sombras o tonos medios. Cada una de esas zonas tendrá un tono diferente.

El resultado es un desequilibrio de color, que produce imágenes "interesantes" en color y devuelve ciertos tonos a las fotografías en blanco y negro.

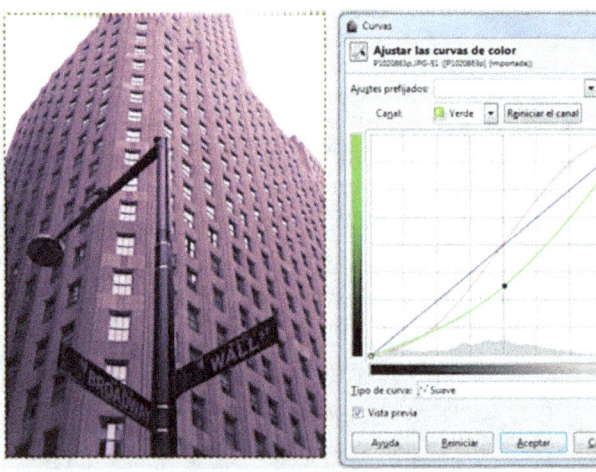

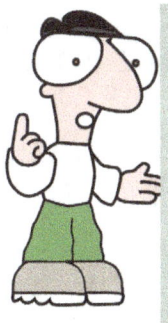

Nota: Si transformamos una imagen a blanco y negro con el comando "Imagen – Modo – Escala de Grises", la información de los tres canales de color se promedia y se convierte en un único canal de tonos de gris.

Si queremos aplicar un coloreado posterior a una imagen transformada así, debemos elegir el comando "Imagen – Modo – RGB", para recuperar esos canales. Inicialmente, los tres canales de color tendrán la misma información numérica.

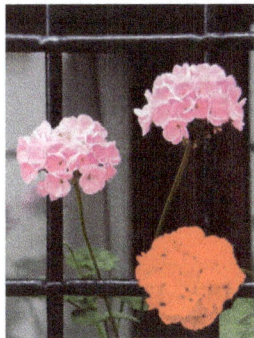 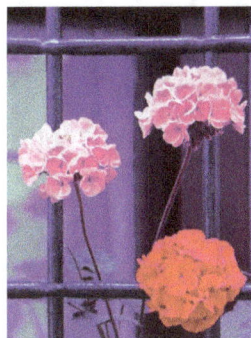

Izquierda: imagen original. Derecha: Fotografía editada aplicando curvas diferentes a los tres canales de color primario. El predominio de los tonos rojos y rosas sigue presente (sólo modificable mediante curvas en "V", por ejemplo). Los tonos verdes han desaparecido.

Virados tradicionales

Siempre que llegues a un resultado que te guste (un duotono con colores según tus preferencias, por ejemplo), puedes guardar el resultado como un ajuste de curvas.

Pero, ¿qué pasa si quieres conseguir un acabado especial, similar a algunos tipos de proceso químico tradicional? Por supuesto, puedes ensayar con cada canal de color por separado, y mediante prueba y error llegarás a resultados aceptables.

Sin embargo, seguramente alguien ya ha hecho por ti todo el proceso anteriormente…

En la página siguiente tienes una tabla de valores para la simulación de muchos de estos procesos

tradicionales. Ahí puedes ver pares de valores (entrada – salida) que debes ajustar en cada canal de color.

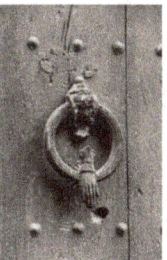 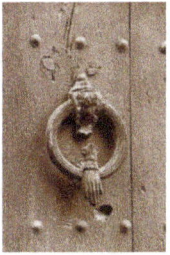 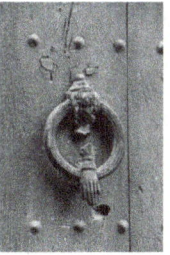

Arriba: Versiones de una misma imagen, con tintados tradicionales de Paladio, Sepia y Plata.

En la mayoría de los casos, los ajustes propuestos generan las curvas que ya hemos visto anteriormente (S, S invertida…) de manera independiente en cada canal de color.

El punto clave será el de respetar los valores propuestos.

Puedes ver que, en ese sentido, siguen una filosofía similar a la de los duotonos y tritonos – pero con la salvedad indicada de utilizar esos valores fijos, determinados.

Nota: los valores definidos aquí se aplican sobre imágenes en escala de grises que estén en modo RGB. Puedes probar también a aplicar estas transformaciones a tus fotos en color…

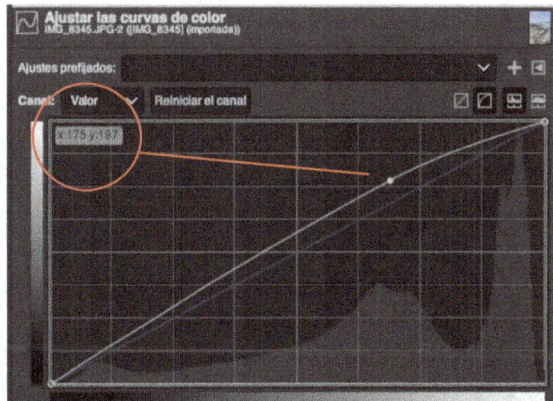

Fíjate que, al definir un punto en la ventana de curvas y arrastrarlo por el histograma, GIMP

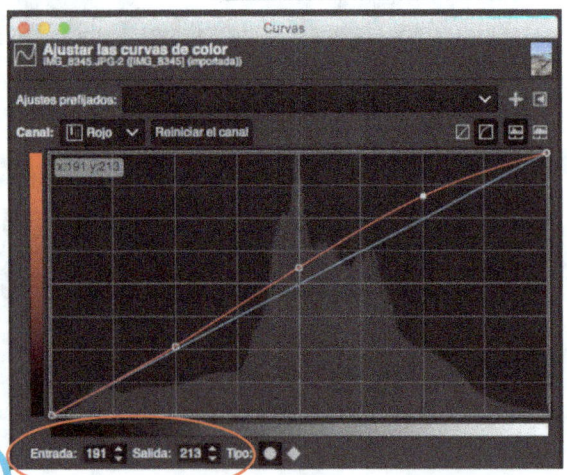

	Canal Rojo	Canal Verde	Canal Azul
Paladio	63/67	63/62	63/47
	127/143	127/121	127/103
	191/213	191/191	191/170
Platino	63/74	63/63	63/50
	127/127	127/127	127/112
	191/191	191/191	191/175
Selenio	63/77	63/60	63/61
	127/140	127/125	127/129
	191/197	191/190	191/195
Plata	63/59	63/67	63/67
	127/119	127/131	127/129
	191/187	191/191	191/191
Gelatina de plata	63/79	63/59	63/33
	127/149	127/123	127/93
	193/213	191/188	191/156
Sepia	63/100	63/55	63/20
	127/165	127/115	127/83
	191/214	191/187	193/172
Cianotipo	127/24	127/137	127/220
	191/117	191/203	191/250

Valores de entrada – salida para la simulación de virados tradicionales – Fuente: Blanco y Negro con GIMP, Alberto García Briz

te presenta los valores momentáneos de la posición (entrada, salida) en la que estás colocando el punto.

Si quieres aplicar una de estas curvas, el proceso sería el de crear cada curva según los valores dados en la tabla.

Por ejemplo, para el virado al paladio, la curva del canal rojo debería tener tres puntos, uno con el par 63-67 (entrada / salida), otro con 127-143 y un tercero con 191-213, tal y como puedes ver en la captura de la izquierda.

Si lo prefieres, puedes entrar los valores numéricos de manera manual.

Repetiríamos el mismo proceso para los canales verde y azul, antes de Aceptar la edición. Nota que también se puede hacer una introducción numérica, con los campos de abajo.

Como puedes observar, cada ajuste de virado concreto lleva "bastante" trabajo con la herramienta de curvas; si te gusta el resultado, es recomendable guardarlo como ajuste prefijado, de manera que puedas recuperarlo más tarde y aplicarlo a otra imagen…

Por supuesto, quizá no te gusten todos estos ajustes. Deberás probar hasta encontrar los valores que se adapten a tus preferencias. Aquí, vale la pena perder algo de tiempo.

Simulación de película

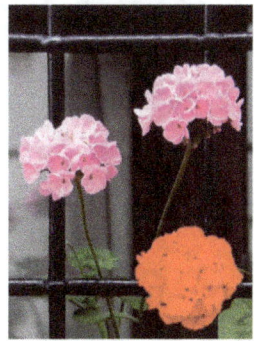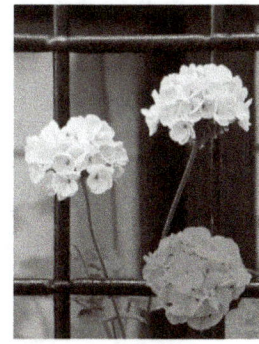

Izquierda: imagen original. Derecha: interpretación simulando película Ilford Delta 100, según el proceso descrito a continuación. En este caso, el contenido de azul de las flores superiores las ha aclarado.

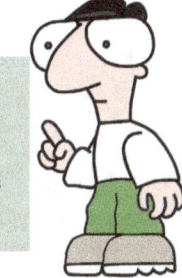

Nota: parte de la información presentada aquí está recopilada de diferentes fuentes de internet.

Cuando ha sido posible localizarles, se ha hecho con la aprobación de sus autores.

Las películas tradicionales incluían los productos químicos sensibles a la luz en una capa (blanco y negro) o en varias (color). La composición específica de cada capa y su estructura física hacían que cada película de cada fabricante se comportase de una manera ligeramente diferente frente a la misma escena, con los mismos ajustes de captura.

Eso hizo que muchos fotógrafos tuviesen su película "favorita". Si la marca Kodak, por ejemplo, era famosa por una representación fiel de los tonos cálidos (como la piel), la película de la empresa FujiFilm conseguía unos verdes saturados, muy apreciados en fotografía de paisajes. Otras películas potenciaban el contraste, o la definición…

Como puedes imaginar, podemos simular (hasta cierto punto…) la respuesta de estas películas, ajustando las curvas para resaltar el canal de color o

el nivel de contraste deseado para conseguir una transformación equivalente por canal. Vamos a ver algunos ejemplos.

Blanco y Negro

Las películas de blanco y negro utilizaban, habitualmente, un único tipo de sales de plata como compuesto sensible a la luz.

Según su composición y el tamaño del grano aplicado, se conseguía una mayor sensibilidad a unos colores (longitudes de onda) o a otros, dentro de la sensibilidad general a la luz visible.

En nuestro caso, esto se traducirá en un "peso" diferente de la información original de cada canal en el cálculo de la imagen final.

Para simular esta respuesta a los diferentes colores, lo más normal es recurrir al mezclador de canales, disponible en GIMP mediante el comando "Colores – Componentes – Mezclador de Canales". En Internet, puedes incluso encontrar tablas numéricas como la presentada en la página siguiente.

Los tres valores indicados en la segunda columna de la tabla hacen referencia a los porcentajes de cada canal a utilizar en la herramienta del mezclador de canales.

Recuerda que (en versiones de GIMP anteriores a la 2.10) debes marcar la casilla

45

"Monocromo" para obtener la versión en escala de grises de la fotografía.

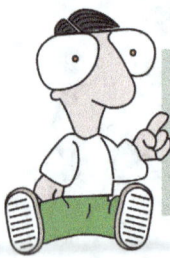

Nota: Desde la versión 2.10 de GIMP, hay un mezclador de canales dedicado para la conversión a blanco y negro, desde "Colores - Componentes - Mezclador mono…"

Sin embargo, podemos hacer un proceso similar (quizá mejor…) con el ajuste de curvas y una posterior desaturación de la imagen.

Partiendo de una referencia del 33.33% para cada canal, crearemos un punto medio y lo subiremos si el valor de la tabla es mayor que este 33.33%, o bien lo bajaremos en caso contrario.

Después, elegiremos el comando "Colores - Desaturar - Desaturar", manteniendo la opción por defecto de edición basada en la Luminosidad de la imagen.

Niveles y Curvas (y más)

Marca / Tipo	RGB
Agfa 200X	18,41,41
Agfapan 25	25,39,36
Agfapan 100	21,40,39
Agfapan 400	20,41,39
Ilford Delta 100	21,42,37
Ilford Delta 400	22,42,36
Ilford Delta 400 Pro & 3200	31,36,33
Ilford FP4	28,41,31
Ilford HP5	23,37,40
Ilford Pan F	33,36,31
Ilford SFX	36,31,33
Ilford XP2 Super	21,42,37
Kodak Tmax 100	24,37,39
Kodak Tmax 400	27,36,37
Kodak Tri-X	25,35,40

Valores de mezcla de canales propuestos para la simulación de películas en blanco y negro. Adaptado de http://www.prime-junta.net

El ejemplo de la captura anterior considera una edición con curvas (antes de la desaturación), editando un único punto por canal y siguiendo los valores propuestos para el tipo de película Ilford Delta 100, en la que el rojo era menos sensible y el verde el más sensible de los canales de color.

Una vez hayamos aplicado el ajuste a la imagen en color, el resultado es el que puedes ver al comienzo de esta sección.

Películas en color

Pero, del apartado anterior, ya vemos que podemos jugar también con las imágenes en color. Aquí es discutible si estamos falseando el color de las imágenes o no. Es una cuestión de opiniones…

En cualquier caso, y como ya he comentado, las diferentes películas fotográficas respondían de

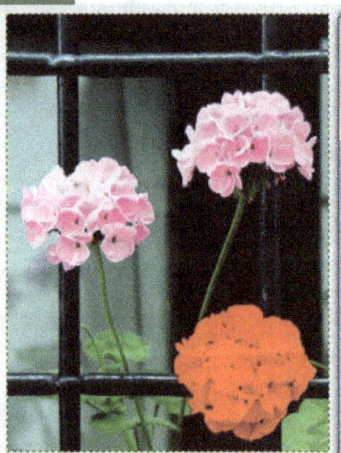

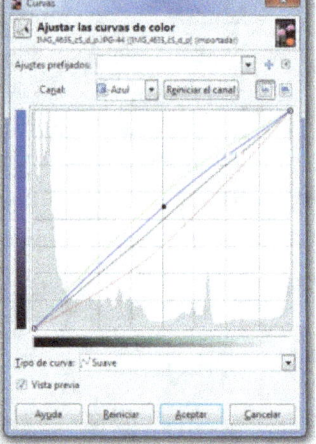

Nota que este es un proceso aproximado, que considera que los tonos intermedios son los más afectados por el tipo de película; el blanco y el negro permanecen sin cambiar…

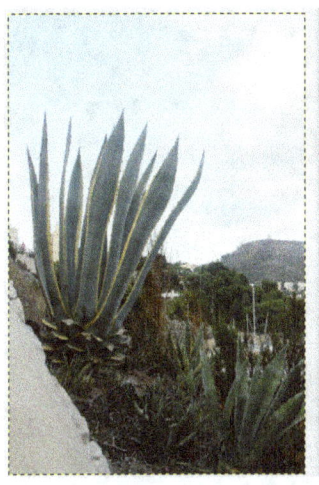
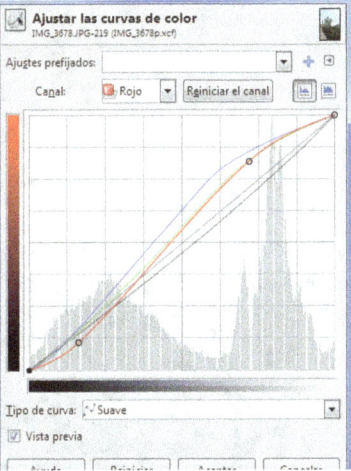

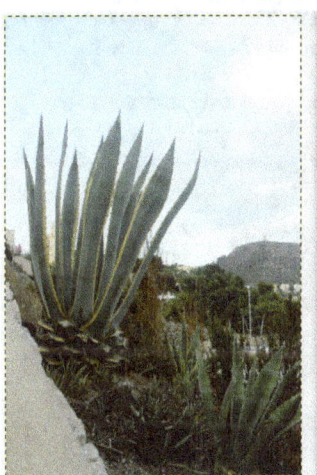
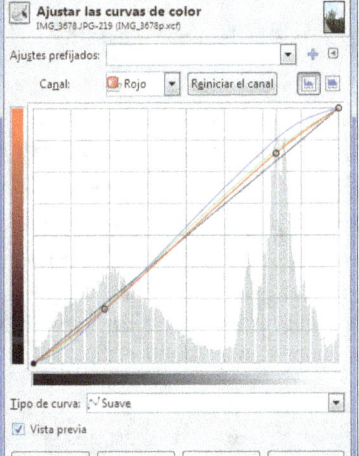

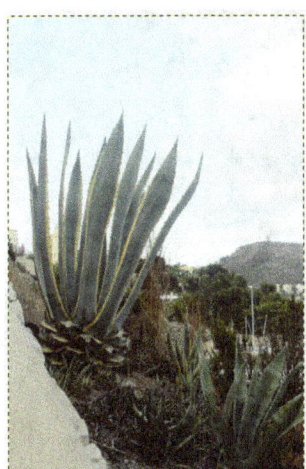
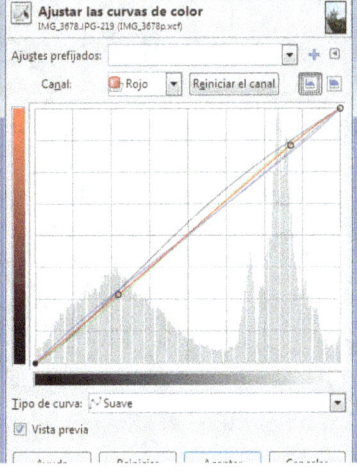

manera ligeramente diferente entre ellas a una misma escena. Vamos a ver algunos ejemplos de películas ampliamente extendidas entre los fotógrafos aficionados y profesionales.

Fuji Velvia

La película Velvia de FujiFilm potenciaba los tonos verdes, y proporcionaba un aumento del contraste y saturación respecto a la escena real. En escenas "normales" con vegetación daba resultados agradables.

Sin embargo, en fotografías que incluían mucho colorido el resultado podía ser demasiado exagerado.

Para producir este efecto, aplicamos curvas en "S" independientes en los tres canales, con el canal azul más pronunciado que el verde en las luces (y al revés en las sombras), y el rojo sólo ligeramente modificado.

El ajuste de curvas que ves en la captura de arriba se ha exagerado, para que puedas ver el ajuste de cada canal en la ventana auxiliar.

Fujichrome Provia

La variante de diapositivas de la casa Fuji producía tonos más fríos que la película de negativo, con una excelente representación de los tonos medios y quizá algo menos de saturación.

De esta forma, la propuesta aquí es la de crear una curva en "S" suave para el canal rojo (ligero aumento del contraste), otra algo más fuerte para el canal verde (con predominio de las luces) y una curva en "S" normal para el canal azul, que "manda" en esta edición.

Una vez más, te recomiendo que guardes tus ajustes "buenos" para poder recuperarlos posteriormente…

De arriba a abajo: Simulación de película Fuji Velvia, Fujichrome Provia y Kodak Portra

Nota: si haces una búsqueda en Internet, podrás encontrar archivos de curvas preparados por aficionados a la fotografía como tú.

Por un lado, te permite ver cómo trabajan. Pero, desde el lado práctico, puede quitarte mucho trabajo… a costa de la pérdida de decisión por tu parte.

Kodak Portra

Como película para retratos, la Kodak Portra NC400 producía tonos cálidos (ideales para la piel), tenía una buena representación de tonos en las luces y mantenía el contraste en las sombras.

El tono cálido lo producimos subiendo ligeramente la curva roja en los tonos medios y altos; una curva en "S" muy suave en el color verde complementa el contraste en los tonos oscuros, y finalmente una nueva curva en "S" en RGB (curva de ajuste de valor), dando más importancia a los tonos altos.

Proceso Cruzado

Un proceso de laboratorio que se hizo muy popular en los años 80 y 90 del siglo pasado fue el del proceso cruzado.

En realidad, aquí no hablamos de un tipo de película por sí mismo, ya que se podía aplicar a todas ellas. El proceso consistía en revelar la película negativa con el proceso químico de las diapositivas.

Las diferencias de productos químicos, tiempos, temperaturas… daban lugar a un aumento del contraste y a distorsiones en los colores originales, que podían resultar artísticas… o un verdadero fracaso.

La ventaja que tenemos con la fotografía digital es que podemos revertir el proceso, si no nos gusta el resultado.

En general, el contraste del canal rojo se saturaba, quemando este canal en las luces más altas; por el contrario, los tonos azules perdían

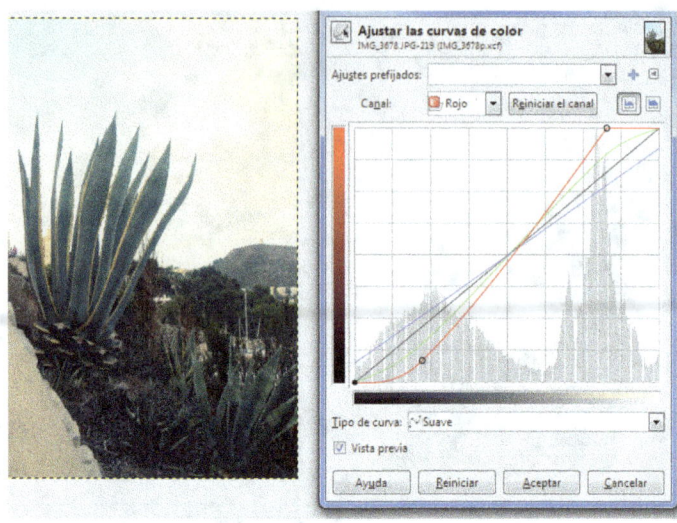

Imagen editada simulando el proceso cruzado de revelado químico

contraste. Para compensar parcialmente este efecto, añadimos una ligera curva en "S" en el canal de Valor, lo que recupera parte de este contraste de los tonos fríos en la imagen.

Al igual que se hacía con diferentes tipos de película fotográfica, puedes aplicar primero uno de los ajustes anteriores (Velvia, Portra…) y después este de proceso cruzado. ¡Las posibilidadesson infinitas!

Eso sí, fíjate en que cada paso de edición no sea muy intenso, o la acumulación de curvas puede llevarte a un resultado desagradable.

Sobre la simulación de películas fotográficas

Cuando publiqué la segunda edición de este libro, alrededor de 2015, todavía podían comprarse carretes de película en muchas tiendas de fotografía, y a precios más que razonables.

Sin embargo, la situación ha ido empeorando, hasta el punto de que es prácticamente imposible adquirirlos en tiendas "normales", y solo se puede recurrir a la compra por Internet y pagando precios muy elevados.

En mi opinión, se está perdiendo un arte muy

creativo (veremos más sobre esto en secciones posteriores), pero entiendo también la preocupación por el manejo de sustancias químicas nocivas y las prisas modernas por la inmediatez, por observar el resultado inmediatamente tras la captura.

Aquí, se ha perdido también parte de la emoción de no saber si las fotografías se habían capturado correctamente hasta el momento del revelado, y la presión de tener una cantidad limitada de disparos posibles por carrete, que nos hacía plantear muy bien cada captura.

Si naciste hace menos de treinta años, seguramente no sabrás de lo que estoy hablando... Y quizá no te hayas perdido mucho. Aunque yo pienso que sí.

Ajuste de Curvas - Conclusiones

Acabamos de ver cómo podemos utilizar esta potente herramienta para modificar localmente los valores de iluminación o color de los diferentes tonos de nuestra imagen.

La creación de puntos de control intermedios nos permite crear líneas de ajuste mucho más precisas que lo que obteníamos con un ajuste de niveles, incluso para permitirnos corregir (o falsear) el equilibrio de color.

Pero esto no acaba aquí: Podremos hacer muchas más cosas con las curvas. Por eso, mi recomendación es que practiques con este ajuste, hasta que te sientas cómodo.

Por supuesto, la edición de Curvas (al igual que la de Niveles) no se limita a la de el ajuste de imágenes

De un vistazo

* El ajuste de Curvas también permite realizar cambios generales en la iluminación general de una imagen.

* Podemos definir cuál es el punto más claro y más oscuro en nuestra imagen, y todos los tonos intermedios se modificarán en consecuencia.

* La creación de puntos de control intermedios nos permite modificar la iluminación o el color de una manera más precisa que el ajuste de Niveles

* Con el ajuste de Curvas podemos influir en el contraste general de nuestra imagen.

* Podemos utilizar el ajuste de Curvas de manera creativa, para falsear los colores, crear versiones monocromas o incluso simular películas químicas tradicionales.

completas. Estas herramientas pueden aplicarse de manera más localizada sobre cualquier selección que tengas activa.

Eso sí, siempre intentaremos hacer ediciones suaves, que no produzcan efectos demasiado visibles o desagradables en nuestra imagen. Salvo algunos casos muy concretos (imágenes en clave alta o baja) deberemos evitar los recortes de tonos, que producirían amplias zonas blancas o negras, sin información de imagen.

Sobrexposición y Subexposición

Un poco de historia

Una de las técnicas más curiosas, interesantes y difíciles de dominar del laboratorio químico era la de la sobrexposición (a veces denominada solarizado) y la subexposición.

Habitualmente, las fotografías tenían una exposición "correcta" según el fotómetro incorporado en la cámara o según los ajustes manuales de quien hiciese la foto. Pero, a pesar de la latitud de las películas químicas, en muchas ocasiones había zonas en las que el revelado final (positivado) planteaba dudas.

Por un lado, podíamos tener zonas oscuras que nos hubiese interesado representar de manera más clara, reduciendo la exposición en la ampliadora (la máquina que proyectaba el negativo sobre el papel fotográfico). Eso lo podíamos resolver con tiempos más cortos para esa exposición. Pero el resto de la fotografía quedaba demasiado clara, con el riesgo de perder detalles en las zonas más brillantes.

Por otro lado, podíamos tener el caso contrario: Una zona demasiado iluminada de la que deseábamos recuperar algo de detalle. Para hacerlo, había que aumentar el tiempo de exposición de esas luces, arriesgándonos a perder los tonos más oscuros y producir imágenes con amplias zonas negras sin información.

Ansel Adams

Uno de los fotógrafos que más estudió este problema fue el americano Ansel Adams, quien también definió el sistema de zonas utilizado en muchos laboratorios durante la segunda mitad del Siglo XX y quien propuso técnicas para conseguir fotos "perfectas". Según su teoría una fotografía perfecta mostraría once niveles de iluminación, desde el negro puro hasta el blanco puro. Cada una de esas once zonas (salvo los extremos) podría incluir información útil de la imagen y se correspondía (más o menos) con un paso de diafragma.

Pero las películas se exponían bien para las luces o bien para las sombras: Había que elegir qué sujetos u objetos queríamos que saliesen correctamente en la foto, sacrificando "los otros", que quedarían demasiado claros o demasiado oscuros.

¿Cómo podíamos resolver este problema? La solución, conocida desde mucho antes (pero aplicada de manera sistemática por Ansel Adams y su equipo) fue la de utilizar máscaras para proteger las zonas del papel fotográfico que no debían oscurecerse mucho, en caso de necesitar una exposición prolongada.

Así, mediante el uso de diferentes objetos (cartón, madera, cualquier objeto opaco servía, incluso las manos) con formas adecuadas se proyectaban sombras sobre el papel fotográfico de manera estratégica para proteger esas zonas y permitir, al mismo tiempo, la exposición correcta, más larga, de las otras.

Esta técnica requería mucha práctica. La separación de los objetos respecto al papel fotográfico también influía, al poder crear bordes definidos (con el objeto cerca del papel) o más difusos, apenas visibles (con el objeto separado del papel).

Pero, si se realizaba de manera correcta, se podían llegar a resultados espectaculares, en muchos casos más válidos que muchas ediciones de alto rango dinámico (HDR) actuales.

Edición digital

Pero, ¿Cómo podemos realizar estas acciones localizadas con nuestro programa de edición digital? En el caso de GIMP (y otros programas de edición avanzados), la forma será la del uso de la sobreexposición y la subexposición, que pueden tener un nombre distinto en "tu" programa de cabecera. Con esta herramienta podremos oscurecer o aclarar localmente zonas específicas de una imagen, sin afectar a la iluminación general o a otras zonas que ya tengan una representación correcta.

Aunque el uso de la herramienta es bastante claro, su explicación técnica es algo más compleja. Vamos a ver su ventana auxiliar, para ver cómo podemos influir en nuestras fotografías. Para ello, tendremos que activar la herramienta desde los iconos, o bien con el comando "Mayúsculas + D".

En la versión actual, GIMP denomina esta función "Marcado a fuego / Quemar" aunque, si pasas el ratón por encima del icono, verás una explicación más normal para esta herramienta.

Hay gran cantidad de ajustes en esta ventana, pero vamos a quedarnos con unos pocos, los más básicos, tal y como puedes ver en la captura inferior.

Tamaño (del pincel): buscaremos uno que se adapte a las necesidades del objeto a modificar. Este parámetro dependerá de tu imagen y del nivel de zoom que utilices para tus detalles.

Dureza: Creará bordes más o menos marcados en nuestra edición. Si no quieres que sea apreciable, es mejor utilizar valores bajos y aplicar la acción varias veces.

Exposición: Aquí definiremos cuánto se aclara u oscurece la imagen en cada pasada del pincel. De nuevo, es recomendable comenzar con valores medios-bajos, para ver el efecto que se consigue con la herramienta.

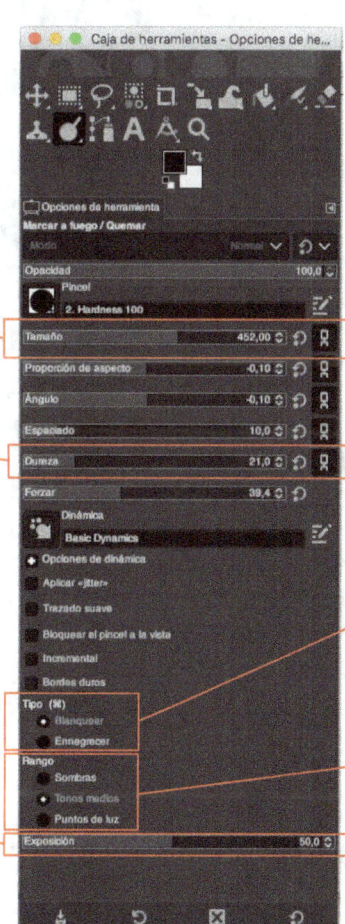

Tipo: Podremos cambiar entre aclarar y oscurecer siempre que queramos, marcando la opción correspondiente aquí.

Rango: Contrariamente al proceso químico original, ahora podremos decidir sobre qué píxeles aplicamos la edición. Con los ajustes de esta captura, aclararíamos (Blanquear) solo los tonos medios, sin riesgo de "quemar" las luces.

51

Ajustes principales

Por supuesto, lo primero que deberemos decidir es la intensidad del ajuste que queremos aplicar. Esto lo traduciremos en un tamaño de pincel o herramienta, que dependerá del tamaño de nuestra imagen y de su resolución.

Según los detalles que quieras realzar (o esconder), tu ajuste será más o menos amplio. Con el ajuste de Dureza podrás controlar la definición de los bordes de tu pincel o brocha, si quieres que el efecto sea visible o no.

Pero, además, podrás regular la intensidad de este efecto, jugando con la variación de Exposición (este término, adaptado de la fotografía; en edición digital hablamos de cambios en la iluminación).

Un ejemplo

Aquí, voy a tomar una fotografía "industrial", un detalle de una locomotora de vapor:

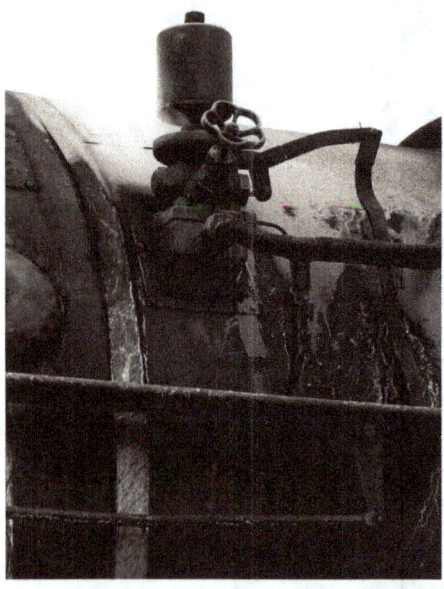

En este ejemplo, me voy a centrar en las tuercas de la zona central, y en el clip de

sujección que apenas se ve en la versión original (ya editada) de esta fotografía, en la zona inferior derecha.

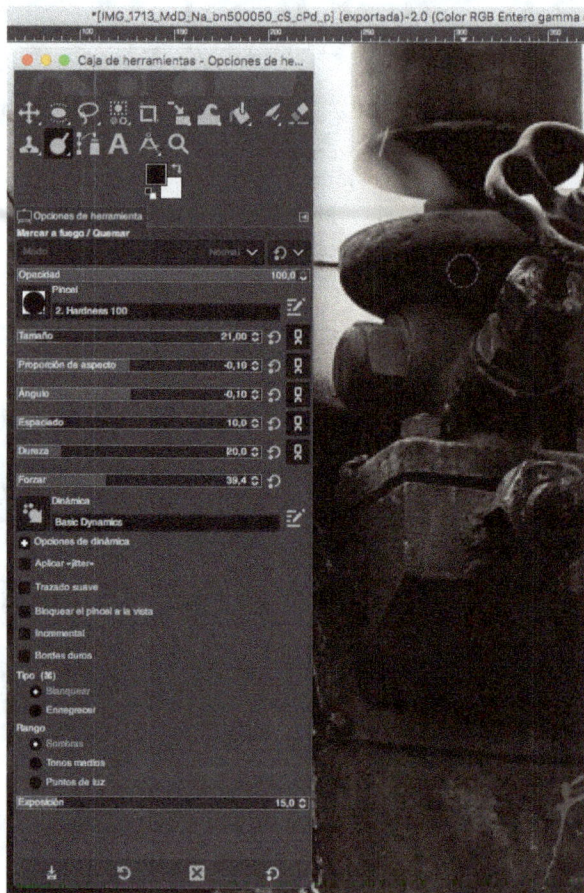

En este caso, he tomado un radio de 21 píxeles para la herramienta (puedes ver el contorno de la brocha en la zona de sombra), he bajado la dureza al 20% y la exposición al 15%.

Con esos valores, voy a "pintar" sobre las zonas en sombra que me interesan, aclarándolas poco a poco, y repitiendo el trazado hasta estar satisfecho con el resultado.

De nuevo, es mejor hacer varias pasadas (y deshacer la edición de la pasada que nos resulte visible o más allá de lo que buscamos) que no una pasada con mucha intensidad en la herramienta.

Poco a poco iremos llegando a una imagen con los detalles oscuros realzados, menos "quemados". Esto es lo que se conseguía en el laboratorio protegiendo estas zonas concretas, con objetos que hiciesen sombra durante la exposición de la imagen sobre el papel sensible.

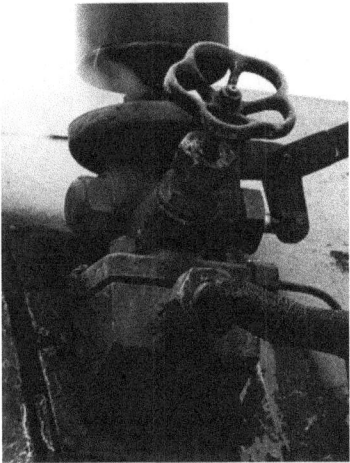

De nuevo, buscamos efectos sutiles, que no sean detectables por nuestro público. Nosotros queremos resaltar algunos detalles, pero sin que se aprecie que lo hemos hecho. Hago lo mismo con el clip de la zona ingerior derecha:

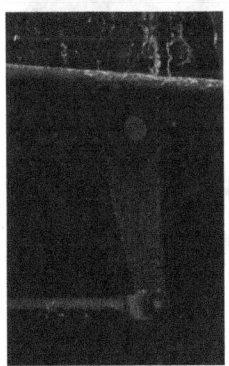 

Podríamos discutir si mi edición es suficiente o no, o si he conseguido recuperar el detalle que buscaba. En la imagen editada (derecha), puedes ver cómo la arandela superior es más visible, y el clip produce algunas líneas claras en la fotografía.

Pues bien, no voy a buscar (en este caso) un efecto más visible. Me conformo con realzar esos pocos detalles. Aquí puedes ver la imagen original y nuestra nueva edición. ¿Ves la diferencia?

Nota que también he aclarado las sombras más oscuras de la llave, para definir mejor sus contotnos. Pero esta imagen sigue teniendo otro problema: La sobrexposición en la parte superior de la caldera.

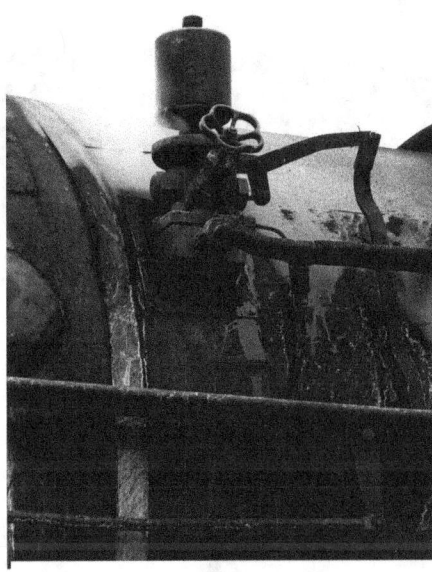

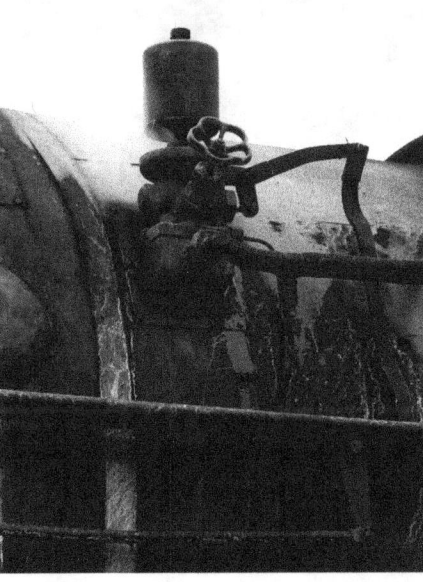

Subexposición

Y aquí es donde vamos a probar el efecto contrario, para ver un problema de las imágenes digitales.

Tal y como hemos hecho antes, selecciono la herramienta de Sobrexposición / Subexposición mediante el comando "Mayúsculas + D", pero ahora cambio el modo de trabajo a oscurecer, y selecciono que solo trabaje en las zonas más iluminadas:

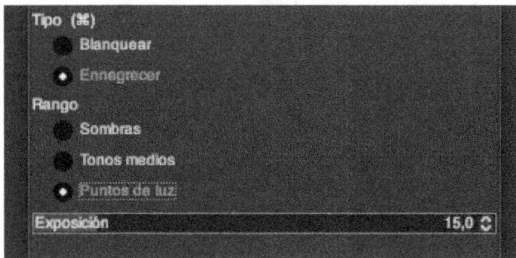

Como GIMP solo procesará los valores muy altos de la imagen, puedo utilizar un pincel grueso para trazar una línea que recorra todo el borde superior de la caldera, a la izquierda del cilindro oscuro.

Y aquí es donde vienen los problemas:

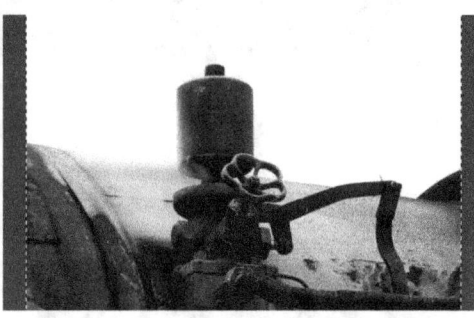

GIMP ha oscurecido la zona pintada coon un tono gris (en realidad, negro con baja presión). Además, el borde suave que he elegido (valor de Dureza bajo) me ha "manchado" parte del cielo de la foto. Así que esta edición no es válida.

En este caso, el problema viene desde dos temas diferentes: El primero, que GIMP oscurezca con el color negro como referencia. Específicamente, no podemos seleccionar un color y utilizarlo como tono oscuro (¿Quizá una propuesta de mejora para la siguiente versión?). En el caso de esta edición, lo más adecuado será una edición tradicional, coloreando la imagen a mano.

Pero, además, el brillo de la caldera (seguramente, mezclado con vapor de la locomotora) ha hecho que la línea de división con el cielo, que aparece quemado en esa imagen, no sea apreciable.

Port anto, una edición "tradicional" nos obligará a hacer una selección previa de la zona de la caldera, para modificar su contenido sin afectar a los elementos que tiene alrededor.

Voy a realizar la edición aquí, aunque se sale del tema específico del capítulo. En este caso, utilizo la herramienta de selección a mano alzada (Atajo: F) para marcar la zona a editar, y selecciono un color de la zona derecha de la misma caldera.

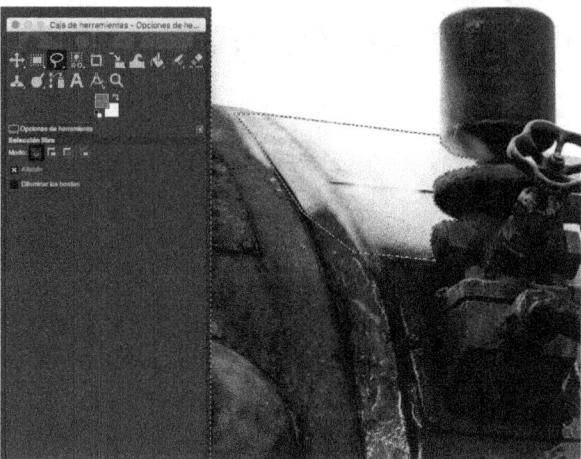

Ahora, con una brocha grande y poca presión voy haciendo pasadas hasta obtener un resultado más o menos realista. De nuevo, es mejor quedarse corto que pasarse con el efecto.

En el caso de estas herramientas de pintura, lo correcto es trabajar con poca opacidad (para mantener los detalles de la imagen original). Yo he fijado un valor del 40%.

Cubro el área seleccionada con el color elegido, comprobando que se mantienen los detalles principales (una línea de unión oscura a mitad de altura de la selección).

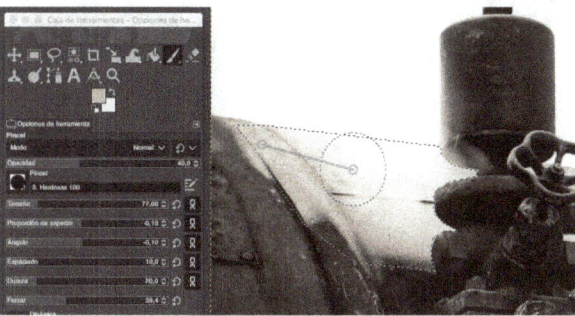

Por último, añado ruido para simular la textura de la pintura. Dado que es una imagen coloreada, selecciono la opción HSV, que suele producir buenos resultados al trabajar con valores de iluminación, y no de color.

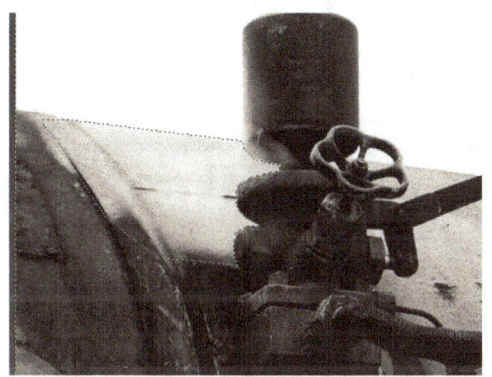

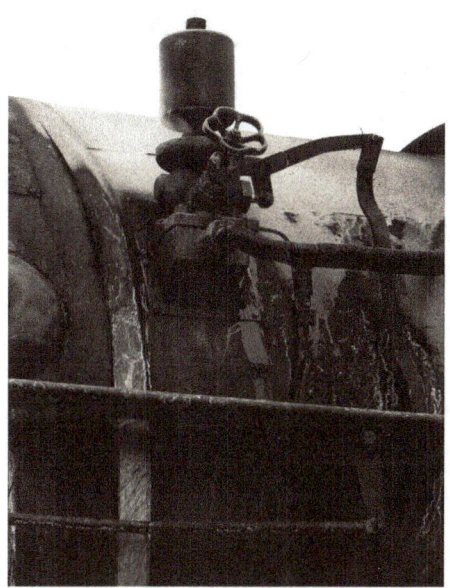

Aquí puedes ver el resultado final de esta edición.

Por supuesto, según sea tu imagen puedes necesitar más o menos pasos de edición. En ejemplos posteriores veremos cómo usar la herramienta de subexposición, si es necesaria.

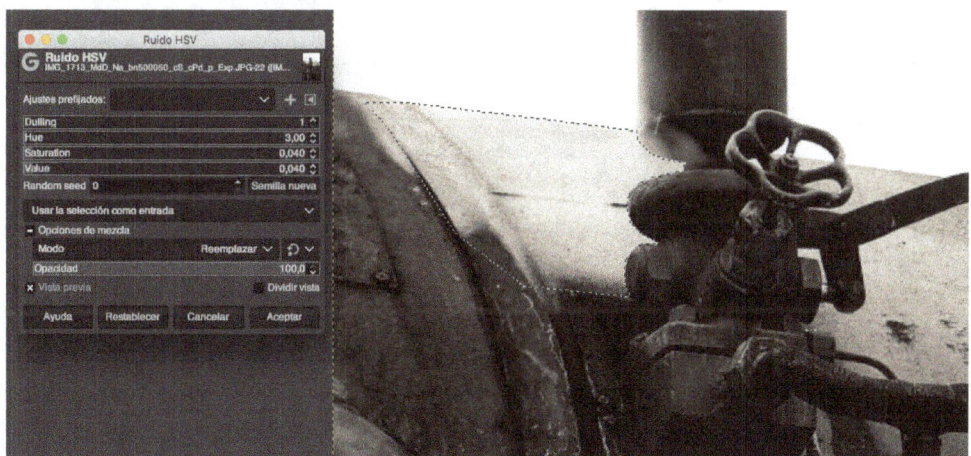

Capas, Modos de Fusión

Uno de los problemas que todavía tiene GIMP (ojo, al igual que muchos otros programas de edición) es que la edición mediante el ajuste de curvas se aplica directamente sobre la tabla de valores de la imagen, transformando estos.

Sin embargo, podemos evitar estos inconvenientes – hasta cierto punto. La forma de hacerlo es la del uso de capas y modos de fusión.

Capas

Las capas son "hojas de trabajo" para GIMP. En cada capa, o cada hoja, podemos tener información completa de una imagen, y GIMP las muestra superpuestas en la pantalla.

Podrás ver la información de las capas inferiores únicamente si no hay información en las superiores, o bien si estas tienen asignado un valor de transparencia. Este sería el modo "normal" de ver las capas: Como hojas transparentes, que dejan ver las de abajo si ellas mismas no tienen información.

Pero también hay una forma más potente de utilizar las capas, y es la de aplicar modos de fusión. Estos modos de fusión son una extensión del concepto matemático de la información de la imagen, e indican el valor "final" que es mostrado en pantalla.

Nota: Aquí será importante distinguir entre puntos que no contengan información en absoluto de otros que contengan, por ejemplo, el valor cero (que indica el color negro).

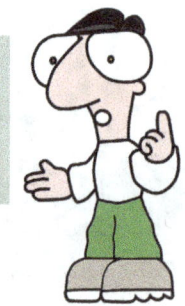

Puedes consultar el manual de GIMP en el enlace de Internet http://docs.gimp.org/es/gimp-concepts-layer-modes.html para un listado extenso de los múltiples tipos de modos de fusión y sus operaciones matemáticas asociadas, pero al menos vamos a ver aquí algún concepto básico… Lo importante es comprender que el modo de fusión se aplica en la capa situada encima y modifica a la situada debajo.

Para los siguientes ejemplos, vamos a recuperar nuestra "imagen" de 4 x 4 píxeles utilizada en la sección del ajuste de niveles. Además, usaremos otra con contenido parcial:

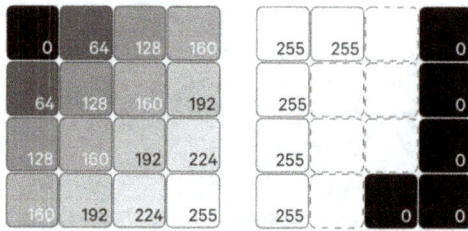

Izquierda: Imagen de referencia. Derecha: Imagen modificadora. Podría ser la superior editada, u otra completamente nueva…

Es interesante saber que existe un ajuste en la ventana de capas, que controla la opacidad de la capa seleccionada respecto a la situada inmediatamente debajo: esto nos puede permitir regular el efecto de la fusión.

Modo de fusión normal

Es el modo de trabajo por defecto de GIMP. Siempre se mostrará el valor de punto con información que esté situado más arriba en la pila de capas. La capa superior no afecta a la información de la inferior, sólo la oculta.

Podremos mostrar parcialmente la capa inferior si escogemos que la superior muestre cierta transparencia.

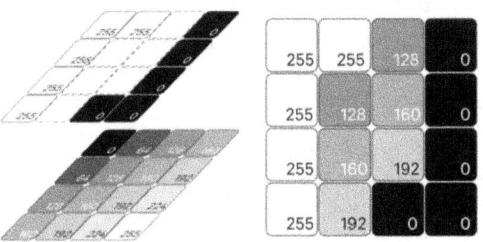

Resultado visible al dejar el modo de fusión en "Normal". Simplemente, vemos el valor que esté más arriba para cada posición.

Modo de fusión "Multiplicar"

Este modo hace justamente eso – multiplicar los valores de ambas capas. Después divide el resultado por 255, para evitar que haya valores fuera de rango (recortes).

Dado que se divide por ese número (valor máximo), el resultado (redondeado) será normalmente menor que el original, y por tanto la información visible de la imagen dará lugar a un punto más oscuro que el original.

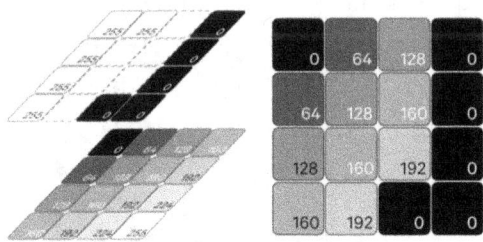

Resultado de aplicar el modo de fusión "Multiplicar". Los tonos más claros arriba no afectan a la imagen inferior.

Modo de fusión "Dividir"

Este modo de fusión divide el valor inferior por el superior. Su funcionamiento es algo más complejo, ya que evita los errores de cálculo que se

producirían al dividir por cero, por ejemplo.

El valor de la capa inferior se multiplica por 256, y se divide por el valor de la capa superior más uno.

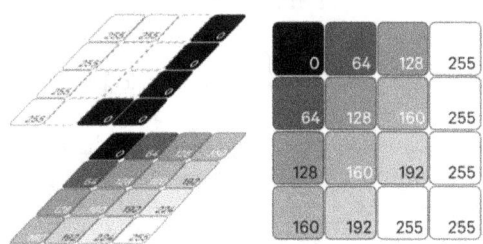

Modo de fusión "Dividir": Según sean los tonos superiores, podemos aclarar la imagen inferior

Según la información superior sea más clara o más oscura que la inferior el comportamiento será diferente. En cualquier caso, al multiplicar por 256 y recortar, habitualmente tendremos una imagen más clara que la original.

Además, debes tener en cuenta que los modos de fusión se calculan para cada canal por separado. De esta forma, una imagen superior con un color determinado puede llegar a transformar los colores de la imagen inferior, si el modo de fusión elegido no es el "Normal".

GIMP tiene muchos modos de fusión más, y se añaden nuevos modos con cada nueva versión. Deberás probarlos con tus imágenes, para ver si alguno se adapta a lo que estás buscando.

Algunos de estos modos son combinaciones de otros, como "Aclarar solo" u "Oscurecer solo". Aquí, solo te queda un proceso de prueba y error...

Uso de los modos de fusión

Muy bien, podemos jugar con las matemáticas, hacer la fusión de capas lo más compleja que queramos... pero, ¿de qué nos sirve?

Como he comentado, una forma útil de

trabajar puede ser la de duplicar la imagen original (habitualmente, en la capa de fondo), aplicar un ajuste de curvas a la capa superior, y definir el "impacto" sobre nuestra imagen final mediante el modo de fusión y la transparencia (u opacidad) de capa.

De esta forma, seguimos manteniendo la información original intacta, para poder recuperarla en todo momento. Y, como ventaja añadida, podemos borrar una capa (o hacerla invisible) y su fusión, si no nos gusta el efecto conseguido.

El método a seguir debería ser el de crear una capa por cada ajuste de curvas que quieras realizar. Ya que el efecto se transmite de arriba abajo, en las capas más altas deberías colocar los ajustes de curvas que afectan a toda la imagen, como el de contraste.

Nota: esta forma de trabajar con los modos de fusión es muy recomendable si trabajas con máscaras y selecciones; de otra forma, simplemente estás aplicando la misma transformación y regulando su intensidad, algo que puedes hacer de manera más sencilla creando curvas más suaves…

Una buena práctica, si trabajas con ficheros en formato PSD o XCF es la de guardar todas las capas que utilices. En este caso, puedes incluir todas las capas en tu archivo "de trabajo", y exportar el resultado final (ojo, sin el ajuste específico de tu impresora, que veremos más adelante) a JPG, PNG o TIF, según necesites.

En las capas inferiores se colocarían las transformaciones que afectan (por ejemplo) a cambios localizados de tono.

También nos permite apilar diferentes ediciones (cada una en su capa) partiendo de la imagen original, y no de otra editada.

Una nota importante: El efecto de las curvas de transformación se ve potenciado por el modo de fusión elegido. Hemos visto que el modo de fusión "Multiplicar" habitualmente oscurecerá una imagen (donde la imagen superior sea más oscura que la inferior). Por el contrario, el modo de fusión "Dividir" hará lo contrario.

Así, puede ser una buena idea la de desplazar el punto medio de una curva de ajuste en "S" para ganar un mejor control de la fusión en las zonas claras o en las oscuras, como puedes ver en la imagen inferior.

Recuerda que aplicamos este ajuste de curvas en un

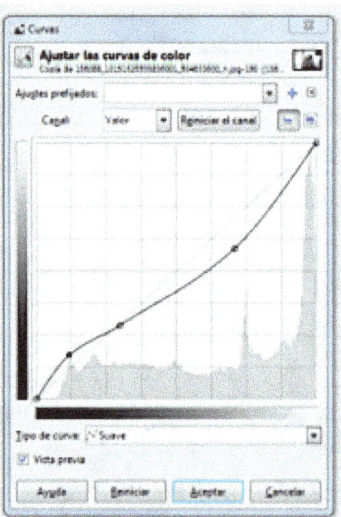

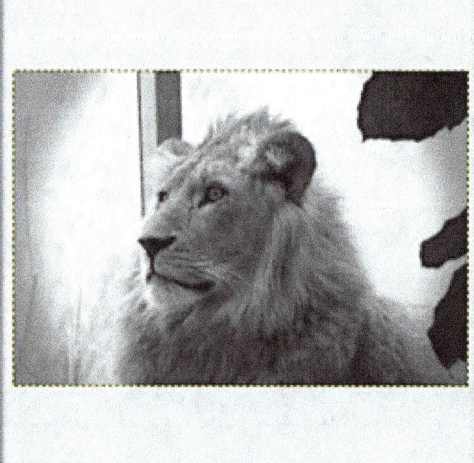

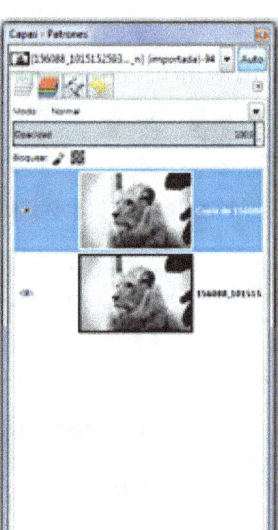

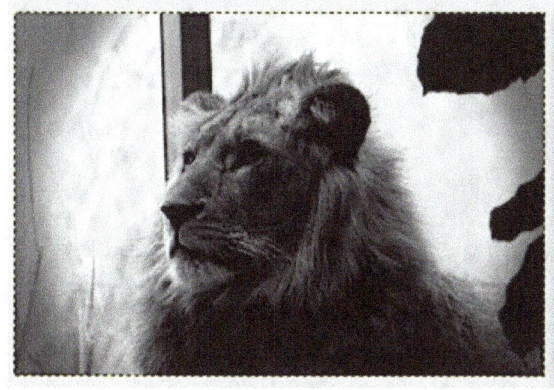
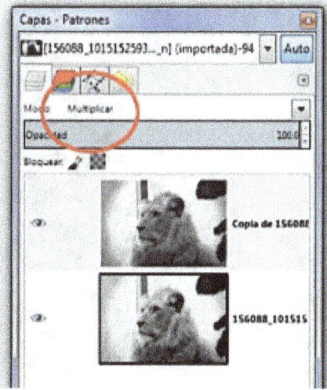

duplicado de la capa de fondo, que conseguimos haciendo clic con el botón derecho del ratón sobre la miniatura de la capa, y eligiendo la opción "Duplicar la capa".

Una buena práctica es la de asignar nombres a las capas, según la transformación que estés aplicando. En ese caso, será más fácil hacer ajustes posteriores…

En este ejemplo (al aplicar una curva en S invertida, en la imagen superior), hemos oscurecido los tonos claros, y aclarado los oscuros. Recuerda que esto significaba una pérdida de contraste. Aquí, esto no es tan crítico, ya que usamos esta capa como herramienta para modificar la inferior.

Si no cambiamos nada, veremos el resultado de aplicar la curva en la capa superior, ya que el modo de fusión por defecto es el "Normal". No veremos la capa inferior.

Si cambiamos al modo "Multiplicar" desde el menú desplegable de la ventana de capas (la capa superior debe estar activa), veremos ahora la capa inferior, modificada por la superior, tal y como puedes ver en la captura de arriba.

La imagen se ha oscurecido claramente, como era de esperar. Ahora, podemos regular el efecto conseguido mediante la Opacidad de la capa superior. Pruebo un valor en torno al 30 – 40%, como puedes ver en la página siguiente.

Puedes ver el efecto de cada capa haciendo clic

repetidamente sobre el icono del "ojo" que tienena la izquierda de las miniaturas en la ventana de capas.

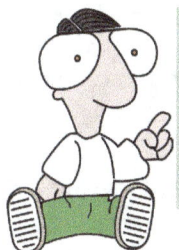

¡Las ediciones presentadas aquí dependen fuertemente de la imagen!

En tu caso puede que necesites (o no) otros modos de fusión, o bien otros ajustes de opacidad para controlar el efecto de aquellos.

Al ocultar o mostrar una capa, deberías ver el efecto, lo que te dará una indicación si quieres reforzarlo (aumentando la opacidad) o suavizarlo (reduciendo esta).

En este caso, los tonos intermedios de la imagen se han oscurecido ligeramente (con ese ajuste del 38%). Las luces y las sombras más oscuras casi no se han visto afectadas.

Ahora, decido aclarar un poco toda la imagen, para lo que (como vimos en secciones anteriores) aplico una ligera curva en "U" invertida, en una capa nueva sobre las otras dos.

En la captura inferior de la página siguiente puedes ver cómo la miniatura de esta nueva capa superior es más clara que las inferiores.

Ahora bajaré la opacidad de esta nueva capa al 50%, ya que el efecto de la curva era muy fuerte (fíjate en su miniatura).

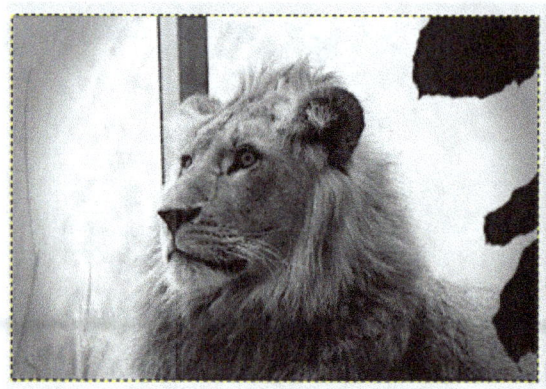
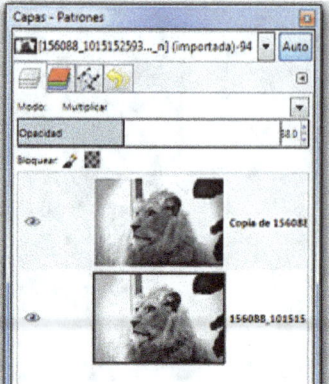

Podríamos seguir con este proceso aplicando tantos cambios como queramos, pero ten en cuenta que cada capa modificará la información de todas las capas inferiores. Puede llegar un punto en el que los cambios que introduzcas en una nueva capa vayan en contra de las anteriores… No te recomiendo que uses más de dos o tres capas de ajuste con la técnica presentada aquí.

En la siguiente sección veremos cómo conseguir este tipo de resultados mediante el uso de las máscaras, que resultarán más prácticas para determinados ajustes sencillos…

En cualquier caso, lo que quería que entendieses de esta sección es que se pueden hacer ediciones no destructivas con GIMP sobre imágenes completas, utilizando la propia información de la fotografía para hacer esta edición.

Estas técnicas evitan la necesidad de crear selecciones complejas, por lo que pueden ser un buen punto de partida en una edición detallada.

Aun así, tendremos una herramienta quizá más potente a nuestra disposición, que vamos a ver a continuación: las Máscaras.

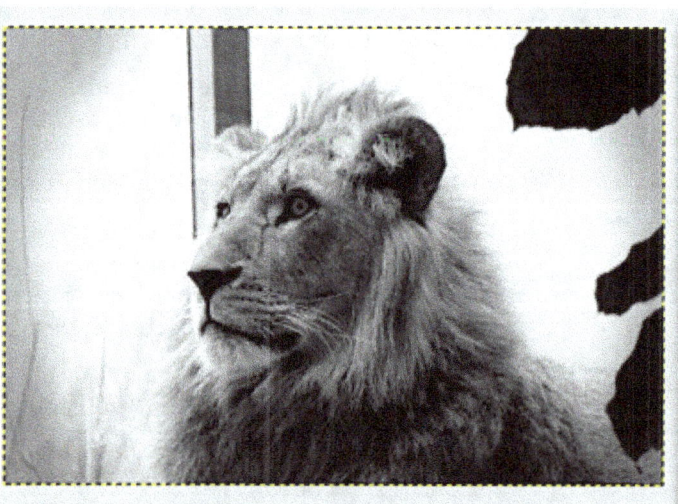
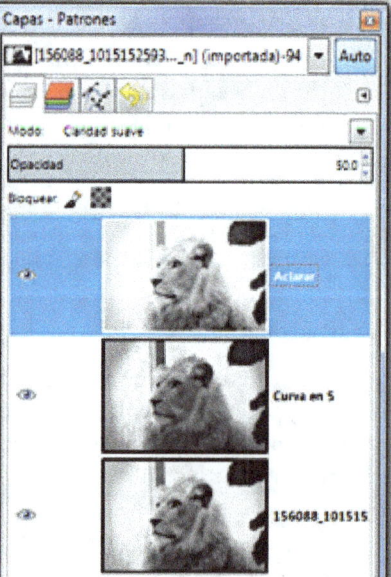

Máscaras

En una sección anterior hemos visto cómo podemos hacer ediciones locales de la iluminación de una imagen para mejorar su contraste local y recuperar (o esconder) parte de la información de la imagen. Esto lo hemos conseguido con la herramienta de sobrexposición y subexposición, "quemando" o "protegiendo" la imagen.

Pero la potencia de cálculo de las aplicaciones de edición de imagen nos permite ir un paso más allá y trabajar con zonas más amplias y de una manera más uniforme. Vamos a ver cómo hacerlo.

Uno de los apartados más desconocidos de la edición de imagen es el uso de las máscaras. Pero, para explicar el comportamiento de las máscaras, primero debemos parar en el canal alfa.

El canal alfa

Junto con los canales habituales de una imagen (por ejemplo, Rojo, Verde y Azul), GIMP es capaz de trabajar con un canal especial, que añadirá la característica de transparencia a la capa que tengamos activa.

Como tal, el canal alfa es un canal "normal", definido con ocho bits; tendremos 256 "niveles alfa", que GIMP representará en escala de grises. Aunque utilicemos un color diferente para trabajar en el canal alfa, el resultado será siempre una capa en escala de grises.

Y ¿qué indica el canal alfa? Nada más y nada menos que la "cantidad de transparencia" que tiene la capa activa en cada punto. La fórmula matemática asignará esta transparencia si "falta" contenido en el canal alfa, dando lugar (por el contrario) a zonas opacas si este canal alfa contiene información.

Así, un color blanco (valor 255) indicará opacidad total, y el color negro (valor cero) transparencia total.

Ahora viene el punto clave: el canal alfa NO es visible en nuestra imagen, sino que define la transparencia de los otros canales de la capa. Así, podemos tener una capa llena de color e información de texturas, pero si la máscara tiene el valor cero, no veremos ese contenido… Vamos a ir paso a paso, para entender este concepto.

Añadiendo un canal alfa

No es habitual que una imagen presente transparencia "por sí misma". Siempre queremos que nuestra foto se imprima completamente, por ejemplo.

Sin embargo, hay algunos formatos de imagen (GIF, PNG) que sí permiten esta transparencia, de cara a realizar montajes digitales para, por ejemplo, páginas web.

En este caso, los elementos de la imagen se funden con el fondo de la página, pudiendo presentar elementos de una manera más atractiva al usuario.

Por ejemplo, esta publicación incluye a mi "mini-avatar" en muchas notas importantes. En este caso, la imagen incluye solo la figura del personaje, y no tiene contenido a su alrededor: Así puedes ver que algunos elementos (las gafas, o su mano...) se superponen al recuadro de color.

Pues bien, puedes buscar este mismo efecto para hacer un montaje fotográfico (collage), o quizá para incluir un logotipo o una marca al agua a tus fotografías, para exponerlas en una página web. En este caso, puedes querer el tener una imagen plana, en una sola capa, pero con algunas áreas sin contenido, o con este contenido oculto.

Sea por el motivo que sea, la forma sencilla de añadir esta transparencia es hacer clic con el botón derecho del ratón sobre la miniatura de nuestra

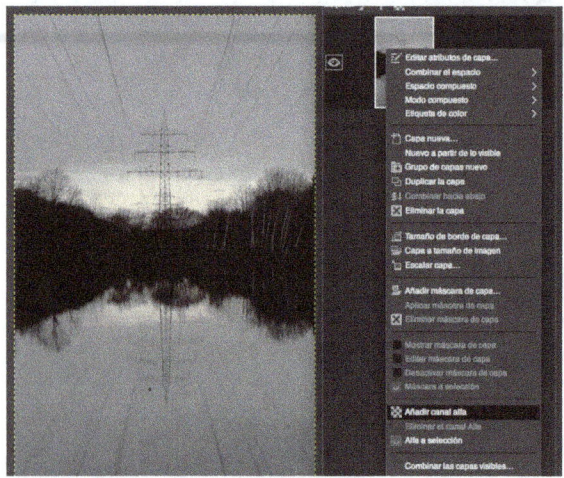

imagen en la ventana auxiliar de capas, y elegir la opción "Añadir canal alfa".

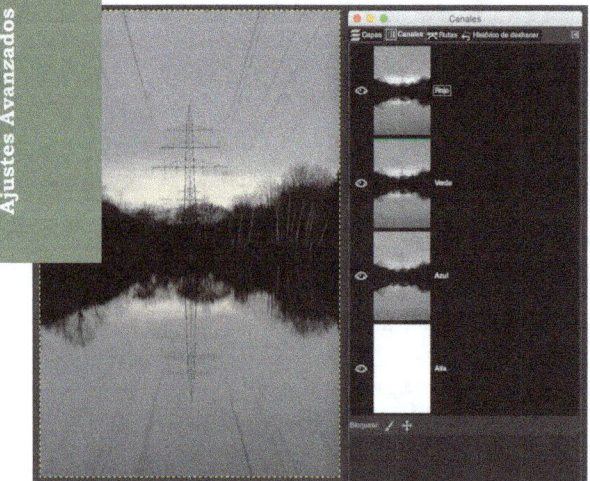

Ahora, nuestra imagen tendrá cuatro canales, ya que hemos añadido uno a los rojo, verde y azul.

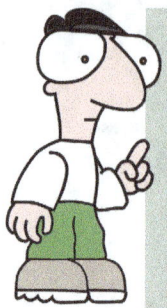

Nota: Si quisiéramos añadir información de transparencia al fondo (por ejemplo, para crear un GIF o un PNG con transparencia), debemos elegir la opción "Añadir canal alfa" al seleccionar el fondo.

Formatos como el JPG, que no admiten transparencia, aplanarán la imagen al guardarlos, usando el color de fondo para rellenar los puntos sin información.

Lo único que hace este nuevo canal es fijar las dimensiones de nuestra imagen, aunque borremos una parter de esta. Por ejemplo, puedo hacer una selección rectangular (atajo "R") de una franja en la zona inferior de mi imagen y pulsar "Suprimir", o bien seleccionar el comando "Editar - Limpiar":

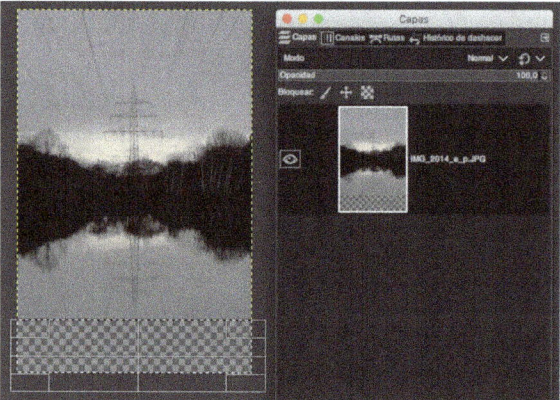

La imagen sigue teniendo el mismo tamaño, pero ya no tiene contenido en la zona inferior. GIMP lo muestra con un patrón en gris.

También podríamos hacer una edición local, por ejemplo quitando contenido con la herramienta "Goma de borrar" (Atajo "Mayúsculas + E"), o bien hacer una selección más o menos compleja.

Por ejemplo, voy a crear un texto sobre mi imagen, que GIMP colocará en una capa independiente sobre la fotografía de fondo. Después, seleccionaré con la herramienta de Selección por Color todo el texto.

Con esta selección activa, me muevo a la capa

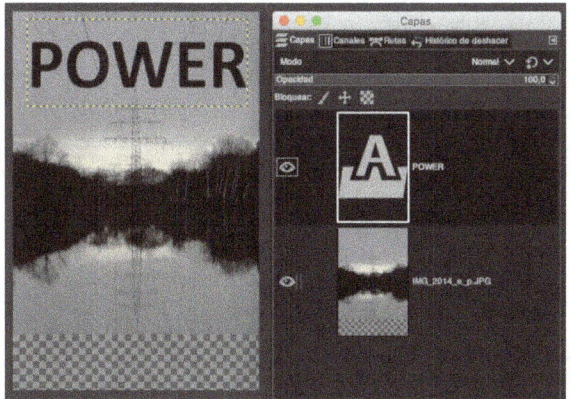

inferior, y borro el contenido con la tecla "Suprimir", o desde "Editar - Limpiar". Ahora ya podría borrar la capa superior, o bien ocultarla haciendo clic en el icono del ojo.

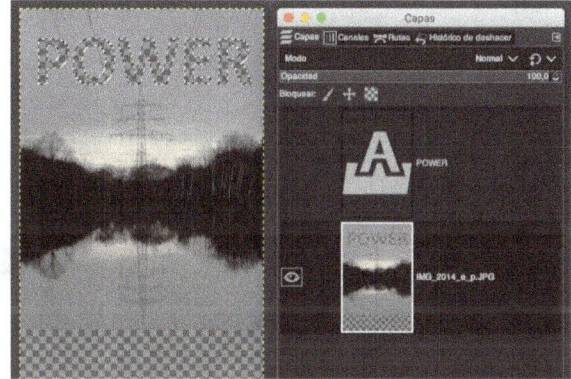

Nota cómo GIMP nos muestra ahora ese patrón de cuadrícula en las letras.

Ahora podríamos exportar nuestra imagen a un archivo PNG para mantener el espacio RGB completo y la transparencia, y utilizarla para crear un montaje con otros contenidos.

En este montaje de ejemplo, mira cómo la imagen se ve recortada por abajo y las letras dejan ver la textura de los ladrillos de la capa inferior.

No voy a entrar más en detalle en este apartado. Solo quería que vieses la potencia de algunas opciones de GIMP para producir resultados profesionales con pocos pasos.

Las buenas noticias son que podremos aplicar estas ideas en cada capa de nuestra imagen, para definir qué contenidos queremos que se vean de cada una de ellas en la fotografía final.

Añadir transparencia: la máscara

Para añadir transparencia a una capa dada (a este nuevo mapa de información se le denomina máscara), deberemos seleccionar la capa con el botón derecho sobre la miniatura de la imagen en esta ventana auxiliar de capas, y elegir la opción "Añadir máscara de capa" del menú desplegable.

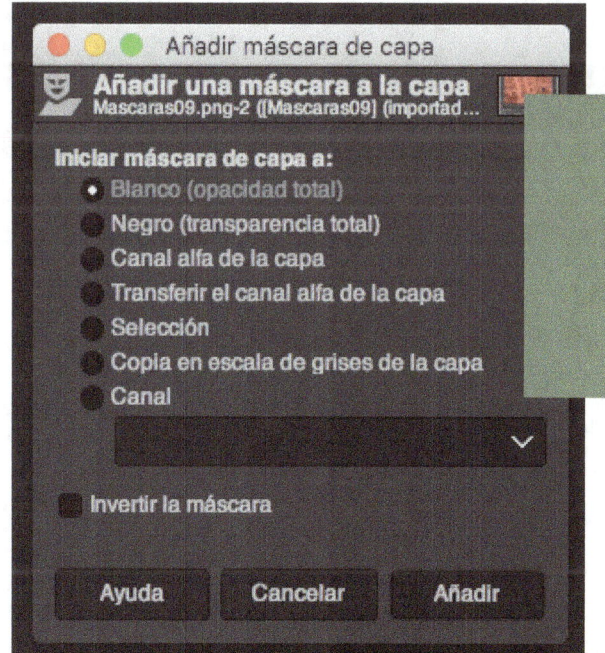

Nota que, por definición, no podemos aplicar

la máscara de capa al fondo – no hay nada "más abajo", tal y como acabamos de ver en el punto anterior.

Al lanzar este comando, GIMP nos preguntará cómo queremos que sea nuestra máscara inicialmente: Puede ser blanca (de manera que veremos la capa seleccionada sin cambios), negra (no veremos la capa).

Además, veremos otras opciones (que dependerán de la versión de GIMP que tengas instalada). En la versión de GIMP 2.10, las opciones disponibles son las siguientes:

• **Canal alfa de la capa**: si hemos editado anteriormente la imagen, o si esta tenía transparencia al abrirla, GIMP puede copiar esa información en un canal alfa, para poder editarla.

• **Transferir el canal alfa de la capa**: similar al anterior, pero elimina la información de transparencia de la capa, y por tanto sólo la tendremos en la máscara.

    • **Selección**: crea una capa de transparencia que sólo cubre las áreas seleccionadas: el resto de áreas no tendría información de transparencia.

    • **Copia en escala de grises de la capa**: hace un promediado de la información de los canales de la capa seleccionada y asigna esos valores a la máscara. Las zonas claras son opacas, las oscuras dejan ver la capa inferior. Puede ser un efecto artístico interesante…

• **Canal…**: similar al anterior, pero copia solo la información del canal que indiquemos.

Por último, tenemos la opción de **invertir los valores de la máscara** (el blanco pasaría a negro y viceversa…), para conseguir un nuevo efecto creativo como punto de partida de nuestra edición.

    Voy a continuar con la imagen del león, con

una pequeña diferencia: En este caso, nuestra fotografía está en una capa por encima del fondo, que he rellenado de color rojo para que veas el efecto que busco.

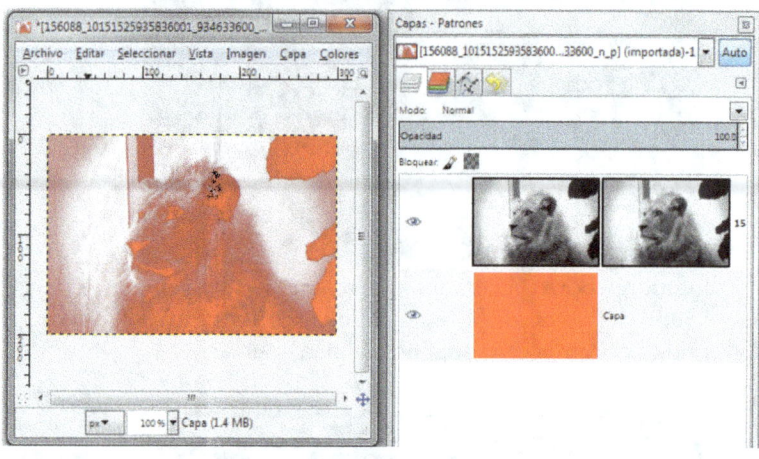

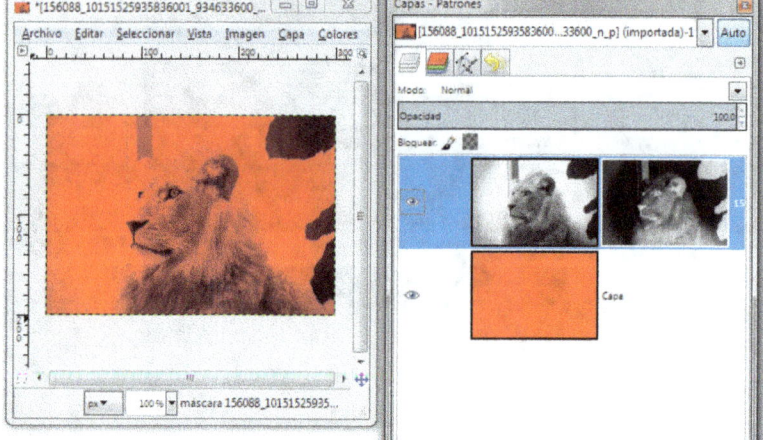

A la capa superior le añado una máscara, que en este caso incluirá la misma información que la capa en escala de grises; al elegir el modo de fusión "Opacidad", las zonas más oscuras dejarán ver completamente el fondo rojo.

En la imagen de abajo puedes ver lo que pasaría con la máscara invertida (fíjate en la miniatura): ahora, son las zonas más claras del original las que más dejan ver el color rojo del fondo…

Uso básico de la máscara de capa

El comportamiento descrito nos permite afinar mucho más nuestras ediciones de niveles o curvas. Para dar un ejemplo sencillo, partiré de la misma imagen utilizada en la sección anterior, en el punto en el que se combinan dos capas mediante multiplicación.

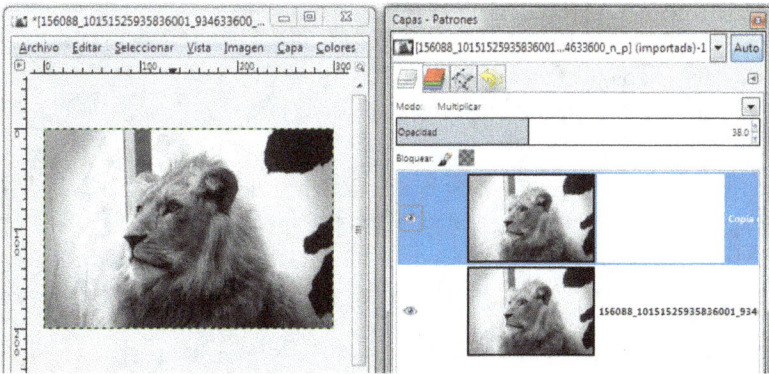

El siguiente paso que hicimos fue el de añadir una nueva capa, en ese caso para aclarar algunas zonas que habían quedado demasiado oscuras al aplicar esta multiplicación (a pesar de reducir la opacidad), mediante la aplicación de una curva.

En lugar de eso, vamos a aplicar una máscara de ajuste a la capa superior y "ocultaremos" las zonas que NO queremos que se oscurezcan en la edición.

Para ello, partiremos de una máscara de capa completamente blanca, y editaremos con un pincel de borde difuso y color negro. El tamaño dependerá de las dimensiones de nuestra imagen.

Como ya he indicado, elegiremos la opción de "Añadir máscara de capa" del menú desplegable que se muestra al hacer clic con el botón derecho del ratón sobre la miniatura de la capa superior, y eligiendo esa opción de opacidad total (máscara de color blanco).

Como punto de partida, deberías ver una situación como la de la imagen de arriba.

En este caso, "pinto" con el color negro sobre el ojo y el hocico del león. Ambas zonas se ven aclaradas, sin modificar el comportamiento del resto de la imagen, como puedes ver en la imagen inferior.

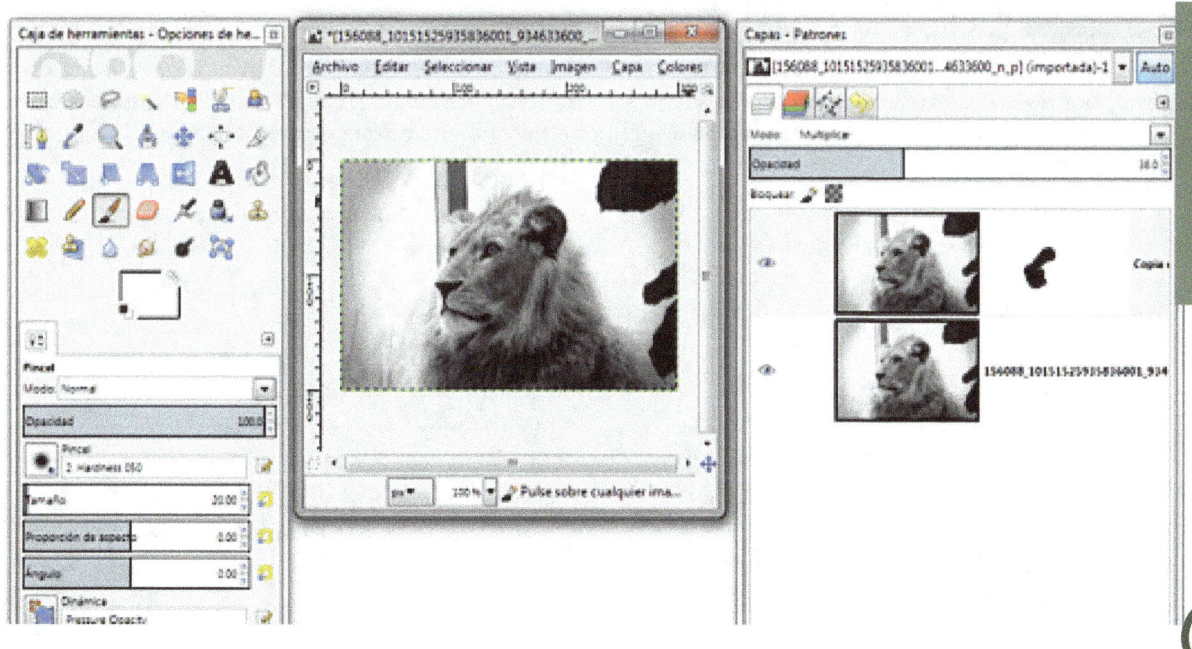

Alternativamente, podríamos haber comenzado por una máscara completamente negra (opacidad total, no se apreciaría el efecto de la capa superior), y podríamos pintar con color blanco las zonas que quisiésemos tener más oscuras.

La elección de una estrategia o la otra depende de la imagen concreta que estés editando, pero al final puede ser una opción personal. Al igual que con otros muchos ajustes, con GIMP puedes hacer una misma acción de diversas formas. Sólo debe encontrar la que mejor se adapte a tu forma de trabajar o a tu estilo de imagen…

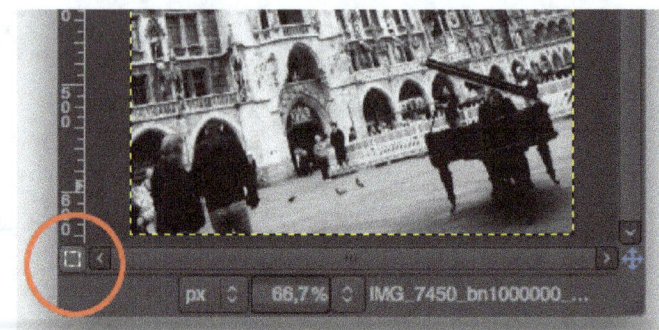

Máscara rápida

Una herramienta que puede resultarte útil es la máscara rápida. Es una forma de crear una capa temporal (en realidad, es un canal…) para hacer ediciones en un elemento concreto de la imagen.

La forma de activar esta función es pulsando la combinación de teclas "Mayúsculas + Q", que creará una máscara completa sobre la imagen. Esta máscara no se asigna a ninguna capa en particular, sino que afecta a la imagen completa.

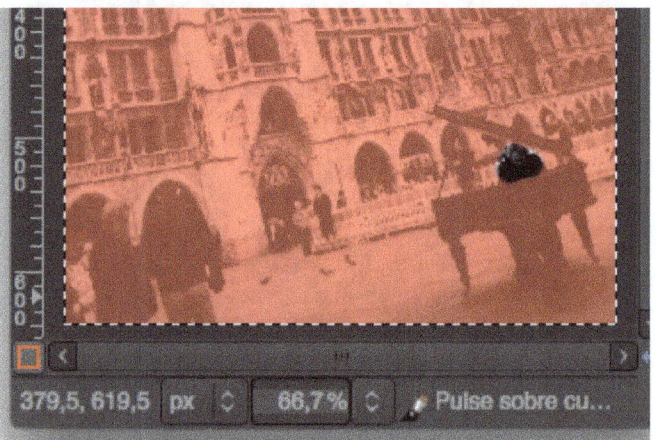

Alternativamente, puedes hacer clic en un pequeño icono (con forma de cuadrado de líneas discontinuas), localizado en la parte inferior de la regla vertical en cada imagen abierta. Puedes ver una captura de pantalla aquí arriba.

Con esta máscara rápida podrás hacer ediciones locales en tu imagen, sin preocuparte del efecto que las herramientas aplicadas puedan tener en el resto de los elementos.

Como siempre, sobre la máscara podrás "pintar" con color rojo (cambia por defecto) para proteger, y blanco (borra la máscara localmente) para permitir la edición en esa zona concreta:

Nota que ahora el icono tiene forma de cuadrado rojo continuo. Puedes activar y desactivar la capa tantas veces como desees desde este icono.

¿Cuál utilizo?

Como siempre, GIMP nos ofrece varias formas de trabajar para conseguir el mismo resultado. No hay un proceso mejor que otro, ni una fórmula mágica.

Mi recomendación es que pruebes todas estas técnicas, y que te quedes con la que mejor se ajusta a tu forma de trabajar.

Tos fotografías pueden tener una influencia en el proceso, también. Si tienes muchos detalles, quizá prefieras trabajar con máscaras, mientras que si tus imágenes contienen zonas amplias y uniformes, quizá prefieras trabajar con selecciones y curvas.

Solo tú puedes tomar esa decisión. ¡Todas las técnicas son válidas!

Impresión

En el capítulo dedicado al ajuste de niveles, vimos que un problema habitual en la impresión de fotografías es la representación de los tonos más oscuros, y el vacío visual que se produce en las luces más claras.

Pues bien, mediante el ajuste de curvas podemos realizar ligeras modificaciones a nuestras imágenes, de manera que esta impresión sea más agradable a la vista y acorde con lo que vemos en pantalla.

Ajuste del nivel de negro

El uso del color negro puro (RGB 0, 0, 0) puede producir una saturación de gotas de tinta negra o de polvo de tóner sobre el papel, que puede llegar a emborronarse, perdiendo parte del detalle.

En muchas ocasiones (típicamente, si utilizas un papel demasiado fino en tu impresora, o si tus tintas son genéricas), es recomendable aplicar una curva

de salida como último paso antes de imprimir, que corrija esta situación.

Para ello, abriremos la ventana de ajuste de curvas (recuerda, con el comando "Colores – Curvas") y desplazaremos el ajuste del punto negro ligeramente hacia arriba.

Esto hará que ningún punto de la nueva imagen tome el valor cero, sino el nuevo valor mínimo que fijemos. Como ya vimos, el conjunto de tonos de nuestra imagen se adaptará automáticamente a este nuevo valor de referencia.

Tendremos una pérdida de datos, ya que reduciremos la cantidad efectiva de tonos en la imagen. Sin embargo, el resultado final será visualmente mejor.

Ajuste del nivel de blanco

De la misma manera, también comenté que la ausencia total de tinta (ya sea líquida, o en forma de polvo) en las zonas más claras puede producir efectos desagradables visualmente, cuando la imagen no es una edición en gama alta.

Puede parecer que "le falta algo" a nuestra fotografía, sobre todo si utilizamos un fondo también blanco (un marco de ese color, una pared blanca, o incluso el fndo de una página web).

Así, podemos intentar bajar el ajuste del punto blanco ligeramente, para forzar a que la impresora incluya algo de información en

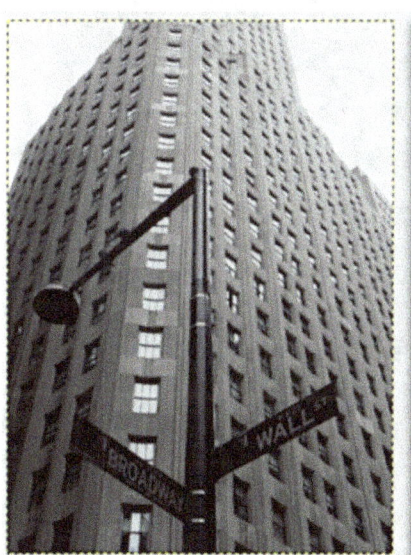
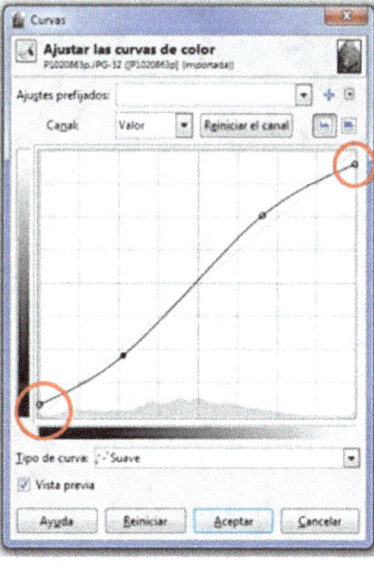

esas áreas claras. Es lo mismo que hicimos con el ajuste de Niveles, al reducir el punto blanco de salida.

De nuevo, estamos eliminando tonos de gris claro, los de valores más altos. Pero, de nuevo, nuestra imagen será más vistosa.

Pérdida de contraste...

Por supuesto, al subir los negros puros y bajar los blancos, perderemos ciertos valores disponibles y nuestra imagen puede perder parte de su contraste global.

Por este motivo, quizá quieras, antes de aplicar la transformación a tu fotografía, añadir una ligera curva en "S" para reducir este efecto aumentando el contraste, tal y como puedes ver en la captura de la página anterior.

¡Guárdalo!

Los ajustes que acabamos de hacer son específicos

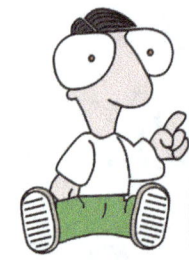

Nota: En cualquier caso, recuerda que esta es una transformación temporal, sólo para imprimir... por lo general, la calidad de la imagen se verá reducida ligeramente.

Guarda este ajuste entre tus favoritos, pero ¡no con la imagen final!

para tu impresora (o la de la imprenta de turno) y tu combinación de papel y tintas. Mediante ensayo y error, llegarás a un proceso "ideal" para obtener el mejor resultado de tus impresiones.

Por eso vale la pena que guardes estos ajustes como un ajuste de curvas prefijado en tu versión de GIMP, de manera que lo puedas recuperar y volver a aplicar a cualquier otra foto.

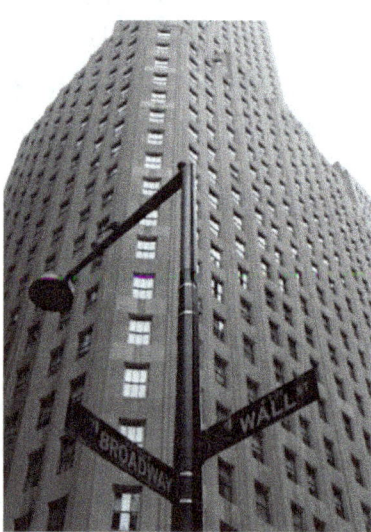
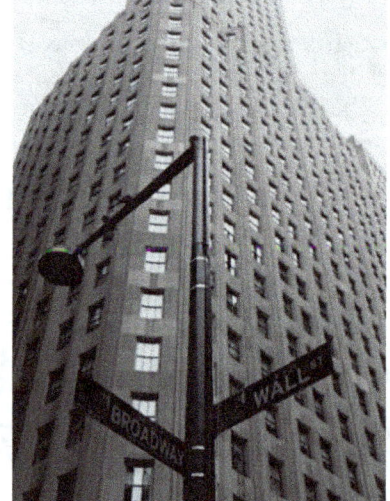

Izquierda: Imagen original.

A la derecha, imagen con las modificaciones propuestas para impresión. Es una primera aproximación, que debes completar con la calibración de tu impresora, y que veremos en la siguiente sección. Observa que el cielo ya no es blanco.

Más ajustes avanzados

Corrección local de tono

Una posibilidad interesante de la herramienta de Curvas es que podemos modificar un conjunto de tonos concreto de nuestra imagen (o de nuestra selección, si has marcado un área de trabajo), mediante el uso de varios puntos de control.

Dos de ellos marcarían los límites de influencia del ajuste, entre los que añadiríamos los puntos necesarios para el ajuste en sí mismo.

Retomando la imagen del león, vamos a intentar realzar el pelaje del mismo, manteniendo la información de la zona de luces y sombras sin cambiar. Primero, creamos los dos puntos de ajuste, que fijarán los límites de nuestra edición de la Curva. Para ello, solo tenemos que hacer clic en los puntos deseados de la diagonal.

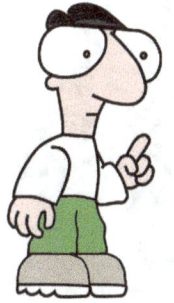

Nota: Con la ventana de ajuste de curvas abierta, si pasas el ratón sobre la imagen verás que se convierte en un cuentagotas: GIMP te permite elegir los tonos directamente sobre la imagen… al hacer clic con el cuentagotas, verás cómo te presenta el valor numérico sobre la curva.

Después utilizo un punto más, para crear (por ejemplo) una curva en "U" invertida dentro de los límites fijados. Aplico la transformación. Puedes ver esta edición en la página siguiente.

Al comparar ambas imágenes, puedes notar la diferencia.

Como siempre, es recomendable hacer ajustes ligeros, para evitar que se vea el trabajo de edición. En cualquier caso, puedes

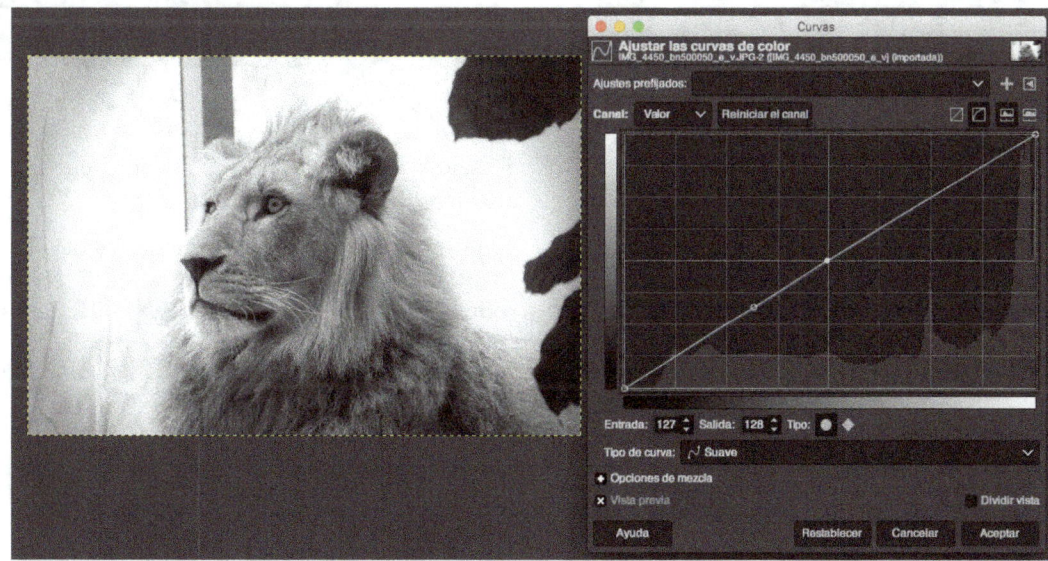

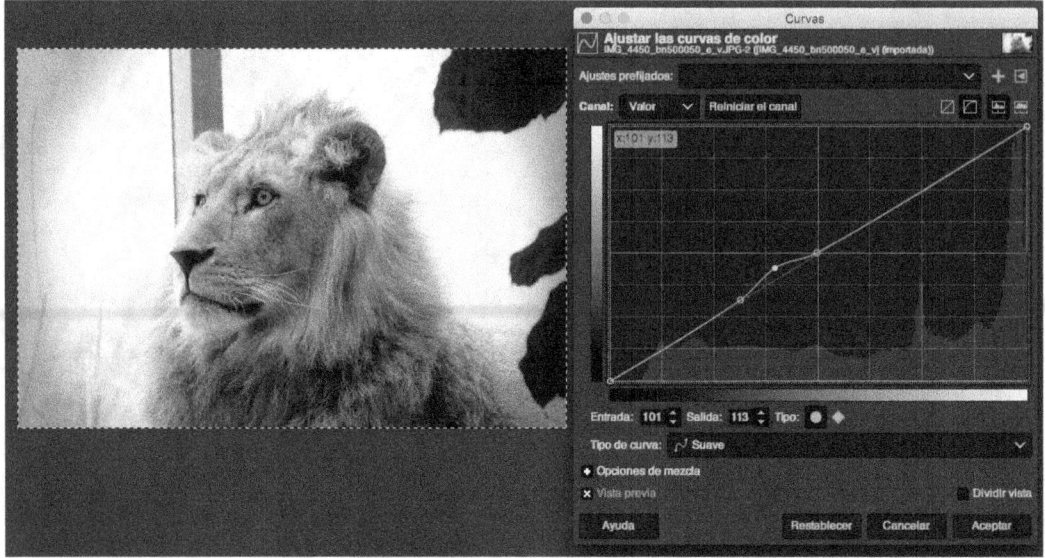

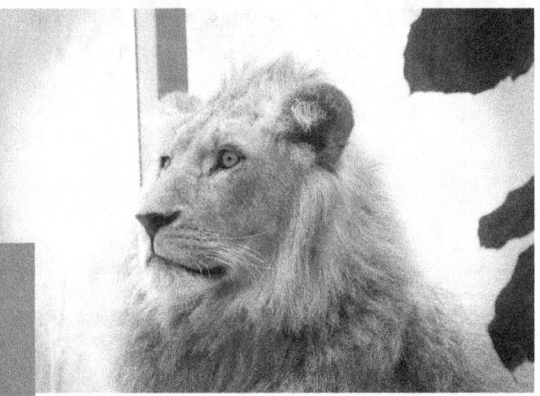

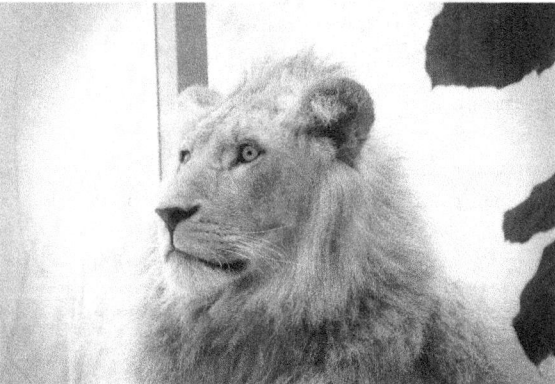

aplicar la transformación que desees: puedes encontrar resultados interesantes…

A la izquierda, tienes la magen original. A la derecha puedes ver el resultado de esta edición: El rango seleccionado de tonos medios se ha aclarado ligeramente, sin modificar el resto de valores. Puedes ver algo más de textura en la cara y el pelaje del león.

Pero también hemos influido en los mismos tonos del viñeteado (la sombra circular alrededor de la imagen). Debes mirar tu imagen "desde lejos", para comprobar que esta edición no te hace perder algún detalle importante.

Por supuesto, podemos realizar este ajuste en varios tonos separados de una misma imagen – dependerá de tu imagen y de los diferentes tonos que quieras modificar o corregir…

Puede ser interesante recuperar ciertos detalles en las sombras, por ejemplo, aplicando una mejora del contraste local. O bien hacer algo similar en las luces más altas – por ejemplo, para recuperar las texturas en una cortina o en un vestido blanco.

Si te das cuenta, estamos haciendo lo mismo que propuse en una sección anterior al hablar de sobreexposición y subexposición: Estoy haciendo un ajuste local, en el que aclaro u oscurezco ciertos tonos de mi fotografía. La diferencia, ahora, es que estoy aplicando este efecto de manera general en toda la imagen.

Si no quisiera hacerlo globalmente, solo tendría que realizar una selección previa, antes de hacer esta transformación. La selección de una técnica u otra dependerá de tus preferencias personales, o bien de la imagen concreta que quieras editar.

Calibración casera de la impresora

En un apartado anterior, hemos visto cómo podemos corregir la forma en que nuestra impresora produce las fotografías. Al menos, en las sombras más oscuras y las zonas más claras.

Pero, ¿qué pasa si, en general, todos los tonos de gris resultan demasiado oscuros? En este caso, quizá debamos trabajar un poco más en nuestra curva de ajuste…

De nuevo, es importante tener un monitor correctamente calibrado. Es preferible "fiarse" de los cálculos que puede hacer GIMP a la hora de fijar los extremos blanco o negro, o a la hora de hacer una primera aproximación automática de niveles. Si haces todo confiando en tu monitor, ¡puedes estar haciéndolo mal desde el principio!

En cualquier caso, supondremos que "ves" la imagen correcta en tu monitor. Quieres imprimir exactamente lo que ves. Pues bien, primero haremos una comparación.

Blanco y negro...

Con GIMP, prepara una imagen compuesta de zonas de tonos grises. Puedes incluir el valor numérico como referencia:

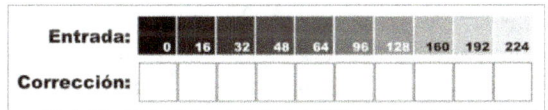

Entrada:	0	16	32	48	64	96	128	160	192	224
Corrección:										

Utiliza unos diez valores diferentes, distribuidos por todo el rango de tonos, como en la imagen anterior.

El blanco no es necesario, ya que sabemos cómo debe quedar – sin tinta.

En cambio, sí deberíamos usar el negro puro (valor cero) y otro oscuro (en el ejemplo, 16) para ver si hay alguna diferencia entre estos tonos.

Ahora, imprime la imagen, y compárala con la que ves en el monitor. Si ves un tono en el papel que es más oscuro que el que ves en la pantalla, tu PC deberá aclararlo al imprimir. Y al contrario, si los tonos en el papel aparecen demasiado claros, deberás oscurecerlos.

Comienza estimando una primera corrección, quizá de unas pocas unidades, como en este ejemplo:

Entrada:	0	16	32	48	64	96	128	160	192	224
Corrección:	+5	+5	+2		-3	-5		+5	+2	

Ahora, crea una tabla con los valores iniciales, y asigna un nuevo valor (unos cinco puntos más alto o más bajo). Deberías tener algo como lo siguiente:

Inicial	0	16	32	48	64	96	128	160	192	224
Nuevo	5	21	34	48	61	91	128	165	194	224

Una vez hecho esto, ve al editor de curvas, y crea una de la misma manera que hiciste cuando editamos los virados: crea un punto de control para cada par de valores, de manera que el primero sea el original, y el segundo el nuevo propuesto:

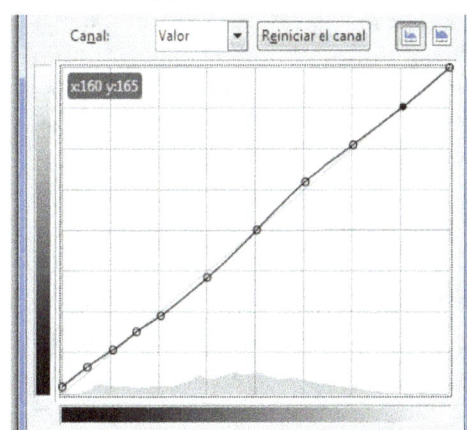

Debes incluir todos los puntos – incluso los que no cambian (por ejemplo, el 48, 48). En la imagen anterior, observa que GIMP nos muestra la información del punto (160, 165).

Antes de aplicarla, guarda la curva como borrador. Ahora, aplica la curva e imprime de nuevo. Ojo, NO guardes los cambios en la imagen original…

Esos ligeros cambios propuestos pueden ser capaces de modificar el comportamiento de tu impresora, que utilizará una cantidad diferente de gotas de tinta o de polvo de tóner para representar los distintos tonos o niveles propuestos.

Vuelve a comparar el patrón de salida. Debería verse mejor. Quizá todavía haya algún tono que debas corregir. Abre la curva guardada y modifica los valores que no veas del todo correctos. Quizá debas hacer una corrección más fuerte, o quizá la inicial fue demasiado exagerada.

Vuelve a guardar el ajuste antes de aplicarlo, imprime una nueva copia y vuelve a comparar… Repite todo el proceso hasta que estés satisfecho con el ajuste.

…Y color

Pero claro, en muchas ocasiones tendrás imágenes en color – quizá siempre, en tu caso. El proceso anterior puede ser demasiado simple, aunque realmente notes una mejora en tus impresiones.

Quizá tus fotos impresas tengan un ligero tono magenta (en fotografía se le llama "dominante"). O bien, amarillento, como vimos en la fotografía del estanque con los patos en una sección anterior.

Ojo, no debes confundir una foto que realmente tiene el color incorrecto (lo que podemos corregir, como hemos visto en este libro) con una impresora mal ajustada, que imprimirá mal una foto correcta.

Podrás corregir estas desviaciones editando cada canal de color por separado, siguiendo una estrategia similar, pero imprimiendo tres

patrones diferentes en el espacio RGB (ahora, cada color tendrá tres valores):, como en el siguiente ejemplo.

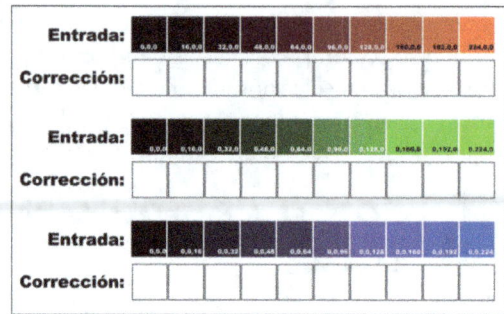

Según el resultado de la impresión, puedes necesitar concentrarte en los valores medios (digamos, entre 50 y 200) o en los más oscuros. Como puedes comprobar en el patrón propuesto, apenas se aprecia diferencia entre el valor cero y el dieciséis.

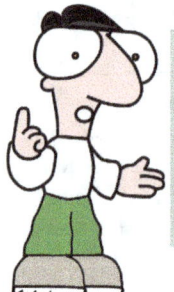

Nota: Si editas los canales de color por separado, estarás modificando también la iluminación global en cada punto. Por tanto, la corrección de color (si es necesaria) debe hacerse antes que la de la de los tonos de gris…

En cualquier caso, el procedimiento sería el mismo. Obtendríamos un ajuste de curvas específico de nuestra combinación de monitor e impresora – para dar lugar a fotografías "válidas" para nosotros.

Recuerda que NO debes guardar la imagen con el ajuste aplicado, ya que en otro PC o desde otra impresora podría dar un resultado completamente diferente.

Alternativamente, podrías guardar el ajuste con la imagen, si siempre utilizas la misma impresora, pero te recomiendo que utilices un nombre de archivo distinto y guardes una copia nueva, para mantener la información de la imagen original para poder recuperarla más adelante, en caso necesario.

Ejemplos Prácticos

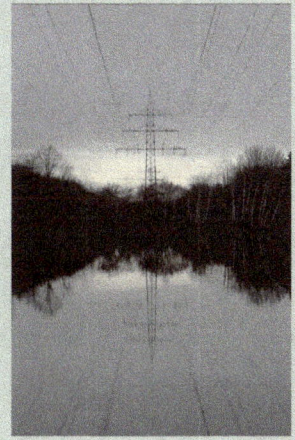

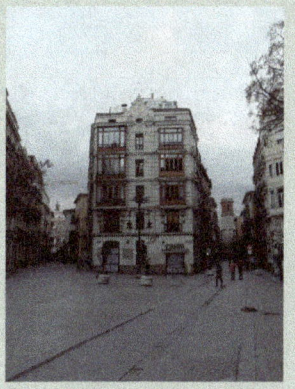
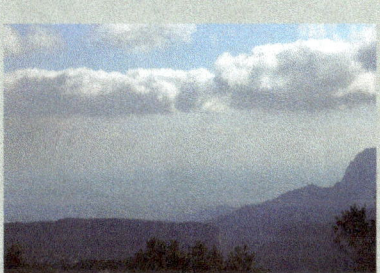
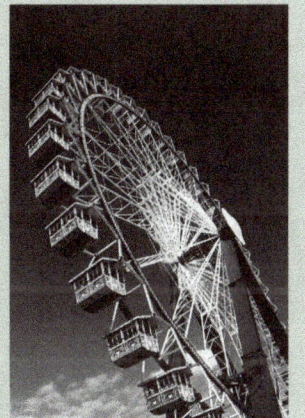
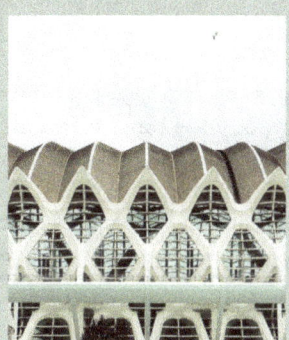
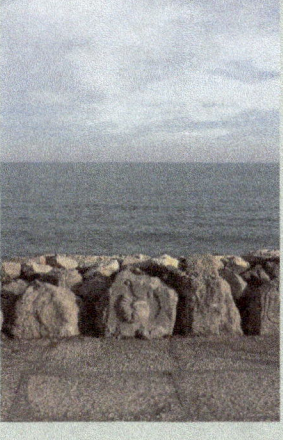
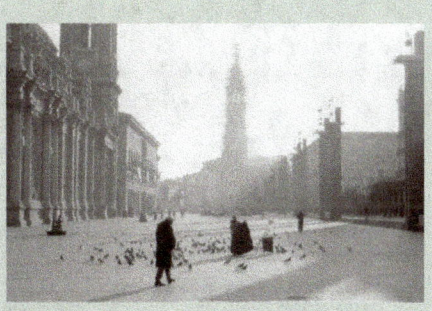
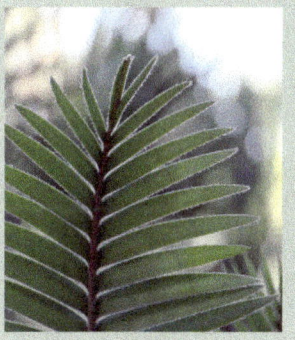

Ejemplo: Tres retratos

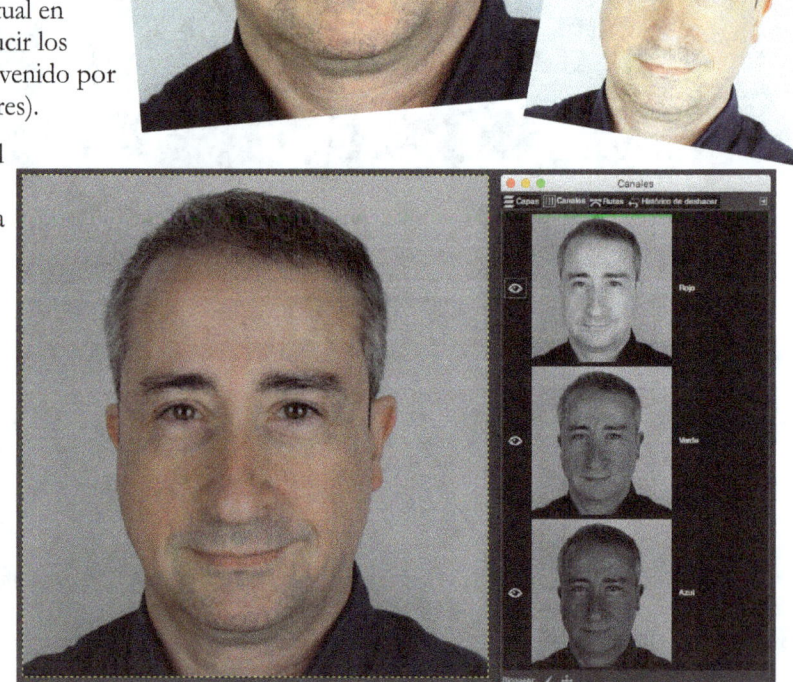

Vamos a comenzar con tres imágenes sacadas del mismo original, para que veas las posibilidades creativas (¡solo unas pocas!) que tenemos con las herramientas presentadas en este libro.

En este caso, haré una conversión "clásica" a blanco y negro, y después otra más moderna, realzando el contraste y fijándome en los posibles problemas de este tipo de retratos. Finalmente, buscaremos una versión en color, pero con una saturación muy baja.

Retrato en blanco y negro

La primera aproximación a un retrato clásico es la de basarnos en el canal rojo. Esto es habitual en pieles claras porque, además, permite reducir los defectos de la piel, algo que suele ser bienvenido por una gran cantidad de sujetos (niños, mujeres).

Para hacer esta conversión, utilizaremos el nuevo Mezclador Mono disponible en GIMP desde su versión 2.10. Si tienes una versión anterior, recuerda que está disponible desde el Mezclador de Canales tradicional.

Pero primero vamos a hacer un análisis de los canales, haciendo clic en la pestaña con el icono de los tres colores de la ventana auxiliar.

El análisis tradicional nos indica que el canal rojo presenta una mayor variedad de tonos (debido al color rojizo de la piel del sujeto...) y el canal azul muestra tonos muy oscuros, por el mismo motivo.

Sin embargo, este canal azul presentará gran cantidad de detalles (arrugas, pecas, marcas... que pueden ser interesantes en nuestra fotografía.

El canal verde, por su parte, no está tan iluminado como el rojo ni presenta tanto detalle como el azul. Así, una decisión habitual puede ser la de tomar una mayor proporción del canal rojo en nuestra mezcla, y un valor menor del canal azul, eliminando la influencia del canal verde.

Sin embargo, antes de aplicar esta mezcla voy a usar el ajuste de Niveles, para hacer que el fondo resulte blanco, extendiendo así todos los tonos de la imagen.

Como vimos en la sección correspondiente, hay un botón de "Ajuste de Niveles Automático", que nos daría este resultado:

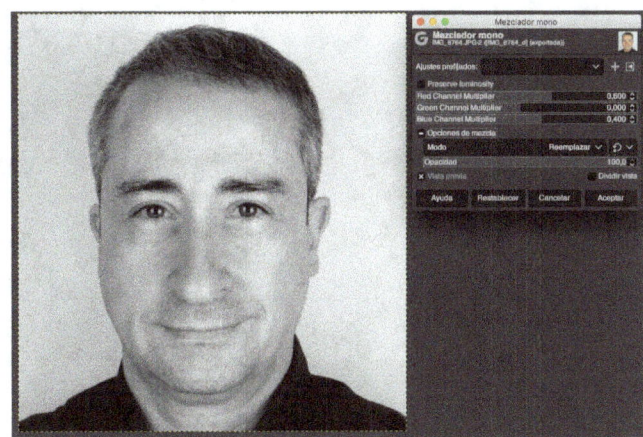

Idealmente, la combinación de valores debe sumar el 100%, de manera que pruebo pares como 66%-33%, o bien 75%-25%.

Finalmente, me quedo con la combinación 60% rojo, 0% verde y 40% azul, como puedes ver aquí.

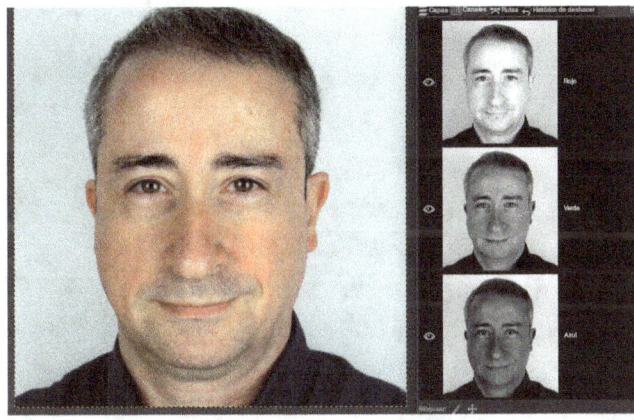

Si no te convence, siempre puedes utilizar el cuentagotas de blanco para marcar un punto cualquiera del fondo.

En cualquier caso, el resultado es el mismo: el fondo se aclara, sobre todo en los canales fríos (verde y azul). Las tres caras se aclaran ligeramente, también, al estirar los tonos hasta el máximo en cada canal.

Ahora, utilizaré el comando "Color - Componentes - Mezclador Mono", e iré probando valores de porcentaje para los canales rojo y verde, según lo visto arriba.

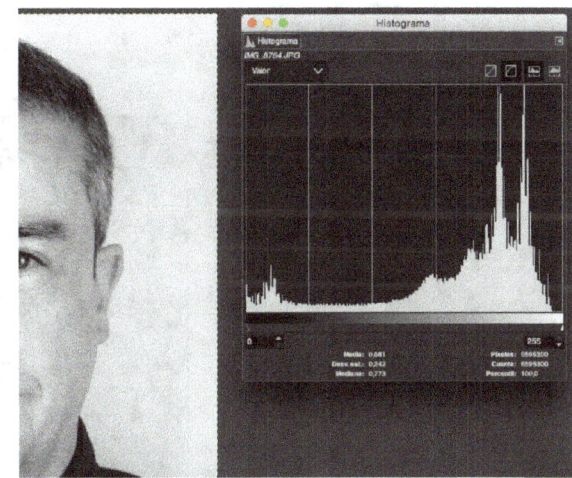

Ahora, voy a subir ligeramente el contraste, con un ajuste de curvas. Pero primero echaremos un vistazo al histograma, desde "Colores - Info - Histograma": Puedo ver un pico (en realidad, dos) en las luces altas, correspondiente al fondo y a las zonas claras del rostro. Los tonos medios y oscuros son bastante uniformes.

Así, elijo un valor alto (alrededor de 200) y

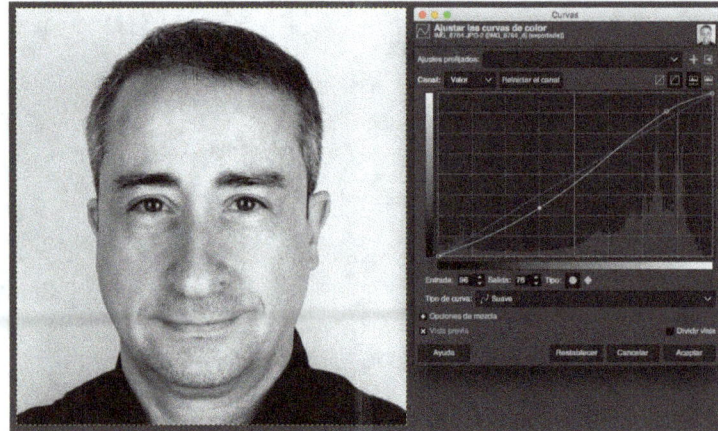

otro medio-bajo (quizá, por el valor 100) para mi curva en "S", como puedes ver en la página siguiente.

Nota que, al elegir un valor relativamente alto pa para el punto oscuro, puedo oscurecer una mayoría de tonos de piel (aunque los tonos más altos se aclaran), destacando el retrato sobre el fondo, que apenas cambia.

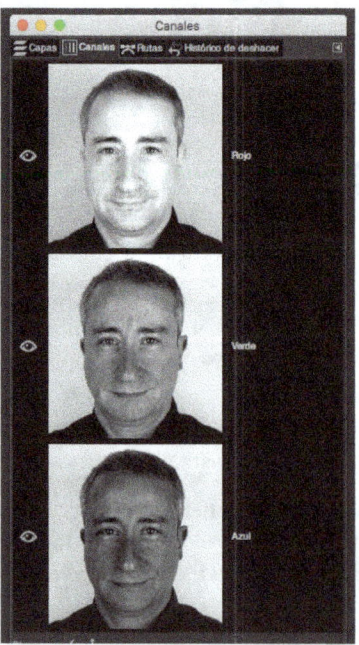

Dependiendo del objetivo de este retrato, podría estar ya terminado. Opcionalmente, puedes decidir aplicar un enfoque extra, o bien un coloreado o virado.

En mi caso, he optado por aplicar las curvas guardadas anteriormente para darle un efecto de "Gelatina de Plata", tal y como

vimos en una sección anterior.

Para terminar, guardo la imagen con un nombre diferente, tal y como te sugiero más adelante en este libro.

Blanco y negro "moderno"

Una técnica que fue tendencia hace unos años fue la de centrarse en el canal azul, sobre todo en retratos masculinos, para resaltar todos los rasgos: Arrugas, marcas, manchas.

La espectacularidad de estas imágenes venía dada por la novedad, y el resultado puede gustarte o no: De nuevo, es una cuestión de opinión personal.

Nuestro punto de partida es la imagen original, con el Ajuste Automático de Nieveles aplicado, tal y como hemos hecho en la edición anterior. Ahora, miramos los diferentes canales de color, y vamos a centrarnos en el canal azul.

En mi caso, este canal me parece demasiado "extremo" y decido aclararlo un poco con cierta proporción de canal rojo. Estaremos haciendo justo lo opuesto de lo que hemos hecho en el proceso anterior. En este caso, aplico apenas un 10% de canal rojo, y mantengo el resto de peso (90%) desde el canal azul.

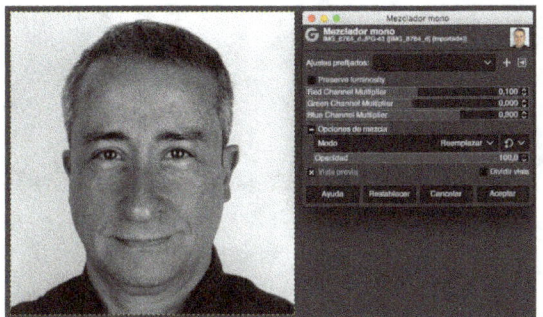

Para esta edición, sí que aplicaré un enfoque desde "Filtros - Realzar - Máscara de Desenfoque".

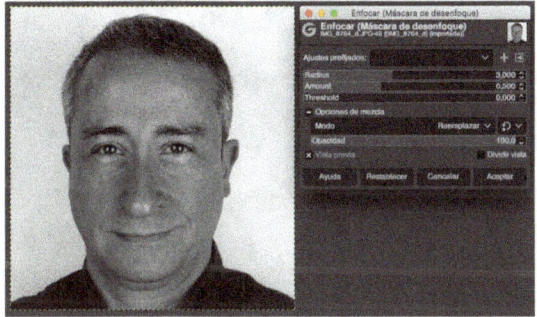

De nuevo, echamos un vistazo al histograma, que ahora es diferente del que teníamos en el ejemplo anterior: Nota cómo ahora los tonos centrales presentan valores más altos.

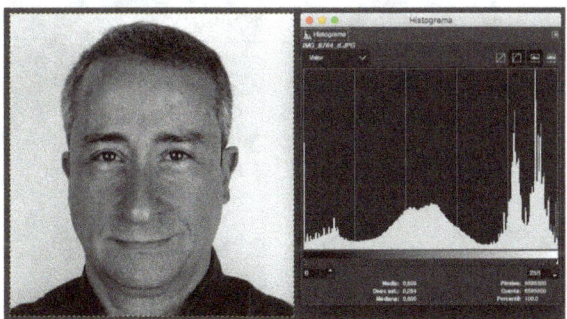

Aquí aplicaré una curva diferente, y con un pequeño truco. Para mantener los tonos medios y oscuros,

crearé un punto de control central (alrededor del valor 128) que mantendré fijo. Entonces, aplicaré una curva en "U" invertida para aclarar las luces un poco:

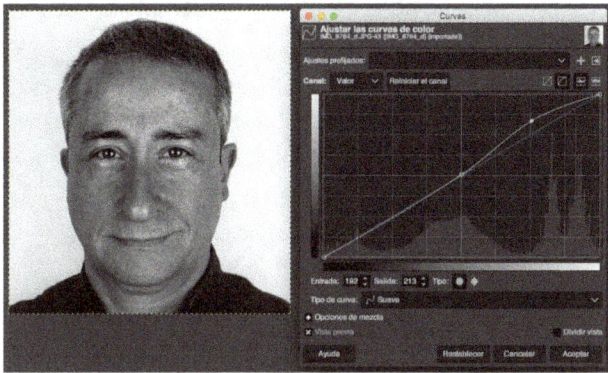

¡Primer problema!

Podríamos considerar que hemos terminado la edición. Pero hay un problema: Yo no tengo los ojos negros. Uno de los principales errores que se cometen al hacer este tipo de ediciones (esta y la anterior...) es el de no respetar la iluminación de los ojos.

Para corregir este efecto, vamos a aplicar una subexposición local en los ojos. Recuerda que puedes ampliar tu imagen tanto como desees, con la tecla "+".

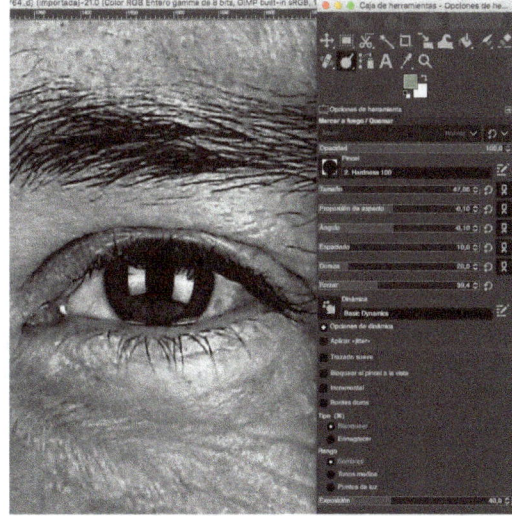

Aquí lo que busco es aclarar los tonos más oscuros del iris, por lo que serán esos dos parámetros los que seleccionaré, tal y como puedes ver en la captura anterior. Selecciono un tamaño de brocha pequeño, que me permita editar los ojos sin afectar a su entorno.

Debes tener cuidado, o el efecto será demasiado fuerte y visible. Compara el ojo editado (derecha) con el ojo sin editar (izquierda):

Si el efecto te parece demasiado fuerte, deshaz tu edición y reduce el valor de Exposición antes de reintentarlo.

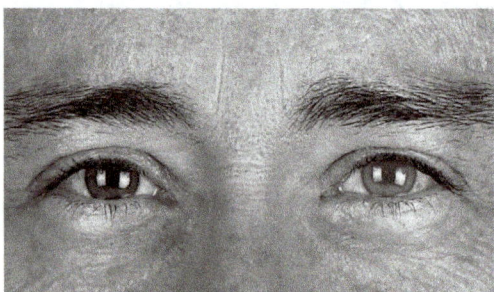

Corrijo el otro ojo, y paso al siguiente problema...

¡Segundo problema!

Esta edición puede parecer demasiado extrema. Si buscas este tipo de fotografías en Internet, verás que muchas de ellas tienen algo en común: El fondo también es oscuro.

Aunque idealmente tendríamos que buscar esto en la fotografía original, con GIMP también podemos aplicar este efecto por medio de la edición de imagen.

En este caso, lo más sencillo es hacer una selección del fondo con la herramienta de Selección Difusa (su icono es una "varita mágica"), y haciendo clic sobre ese fondo.

Nota que quizá debas hacer varias pruebas cambiando el parámetro de tolerancia de esta herramienta, si el fondo no es uniforme.

Cuando hayas llegado a una selección

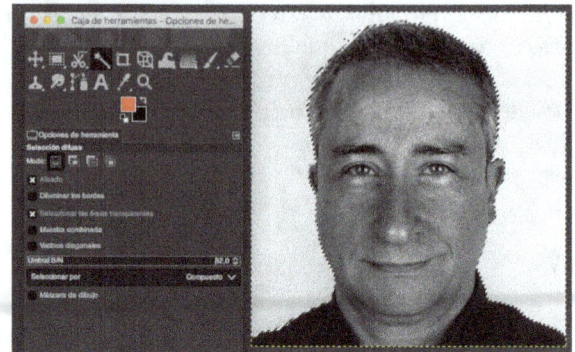

adecuada, solo tienes que buscar un tono adecuado (incluso, con el cuentagotas del selector de color, sobre el rostro del sujeto) y utilizar el comando "Edición - Rellenar con el color de frente".

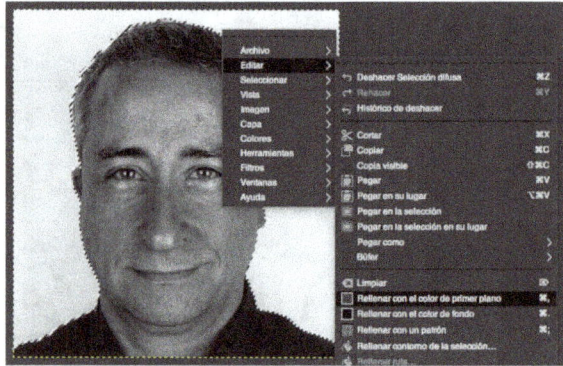

El tono que elijamos de gris decidirá cuánto destaca el sujeto respecto al fondo. Mira estas dos imágenes:

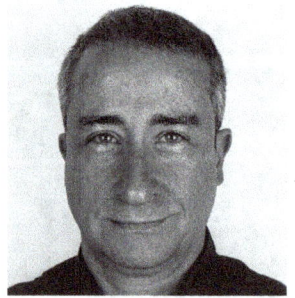 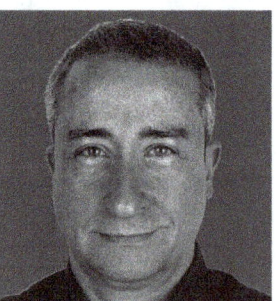

No he modificado el tono del rostro, pero la imagen de la derecha se ve más natural.

Alternativamente, podríamos utilizar un ajuste de curvas o niveles para oscurecer esta selección. Esto

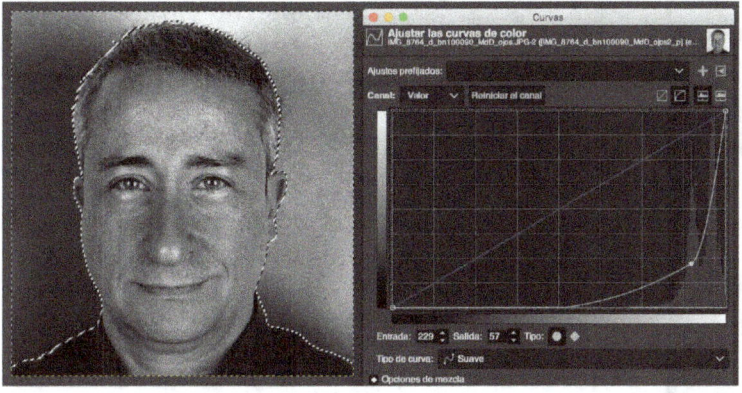

Retrato moderno

Una tendencia que se puede ver ahora en algunas revistas internacionales es la de mostrar rostros con mucho detalle (casi exagerado, pero sin caer en el HDR) pero con una saturación muy baja, llegando a falsear los colores.

En este caso trabajaré con capas y modos de fusión, y aplicaré ligeros retoques con las herramientas que hemos visto a lo largo del libro.

podría conservar parte de la información del fondo, si tenemos alguna textura u objeto desenfocado.

En la captura de arriba, nota que el histograma que vemos en la ventana auxiliar de curvas se corresponde con la selección. Por eso solo aparecen puntos con valores en la zona más alta, y por eso tengo que hacer una curva tan forzada.

Esta edición forzada puede producir efectos extraños en ela zona editada. En mi caso, parece que la pared tuviese cierto releve, algo que no era así. Antes de deseleccionar el fondo, quizá quieras aplicarle un ligero desenfoque. De nuevo, este paso sería opcional y dependiente de tu foto concreta.

En cualquier caso, llegamos a una tercera versión, también válida, para este retrato. Una vez más, no he modificado los valores de ilminación del rostro y, sin embargo, se ve como una fotografía distinta.

Para ello, comenzaré duplicando la foto (con los niveles automáticos ya aplicados) en una nueva capa, haciendo clic con el botón derecho del ratón sobre la miniatura de la ventana auxiliar y eligiendo esa opción ("Duplicar capa").

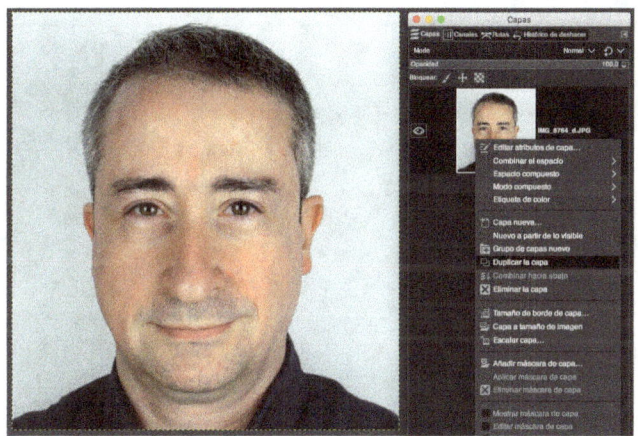

Vamos a mirar, por un momento, el histograma de esta imagen en color. Como siempre, utilizo "Colores - Info - Histograma", para llegar al gráfico que puedes ver en la siguiente página.

Esa distribución en forma de "peine" es la que obtenemos al aplicar un ajuste de niveles, al estirar los tonos para que incluyan los extremos.

Habrá valores intermedios que ya no estén presentes en nuestra imagen, tal y como hemos visto con los ejemplos sencillos de la

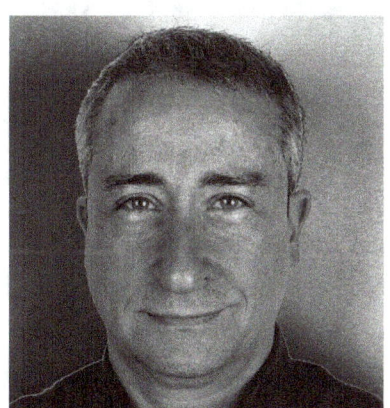

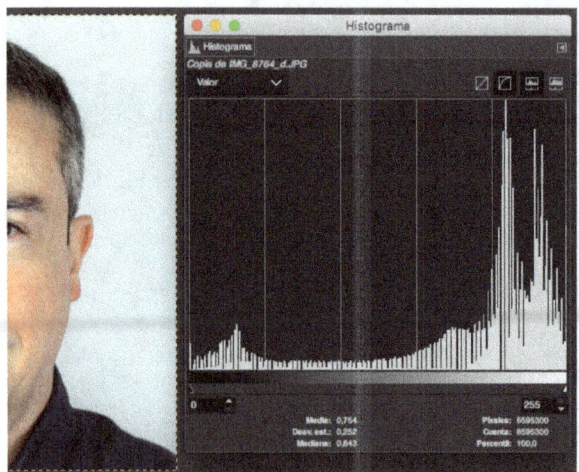

parte teórica del histograma.

Ahora, con la capa superior activa, selecciono el modo de fusión "Pantalla".

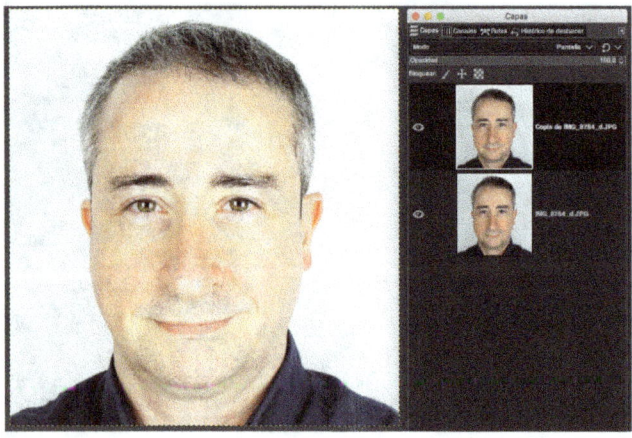

Vaya, es casi lo que estábamos buscando. Esto no hablaría muy bien de las ediciones "profesionales" que puedes ver en revistas como TIME o National Geographic.

Según la documentación oficial de GIMP, este modo de fusión trabaja de la siguiente manera: Primero, se invierten los valores de todos los píxeles en ambas capas. Como tenemos una mayoría de valores altos, estas imágenes invertidas serán más oscuras.

Después, los valores de ambas capas se

multiplican (haciendo el resultado aún más oscuro) y el resultado se vuelve a invertir para dar la imagen final, que será más clara que la original. Sin embargo, los valores muy claros (cercanos al 255) y muy oscuros (cercanos al cero) no se verán tan afectados como los tonos medios. De ahí el resultado.

Pero todavía podemos corregir el tono rojizo de algunas partes de la piel. Podríamos optar por bajar la saturación de la capa superior, pero en este caso voy a utilizar un ajuste de curvas en el canal rojo, con una curva en "S" invertida para mantener los tonos medios y bajos (con un punto que no moveré) y reducir las luces, donde se encuentran la mayoría de tonos rojos. Según sea tu imagen, ambas estrategias podrían ser válidas.

Abajo puedes ver esta edición que colorea el fondo con un tono azul claro, al romper el equilibrio de valores en el fondo blanco.

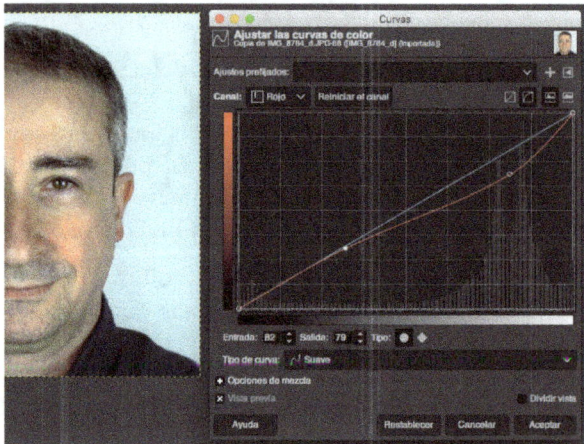

Al aplicar un ajuste de curvas a la capa superior, GIMP vuelve a tomar el modo de fusión normal por defecto. Nota que ahora las dos miniaturas son distintas, debido al tono azulado del fondo y los colores algo más fríos en el rostro.

Así que vuelvo a aplicar el modo Pantalla a la fusión, para llegar al retrato que puedes ver aquí arriba, a la derecha. La imagen ya cumpliría con lo que estoy buscando.

Presenta tonos claros y oscuros, con el resto de la

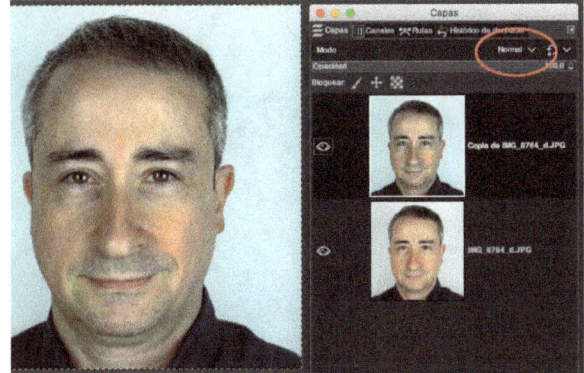

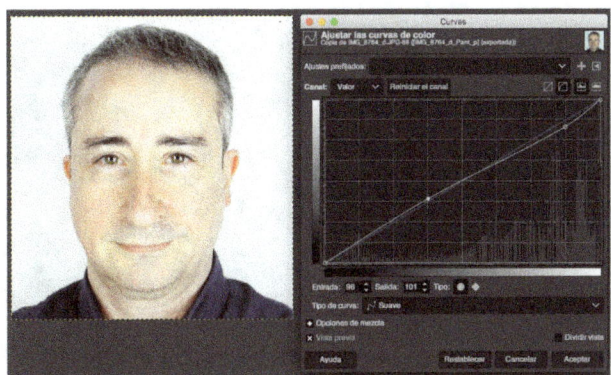

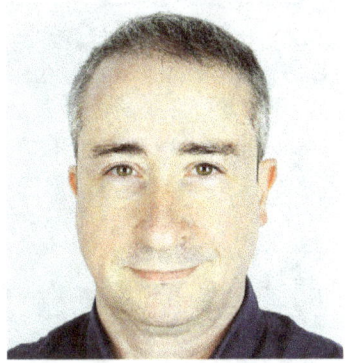

fotografía con un aspecto "lavado", con poco color.

Para finalizarla, le aplicaré una curva en "S" invertida, para reducir ligeramente el contraste, y

finalmente un enfoque desde "Filtros - Realzar - Máscara de Desenfoque...", con los valores por defecto.

Observa que, en este caso, la curva es muy suave y he utilizado un punto de control sobre la diagonal en los tonos centrales, apenas desplazado sobre esa diagonal.

El punto de control de las luces sí lo he movido hacia abajo, pero solo unos pocos puntos. pues bien, con esta última edición ya tendría terminada mi nueva imagen, en este caso un retrato "moderno".

¿Cuál de las tres ediciones (cinco, en realidad) te ha gustado más, cuál se acerca más a tus preferencias?

Arriba izquierda: Imagen original.

Arriba derecha: Edición extrema en blanco y negro basada en el canal azul, sin modificar el fondo de color claro.

Centro izquierda: Edición tradicional en blanco y negro, simulando un virado tradicional.

Centro derecha: Edición extrema a blanco y negro, basada en el canal azul, con el fondo editado a un tono uniforme más oscuro.

Abajo a la izquierda: Retrato "moderno" en color, con la saturación rebajada.

Abajo a la derecha: Edición extrema a blanco y negro, basada en el canal azul, con el fondo editado mediante curvas para recuperar parte de su textura.

Recuerda que todas las ediciones con válidas. La decisión de cuál usar depende de ti...

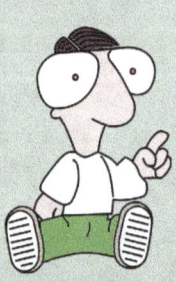

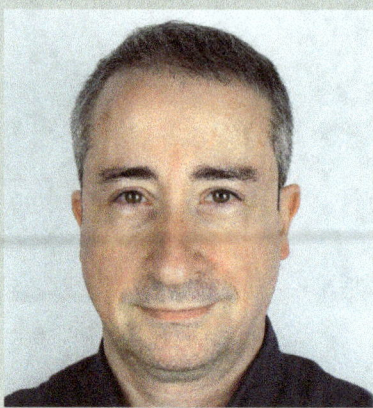

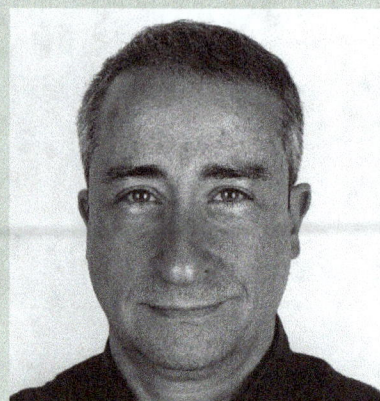

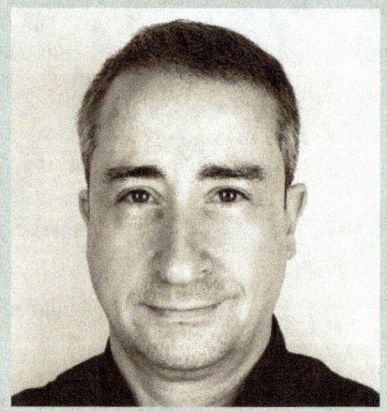

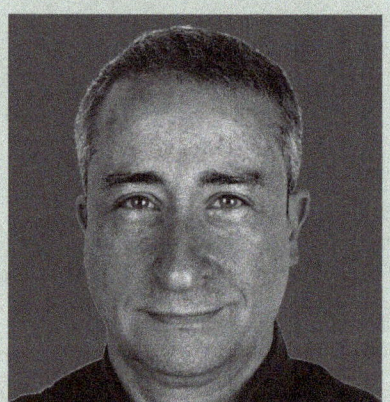

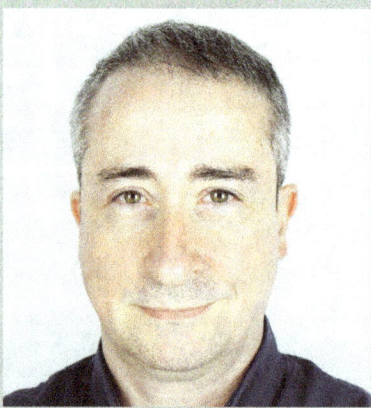

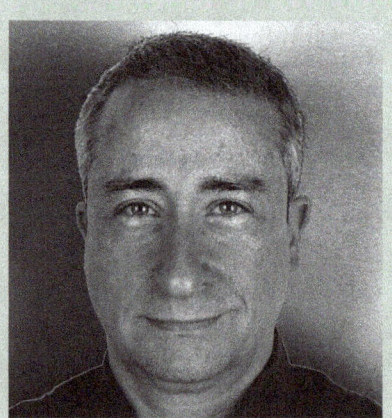

Ejemplo: Portada de la segunda edición

Para la segunda edición de este libro, decidí crear una portada más tradicional (dentro de los libros de edición fotográfica). Para ello, presentaría una foto que llamase la atención, sobre un fondo oscuro y con un rótulo que fuese bien visible en letras blancas, incluso como miniatura.

Este último punto es importante, de cara a las ventas en cualquier tienda online.

Elegí una foto que hice en Septiembre de 2013, durante la Oktoberfest de Múnich. En este caso, me encontraba muy cerca de la noria, lo que me obligó a utilizar un objetivo angular. Conseguí encuadrar la mayor parte de la noria, dejando algo de cielo visible.

Sin embargo, había mucha luz, y tanto la noria (pintada de blanco y azul) como el cielo aparecen muy claros en la imagen. La fotografía en color no

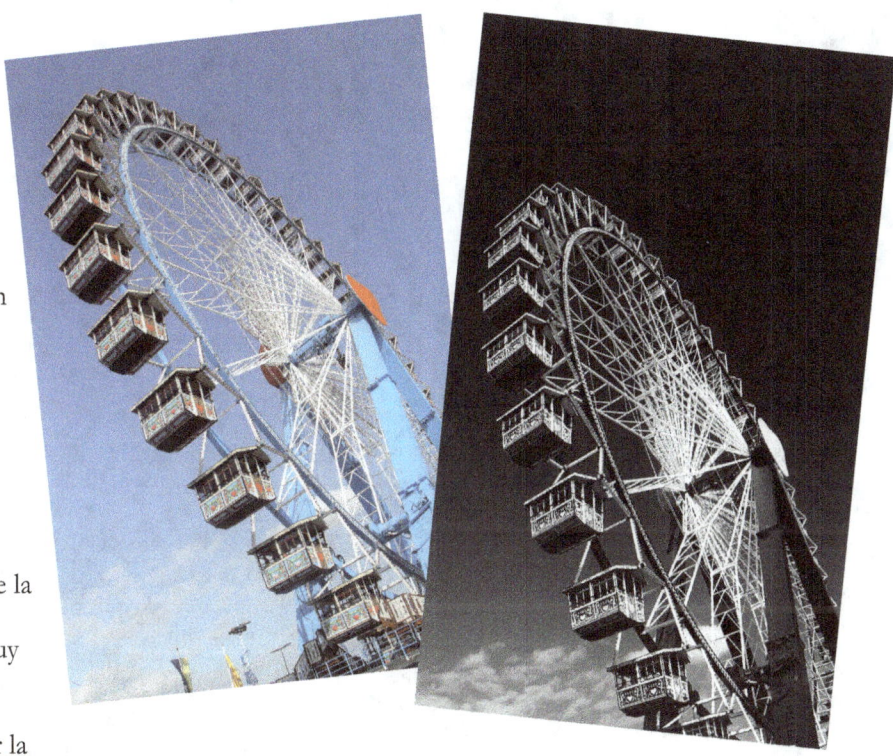

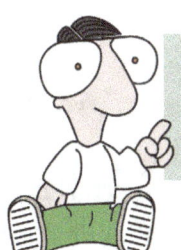

Nota: Para más información sobre el proceso descrito a continuación, y otros alternativos, te recomiendo mi libro "Blanco y Negro con GIMP"

tenía "gancho", era un caos de líneas blancas… así que decidí probar una conversión a blanco y negro.

Análisis

En un primer análisis de la información de los canales (mira en la página siguiente), veo que el canal rojo presenta un cielo más oscuro (al ser un color opuesto), lo que resalta bastante el contorno de la noria.

Los tubos de la estructura, de color blanco, resaltan muy bien sobre este fondo oscuro.

El canal azul proporciona una imagen

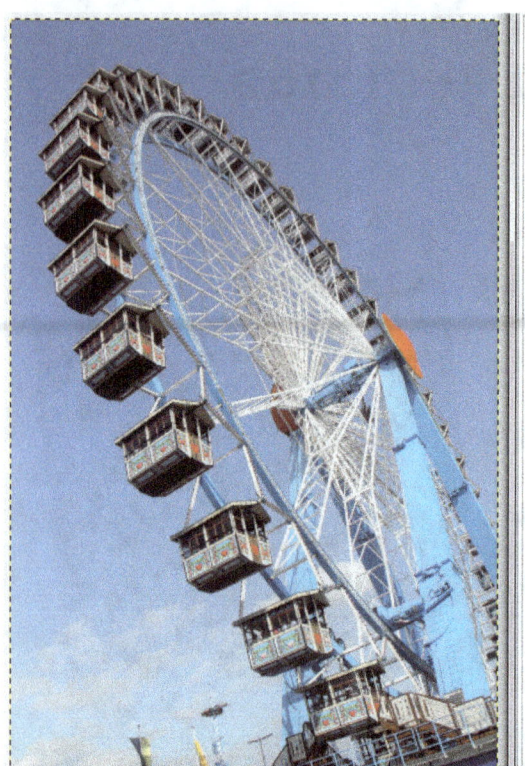

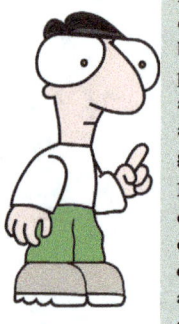

Rojo

Verde

Azul

Puedes ver el efecto en la captura inferior.

Date cuenta de que en este punto los colores de la imagen ya no son reales; se han distorsionado. Al reducir la proporción de azul, predomina el color verde de manera uniforme, salvo en los detalles de color rojo.

> **Nota:** Esta imagen en color podría ser una buena candidata para la portada. El color artificial le da un aire artístico, y podría gustarle a cierto público.
>
> De nuevo, eres tú quien decide qué es válido y qué no. Por mi parte, no es el efecto que busco, así que sigo con la conversión.

Ahora podemos ver (en la captura de la página siguiente) el incremento del contraste en la miniatura del canal rojo. El canal verde apenas se ha modificado. El canal azul presenta tonos más oscuros, de manera uniforme.

Antes de aplicar ninguna transformación más, uso un filtro de enfoque, para resaltar las estructuras en

"plana", gris, salvo por los detalles rojos de las cabinas, que aparecen muy oscuros. Estas cabinas se ven, quizá, demasiado oscuras en general.

Finalmente, el canal verde también produce una imagen demasiado uniforme, sin ningún elemento que destaque sobre los otros. Los tubos de la estructura y las nubes de la zona inferior izquierda son los elementos que más llaman la atención.

Decisión

Utilizaré únicamente el canal rojo, pero antes de hacer la conversión quiero oscurecer aún más los elementos azules, para añadir dramatismo a la imagen final.

Para ello, utilizo en ajuste de curvas, y oscurezco el canal azul mediante una curva en "U" bastante pronunciada. Además, aplico una curva en "S" a toda la imagen (Valor) para incrementar su contraste.

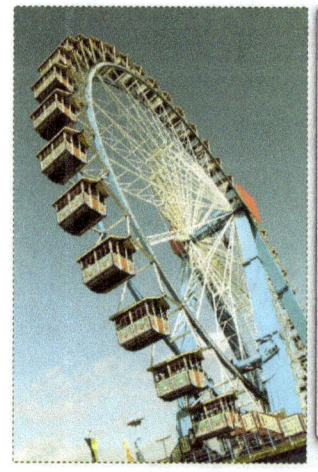

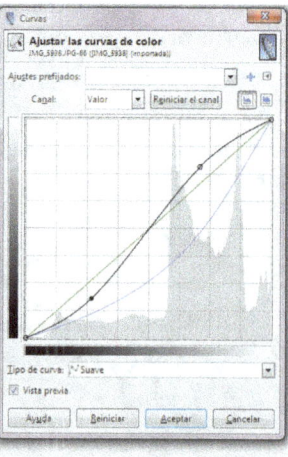

la imagen final. Desde el menú "Filtros – Enfocar – Máscara de Desenfoque", aplico los valores por defecto.

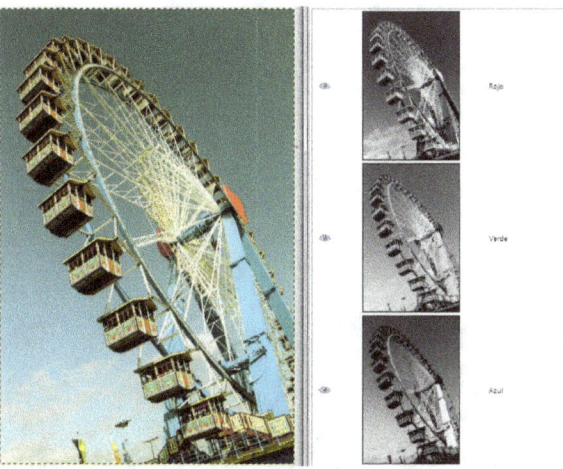

Entonces hago la conversión mediante el mezclador de canales (en GIMP, accesible desde "Colores – Componentes – Mezclador de Canales").

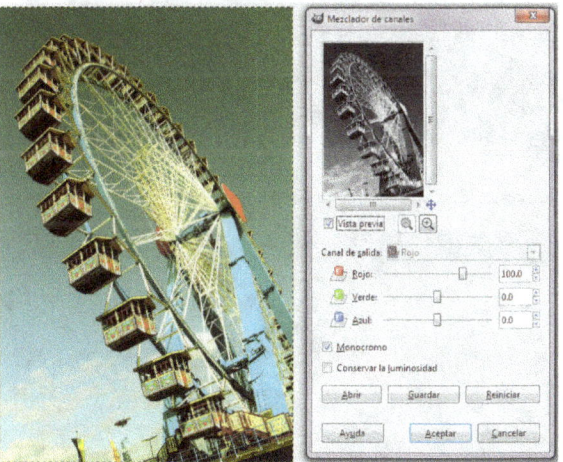

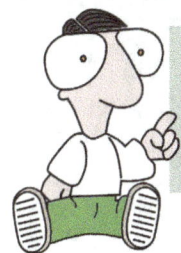

Recuerda: Desde la versión 2.10 de GIMP, hay un mezclador de canales dedicado para la conversión a blanco y negro, desde "Colores - Componentes - Mezclador mono..."

Como puedes ver en la imagen de la izquierda abajo, uso un valor del 100% para el canal rojo, y del 0% para el verde y el azul.

Si tu versión de GIMP es anterior a la 2.10, recuerda marcar las casillas de "Monocromo", y "Mantener la luminosidad".

Recuerda que los ajustes concretos dependerían de la imagen escogida y del resultado final deseado. Estos ajustes los he decidido yo según mi fotografía y el uso final; en tu caso, pueden ser muy diferentes.

Dada la composición que tenía en mente para la portada, el formato de la imagen final debía ser algo más cuadrado (la noria debía ocupar la zona inferior de la imagen global), de forma que eliminé la parte inferior de la imagen mediante un recorte sencillo.

El resultado es el que puedes ver en la imagen de portada. Por supuesto, fue necesario ampliar el lienzo por la parte superior para incluir las letras del título.

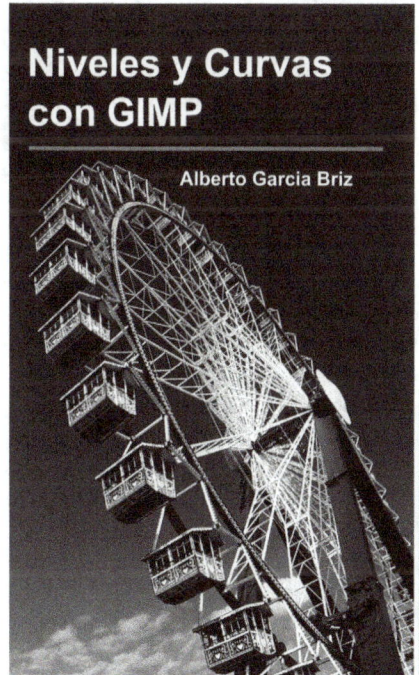

Ejemplo: Plaza de los Fueros

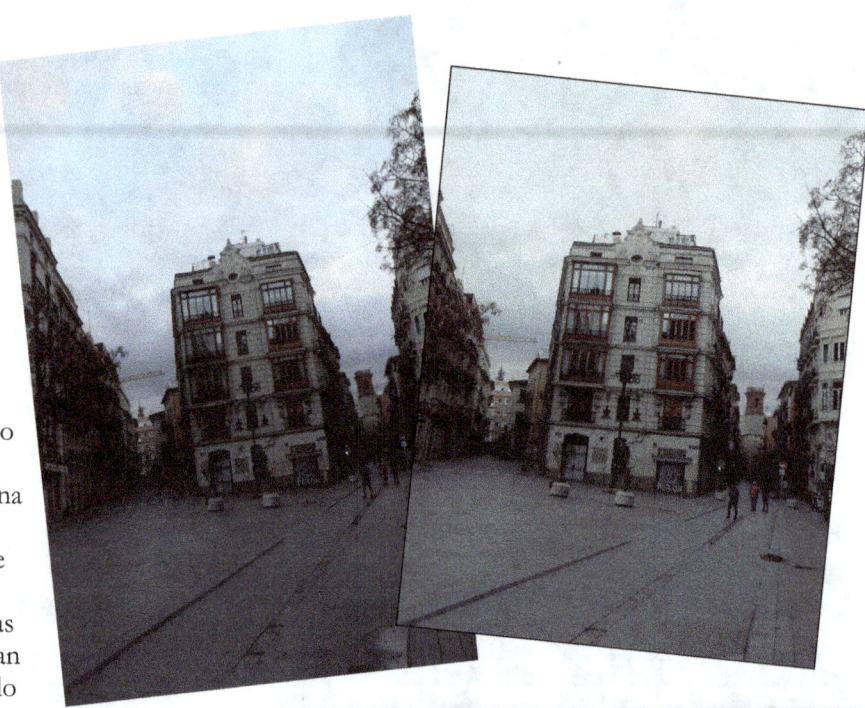

Cualquier foto puede aprovechar las ediciones de niveles y curvas. Actualmente, la mayoría de las cámaras digitales intentarán producir imágenes equilibradas en cuanto a la iluminación o el color, pero todavía habrá situaciones en las que no serán capaces de capturar "lo que vemos".

En este caso, se trata de un edificio en Valencia, cuya principal característica es su situación, en una plaza junto a una de las antiguas puertas de la ciudad. Por eso suele ser bastante fotografíada. En mi caso, pasé por allí al atardecer, y las condiciones de iluminación no eran las óptimas. El cielo seguía claro, lo que falseó la lectura de mi cámara, que hizo una captura algo oscura. Vamos a ver qué podemos hacer.

Lo primero será corregir la ligera caída que tenemos debido a la perspectiva y a la lente angular utilizada. La herramienta a utilizar no tiene nada que ver con los Niveles o las Curvas, pero siempre es interesante conocerla. En la nueva interfaz unificada de GIMP, desde la versión 2.10, está en el grupo de herramientas de transformación. Puedes acceder a esta haciendo clic con el botón derecho del ratón sobre el icono.

Como puedes ver en la captura de pantalla aquí al lado, también podrías acceder a esta herramienta con el atajo de teclado

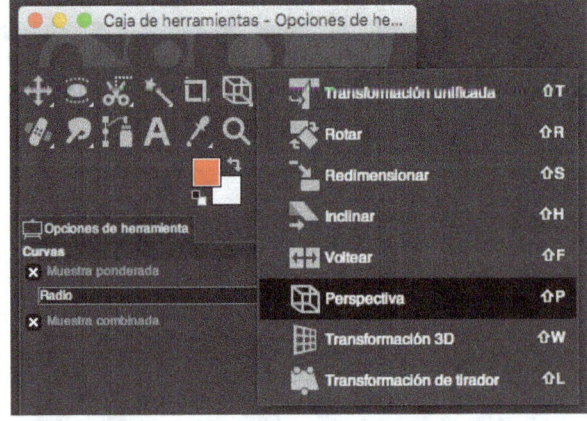

"Mayúsculas + P". Inicialmente, no verás nada en tu imagen, pero si haces clic cerca de cualquier esquina aparecerán los cuadrados de control en las esquinas. Solo tienes que arrastrarlos hasta conseguir el efecto

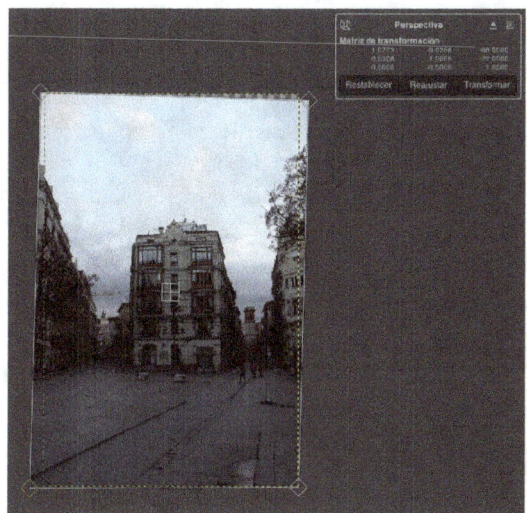

deseado. Como siempre, es recomendable hacer ediciones suaves.

Al igual que nos pasaba con los colores, si estiras una imagen GIMP deberá crear información nueva, en este caso puntos intermedios para "rellenat" esas zonas estiradas.

También puedes tener casos, como es el de la esquina superior derecha de mi fotografía, en la que la imagen final caerá dentro del "lienzo" original, y no tendremos información de esta imagen.

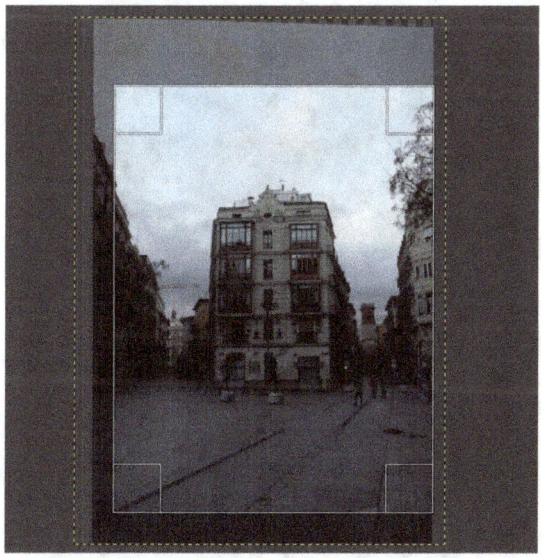

Podríamos optar por usar herramientas de pintura o clonado y rellenar esos espacios. En mi caso, lo que haré será un recorte ("Mayúsculas + C"), buscando una imagen más cuadrada y con el edificio en el centro.

Así puede quitar una parte del suelo o del cielo, por ejemplo, para quitarles "peso" en mi composición. En mi caso, eliminaré parte del cielo, manteniendo el edificio de la izquierda y el árbol a la derecha, que nos enmarcarán la composición.

Si te fijas en la captura de este paso, he aprovechado para centrar el edificio. Además, he recortado por abajo de manera que una esquina de la fotografía coincide con la diagonal del bordillo de la acera.

Una vez que tenemos nuestra imagen preparada, analizaremos su histograma para ver cómo podemos mejorarla. Como siempre, utilizo "Colores - Info - Histograma, para llegar a esta gráfica:

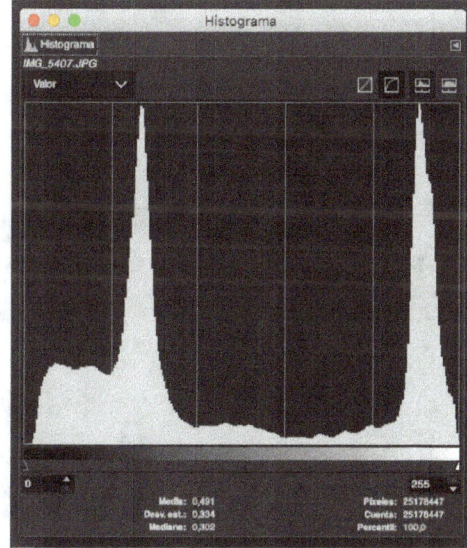

Hay dos picos muy claros en ese histograma. El claro incluye los puntos del cielo, y el oscuro una mayoría de tonos similares en el suelo y los edificios. En la zona de valores más bajos se encuentran todas las sombras.

Iniclamente, buscaré un ajuste de curvas en

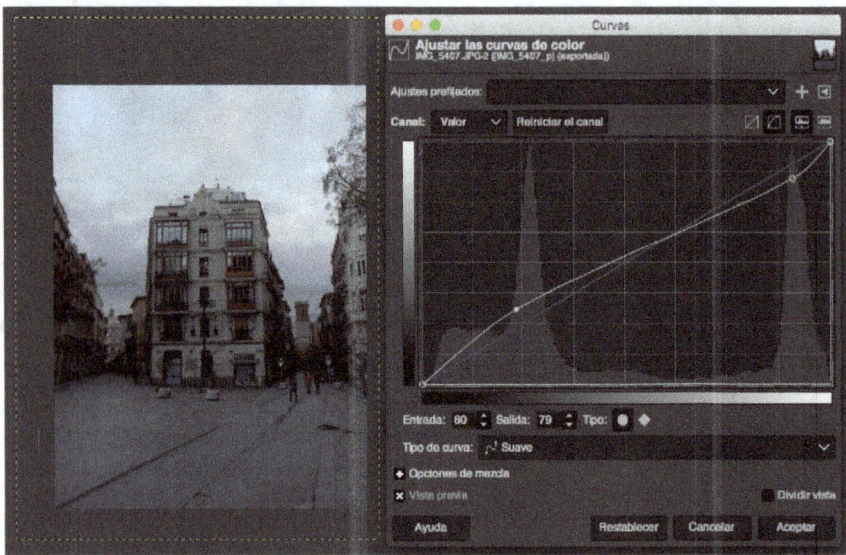

arriba, una parte de los tonos más oscuros también se aclararán.

Finalmente, eligo aplicar un efecto de simulación de película, para darle un toque antiguo a mi fotografía. Ya que se muestran edificios viejos, intento mantener ese aspecto visual.

Pare ello aplico una curva guardada previamente, tal y como lo hemos visto. En este caso, la simulación de la película comercial "Kodak Portra". El resultado es el que puedes ver abajo y al inicio de este ejemplo.

Si esta edición te parece poco visible, todavía podríamos añadirle una nueva curva en "U" invertida, para aclarar los tonos generales. Quizá en tus fotografías quieras hacerlo... Yo quise mantener el tono bajo del atardecer. De nuevo, es una decisión personal.

"S" invertida para aclarar los edificios y oscurecer ligeramente el cielo, pero intentando que no se reduzca demasiado el contraste. Uso esos picos para crear mis puntos de control.

Nota cómo he usado el lado izquierdo del pico de tonos oscuros. Al arrastrar el punto de control hacia

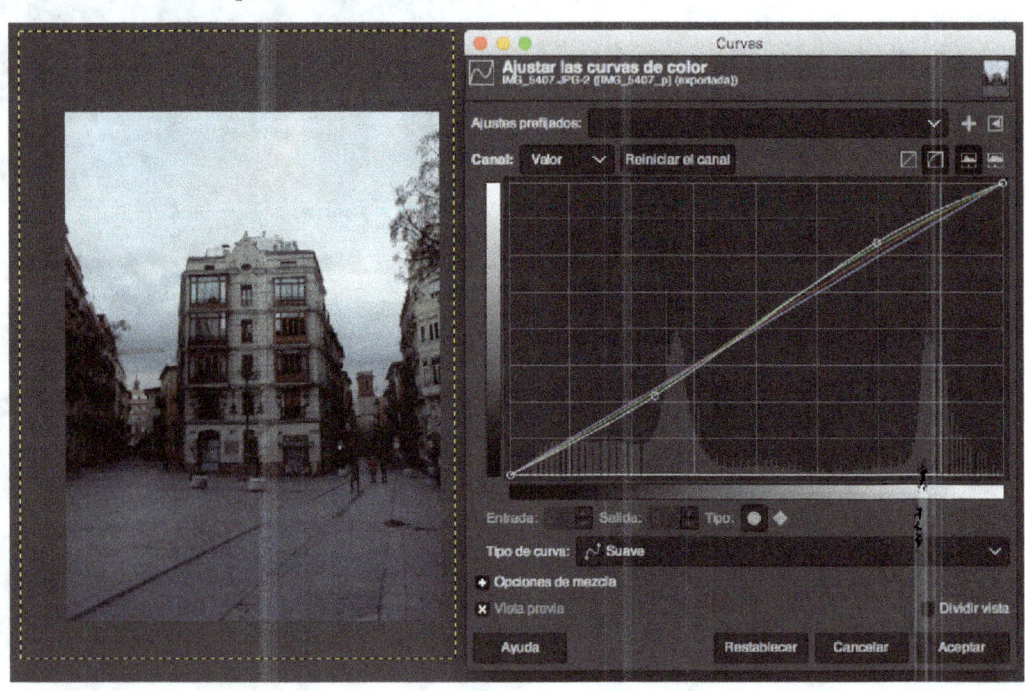

Ejemplo: Portada nueva

Este es mi tercer libro práctico en este formato cuadrado, y quería hacer una portada diferente. Como puedes ver en la publicidad al final de este libro, **"Blanco y Negro con GIMP"** tiene una imagen en blanco y negro, como no podía ser de otra forma.

Por su parte, el **"Nuevo Manual Básico de Scribus"** adaptó la portada de la edición anterior, que era una versión monocroma de la fotografía de una punta de pluma estilográfica, imitando al logotipo de la aplicación Open Source.

Así que, para esta edición, decidí que la portada sería una imagen en color. Como has podido ver en el ejemplo de la portada anterior, aquí también busqué una imagen que diese una idea de "Niveles y Curvas", donde aquí los niveles vienen dados por los pisos del edificio y los ventanales, y las curvas las trazan las formas exteriores tan características.

Realicé la fotografía con la intención de utilizarla en esta portada. Por eso no me importó que el cielo estuviese nublado hasta el punto de no tener apenas textura en la zona superior de la imagen.

Pero sí me gustó la combinación de colores suaves: El azul de las nubes, casi blanco, el color crema del edificio y los detalles verdosos en las cristaleras y algunos elementos, como el puente inferior.

Eso sí, esta selección de colores en la foto original quedaban, quizá, demasiado apagados. De manera

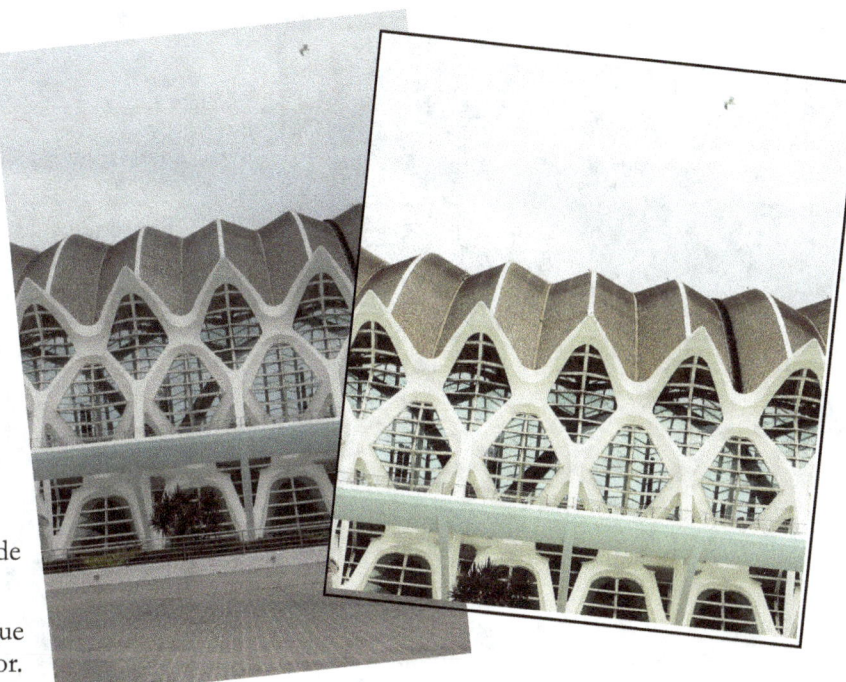

que tenía dos opciones: O bien subir la saturación, con un ajuste sencillo (no lo hemos visto en este libro, pero lo puedes encontrar desde el menú "Colores - "), o bien aplicarle un efecto de simulación de película fotográfica antigua, que es lo que hice finalmente. Vamos a ver esta sencilla edición paso a paso.

En un primer momento, aplico una máscara de desenfoque a la fotografía que, en realidad, va a mejorar ese aspecto de mi imagen. Este paso puede no ser necesario en tus fotos, pero a mí me gusta tener la cámara con un ajuste suave del enfoque, dando preferencia a las gradaciones de tonos, aunque pueda perder algo de resolución.

Este enfoque lo aplico desde el comando

directo "Filtros - Realzar - Enfoque (Máscara de Desenfoque)...", y utilizo los parámetros que vienen preconfigurados en GIMP. Esta suele ser una buena opción, si no conoces una herramienta determinada. Si el efecto es demasiado suave, o no es lo que estás buscando, puedes jugar con los diferentes ajustes.

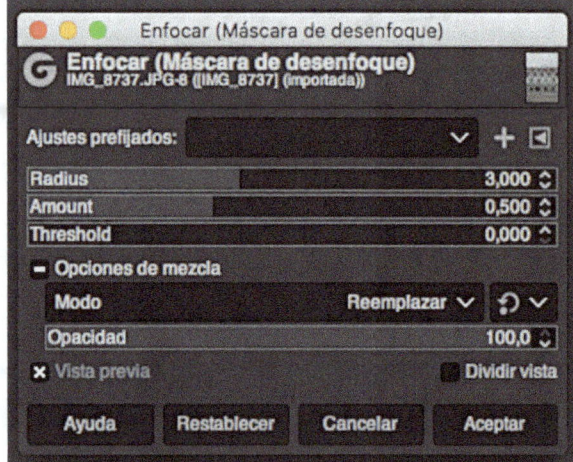

En el caso concreto de este filtro, el parámetro que más influye es el Radio de acción (Radius), seguido por la cantidad (Amount).

Una vez hecho esto, escalé la imagen, reduciéndola hasta alcanzar el ancho deseado. COmo puedes comprobar, el libro tiene una anchura de 21.56 cm (o, lo que es lo mismo, 8.5 pulgadas), y KDP me obliga a añadir 3.2 milímetros en los tres lados exteriores.

Así que busco una anchura de 21.56 + 0.32 = 21.88 centímetros, o bien 8.5 + 0.125 = 8.625 pulgadas.

En este caso, me conviene quedarme con este último valor, ya que KDP trabaja con un valor de resolución definido como 300 píxeles por pulgada.

Así, solo tengo que multiplicar 8.625 por 300 para obtener 2,587.5 píxeles, que redondearé a 2,588.

Para escalar la imagen (tampoco lo hemos visto en este libro) debes usar un comando similar al de todas las aplicaciones de edición

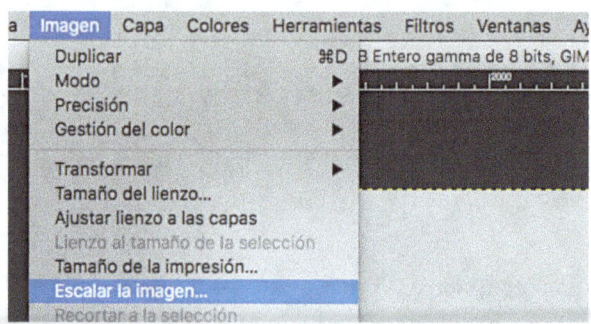

de imagen. En este caso, GIMP lo tiene desde "Imagen - Escalar Imagen...":

En la ventana auxiliar de esta función forzaré el ancho al valor calculado, y me fijaré en que la resolución de salida sean esos 300 píxeles por pulgada:

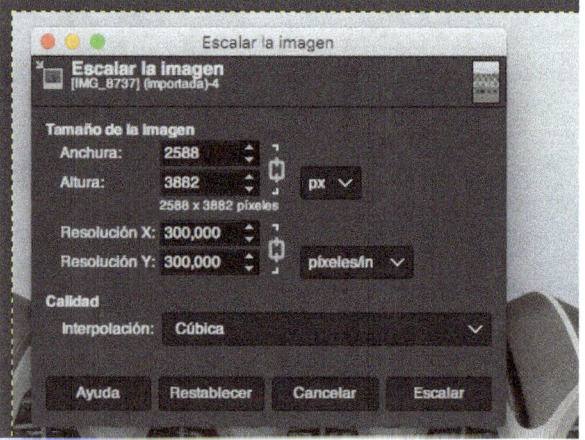

Al tener el icono superior de la cadena sin romper, GIMP calculará la altura de la imagen automáticamente, en este caso hasta los 3,882 píxeles. Esta altura no es correcta, ya que la portada del libro es cuadrada. En este caso, hay que poner la sangría doble (arriba y abajo), y llego a una altura teórica de 8.5 + 0.125 + 0.125 = 8.75 pulgadas, o bien 2,625 píxeles.

Sin embargo, en mi caso no tengo claro por dónde debo recortar. Sé que utilizaré el cielo como fondo para el título, así que intento mantenerlo. Selecciono la herramienta de recorte (Atajo de teclado: Mayúsculas + C) y trazo un rectángulo desde fuera

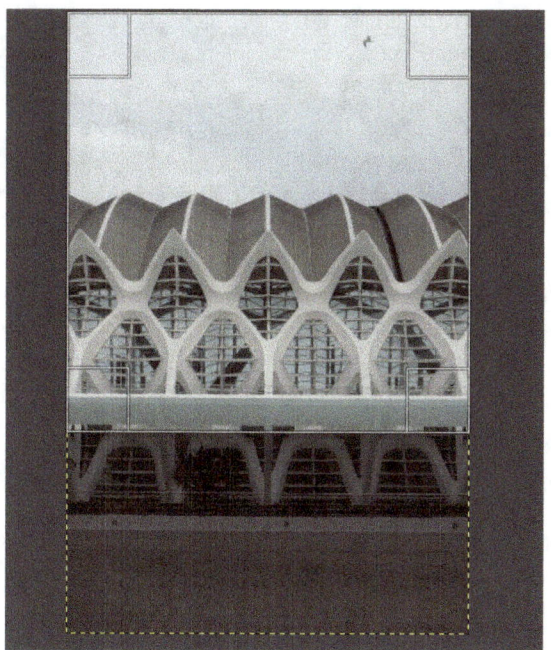

de la esquina superior izquierda, para incluir toda la anchura de la imagen. Deslizo el ratón hacia abajo, hasta alcanzar los 2,625 píxeles.

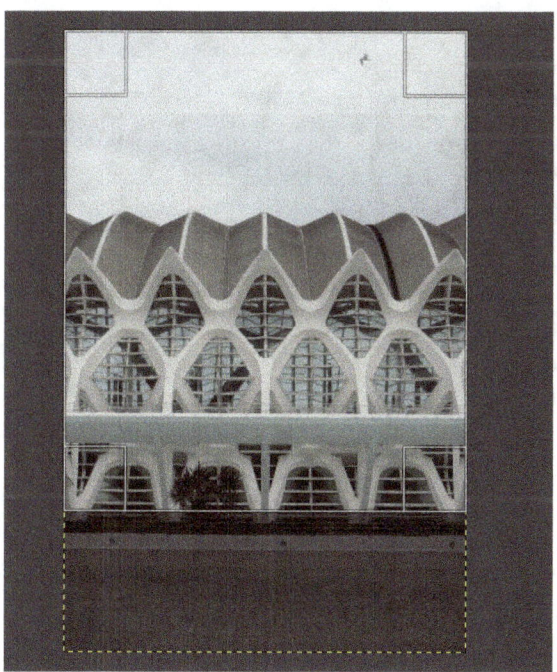

Pero no sé si ese recorte se ajustará a la edición que tengo en mente; quiero usar el puente verde para incluir mi logotipo, y quizá necesite que esté un poco más arriba.

Así, recorto la imagen "a ojo", hasta unos 3,000 píxeles de alto, y afinaré la composición en el programa de diseño de la portada. Vuelvo a seleccionar con la herramienta de recorte, tal y como puedes ver en la captura inferior izquierda.

Nota cómo ahora los arcos inferiores del edificio se han conservado en la imagen.

Ahora tenemos únicamente los píxeles útiles de la imagen, y es cuando deberíamos comenzar con las ediciones de niveles y curvas.

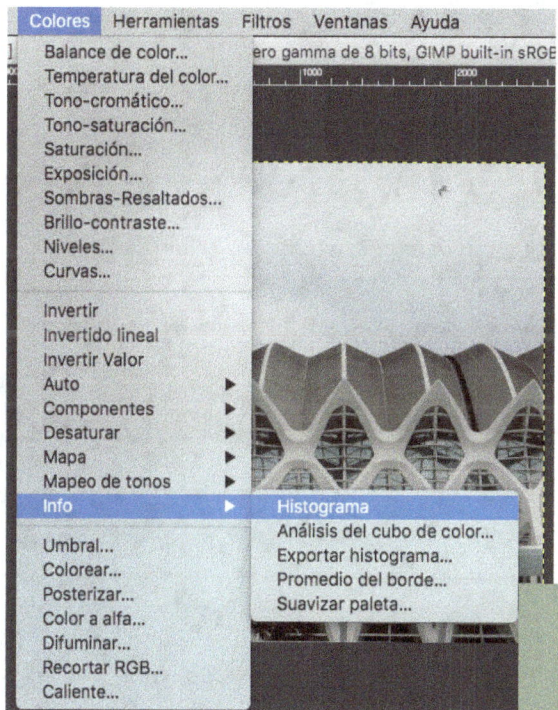

Viendo la fotografía original, la imagen quedó ligeramente subexpuesta (otro ajuste de mi cámara, para conservar información en las luces), de manera que le echo un ojo al histograma, desde el comando habitual "Colores - Info - Histograma":

Como resultado, vemos que apenas hay tonos muy claros en la imagen, lo que oonfirma nuestro primer diagnóstico sobre el cielo.

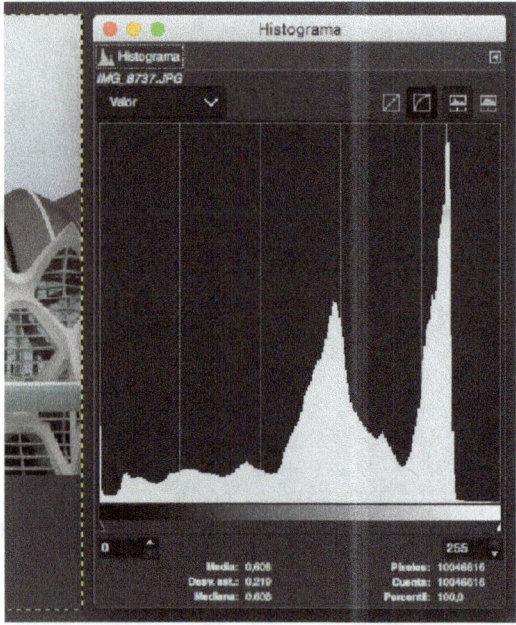

Aquí es un dato positivo, ya que he indicado que busco aclarar aún más ese cielo, para colocar el título en la portada del libro. Por eso aplico un primer ajuste automático de Niveles, desde el botón correspondiente en su ventana auxiliar.

Como puedes ver en la captura inferior, al "estirar" los tonos para llegar a incluir el color blanco en nuestra imagen GIMP ha creado "huecos" en el Histograma: Habrá algunos valores que ya no estén presentes en nuestra imagen (¿Recuerdas las monedas de 0.02€ en mi hucha?), o bien que lo estén de manera mínima.

En cualquier caso, la imagen ha ganado vistosidad, aclarándose ligeramente y recuperando parte de los colores de sus elementos.

Para reforzar este aspecto visual, voy a aplicar una curva en "S", que aumentará el contraste. Para ello, vuelvo a fijarme en el nuevo histograma, de la captura inferior. El pico de luces a la derecha no lo podremos editar sin producir una imagen "gris" (podríamos bajar su nivel), así que uso el siguiente pico para subir las luces.

En el caso de las sombras, no hay un pico definido, así que tomo un valor intermedio entre el pico de las luces y el negro puro.

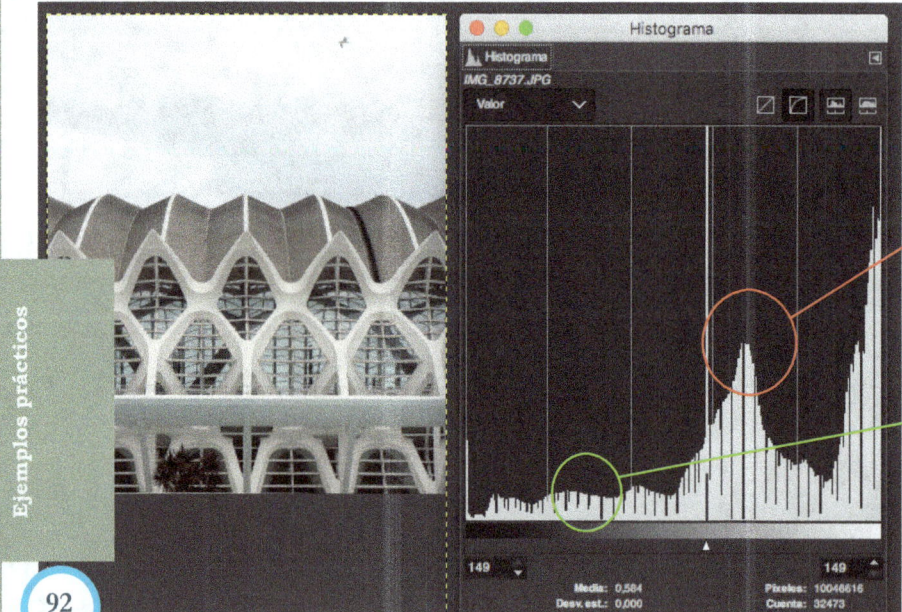

Utilizaré este pico para aumentar las luces. Nota que es específico de mi fotografía: La tuya podría ser diferente.

Buscaré un tono cualquiera en esta zona para reducir las sombras. El ajuste será suave, ya que hay muchos tonos con valores similares y quiero reducirlos todos.

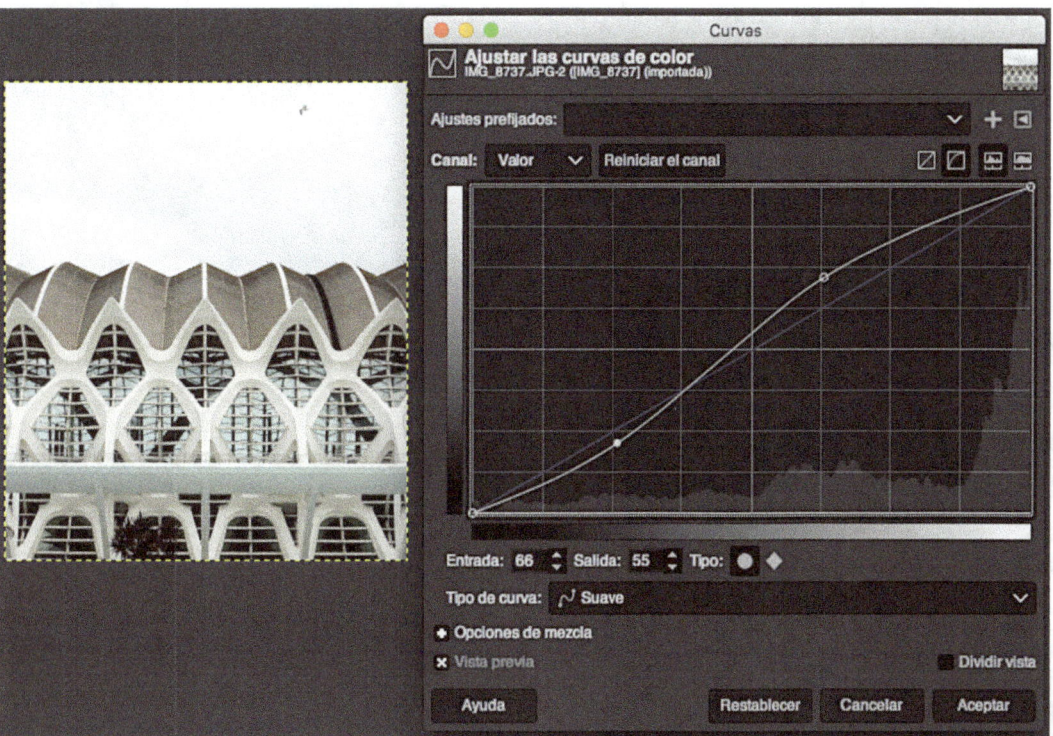

Como puedes ver arriba, la edición es suave. No he subido mucho la curva en las luces, porque no quiero perder la información de textura en los arcos de color crema. En las sombras, tampoco he hecho una edición muy forzada, ya que no busco tonos demasiado oscuros.

Aplico este ajuste de Curvas antes de la siguiente transformación.

Por último, y como ya he avanzado en la introducción de este ejemplo, voy a aplicar una nueva curva, en este caso para emular una película química tradicional, y así darle un toque "retro" a mi imagen.

Ya que la imagen contiene una mayoría de tonos cálidos, en el crema de los arcos y el color rojizo del tejado, voy a elegir la simulación de película Kodak Portra, tal y como describí en secciones anteriores.

Si creaste el archivo de ajuste de curvas y lo guardaste en tu ordenador, ahora podrás importarlo

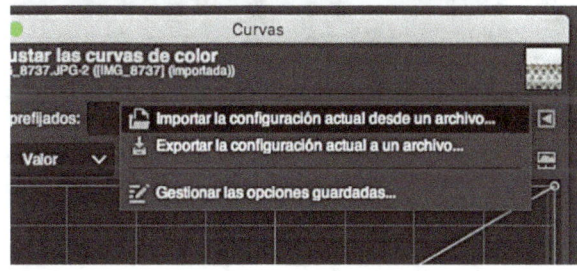

desde el pequeño triángulo en la esquina superior derecha de la misma ventana de ajuste de Curvas.

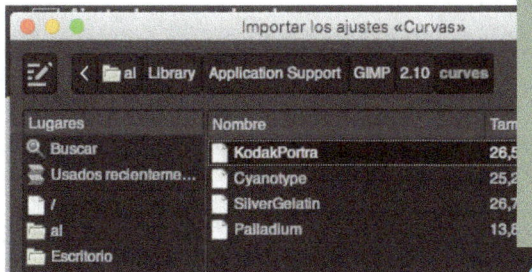

En caso contrario, puedes seguir los pasos descritos en la sección anterior dedicada a la simulación de películas.

Aquí puedes ver "mi" versión de este ajuste, un archivo de curvas en el que la edición es muy suave: De nuevo, vamos a aplicar esta curva sobre el ajuste de curvas anterior (en el que hemos subido el

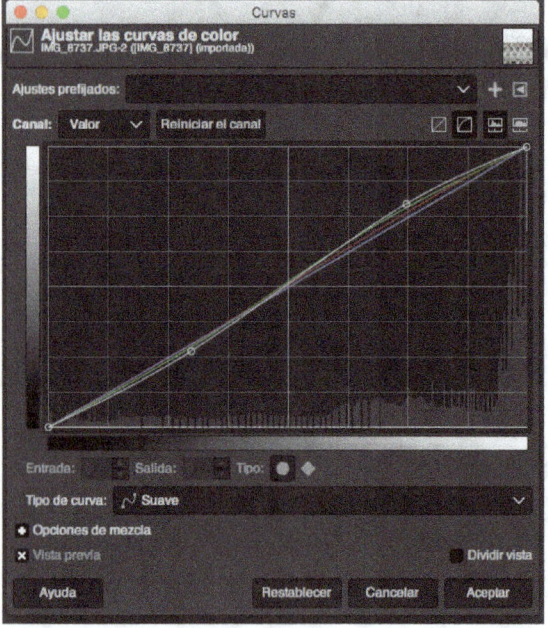

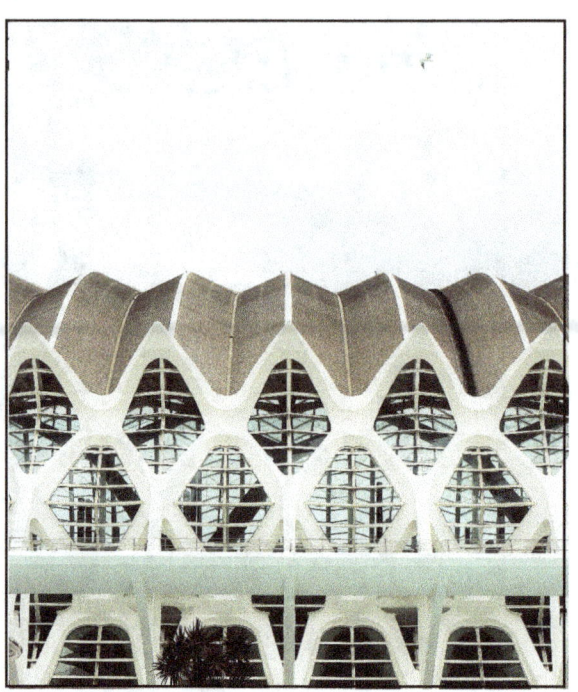

contraste).

Recuerda, no es recomendable hacer muchos ajustes fuertes durante una edición, ya que podríamos llegar a resultados poco agradables.

A la derecha puedes ver, arriba, el resultado final de esta edición, utilizado en la portada de este libro.

Como alternativa, abajo puedes ver la misma edición pero aplicando una simulación de película Velvia de FujiFilm, que funciona muy bien con fotografías con mayoría de tonos verdes, pero en este caso produce una versión más fría de nuestra imagen.

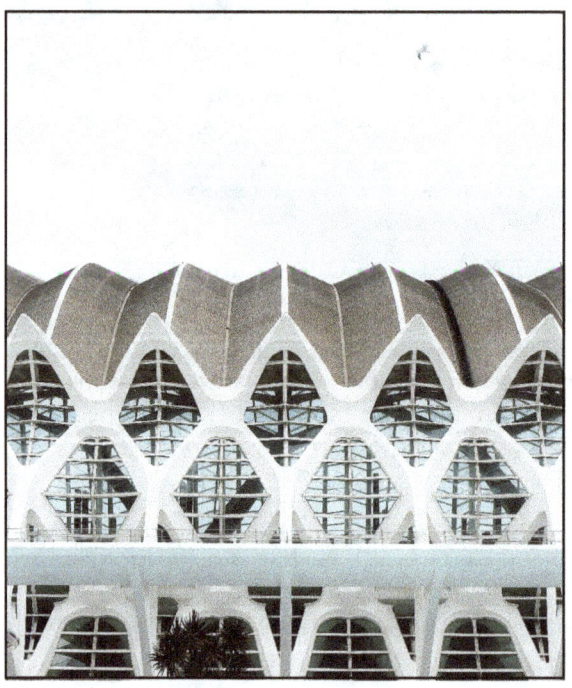

Ejemplo: Naturaleza

A todos nos ha sucedido alguna vez: Hacemos una foto a una planta, una flor... Y sí, tenemos esa foto, pero no acaba de ser "lo que vimos". El problema es que el ojo humano tiene todavía mucha más capacidad que las cámaras digitales.

En mi caso, intenté capturar el contraste de las hojas expuestas al sol, desde el lado de la sombra. Cada hoja presentaba unas líneas a lo largo que les daban una textura muy interesante, pero que apenas se puede apreciar en la fotografía original. Vamos a tratar de recuperarlas.

Como siempre, echamos un vistazo al Histograma, que nos presenta una curva bastante plana, y casi sin información de imagen en los tonos más bajos: Mi cámara intentó producir una imagen bien iluminada, cuando el objeto estaba realmente en la sombra.

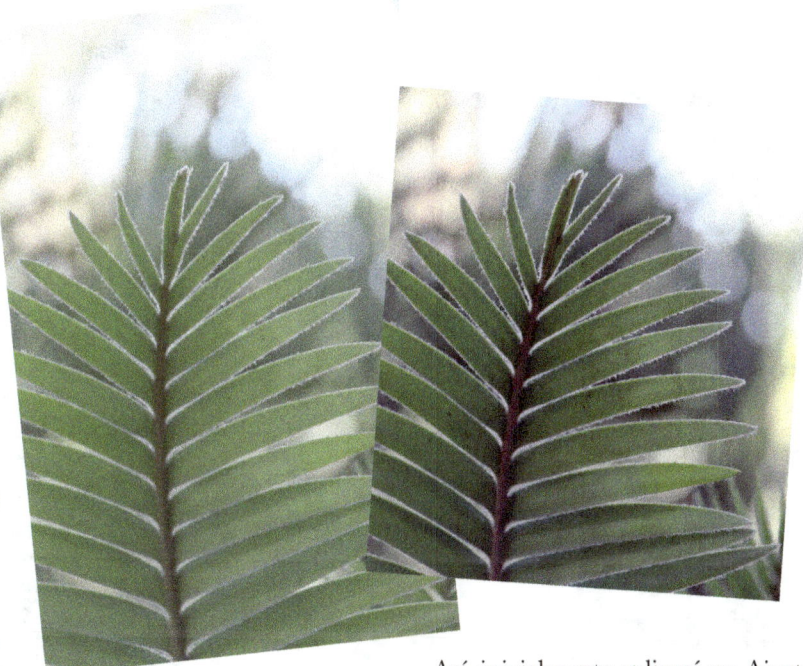

Así, inicialmente aplicaré un Ajuste de Niveles Automático, como punto de partida para la edición posterior. La hoja se oscurece bastante, y el contorno de pequeños hilos blancos queda más resaltado. Vamos bien.

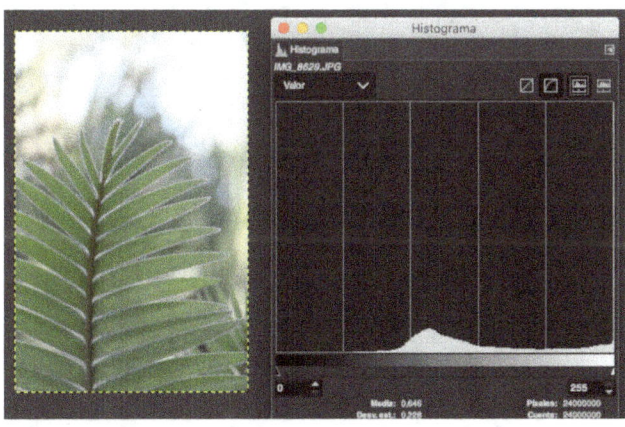

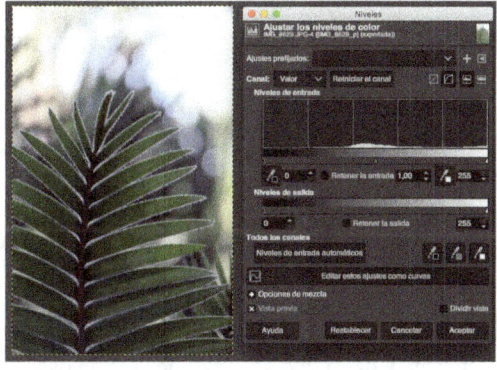

Ahora, voy a aplicar un ajuste de tono, similar al que vimos en una sección anterior aplicado al rostro del león. Para ello, ampliaré la imagen tanto como pueda, hasta ver estas líneas en las hojas. Recuerda, basta con pulsar la tecla "+".

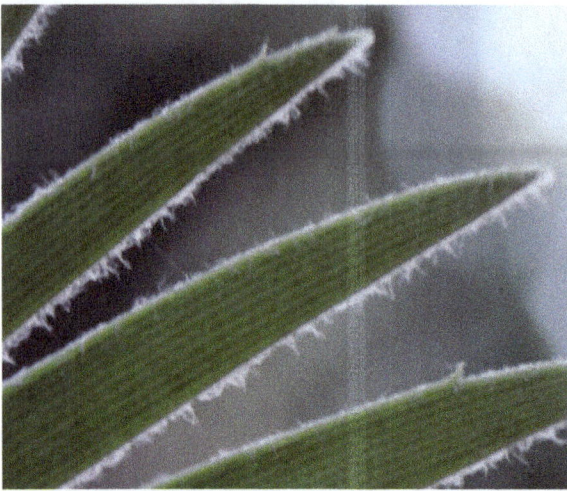

Según como sea tu foto (y es el caso de la mía) quizá quieras aplicar un Enfoque antes de continuar. Esto definirá los contornos y separará los colores iniciales, para facilitar el trabajo posterior.

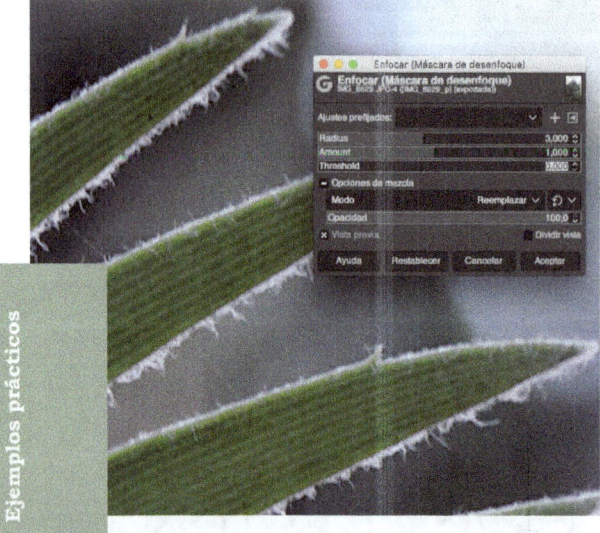

Ahora podemos abrir la herramienta de curvas, y hago clic en una línea verde oscuro

y en otra adjunta más clara. GIMP me muestra los valores sobre el histograma de la ventana auxiliar de ajuste de curvas, y veo que son muy próximos. Hago varias pruebas, y me quedo con dos valores: 75 y 95. Con esos valores aplico una curva en "S" muy suave, para oscurecer los tonos oscuros y aclarar los valores más altos:

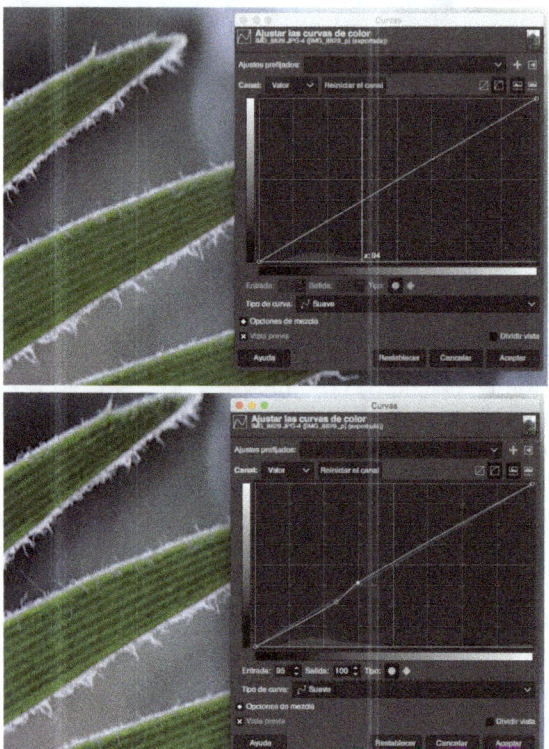

Recuerda que puedes introducir los datos de manera numérica en la curva. Para ello, solo debes crear los puntos sobre la diagonal con un clic, y después introducir los valores en los campos de abajo, como puedes ver en la captura anterior.

En mi caso, utilicé los pares de valores (75, 70) y (95, 100). Para oscurecer y aclarar los tonos, respectivamente.

Antes de continuar, hago un zoom hacia afuera, para ver que la imagen sigue siendo correcta. Si ves algo que no se ajusta a lo que estás buscando, puedes deshacer tu edición y comenzar de nuevo.

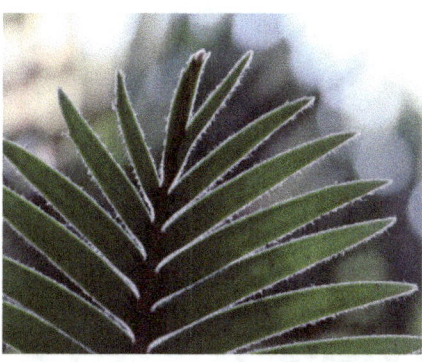

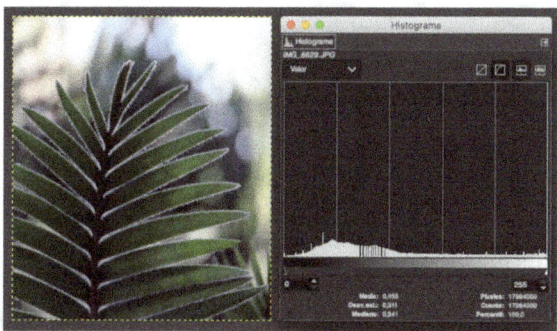

Finalmente, aplicaré un ajuste de curvas general hasta alcanzar la iluminación que me parezca correcta, corrigiendo la estimación de la cámara.

Pero antes puedo optar por hacer un recorte, eliminando parte del cielo (que me falsearía, quizá, el ajuste de curvas) y una parte de la zona inferior, que es más oscura y no está tan enfocada.

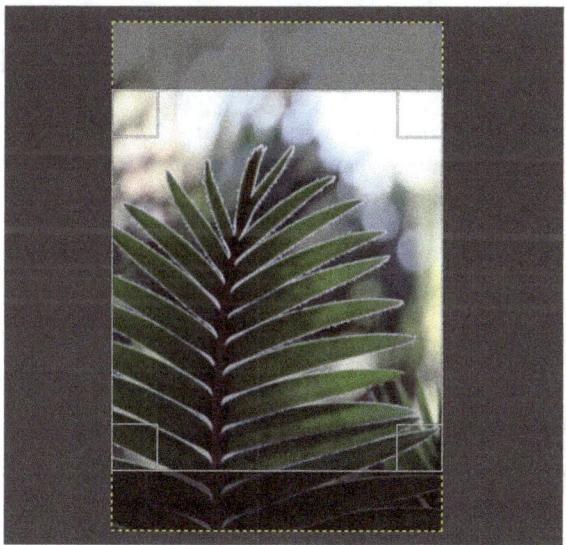

Como es habitual, echamos un ojo al nuevo histograma, después de la aplicación del ajuste de niveles automáticos y el ligero ajuste tonal en los colores verdes.

Ahora vemos cómo los tonos se han movido hacia la izquierda, cubriendo todo el histograma. Todavía tenemos los tonos más altos, ya que el ajuste automático de niveles solo "estira" los valores, lo

que deja algunos vacíos en los tonos medios.

Ya que tengo el fondo "quemado", con zonas completamente blancas, aclararé únicamente las sombras, con una curva en "S" invertida que mantendrá los valores más altos cerca de la diagonal, para que no cambien:

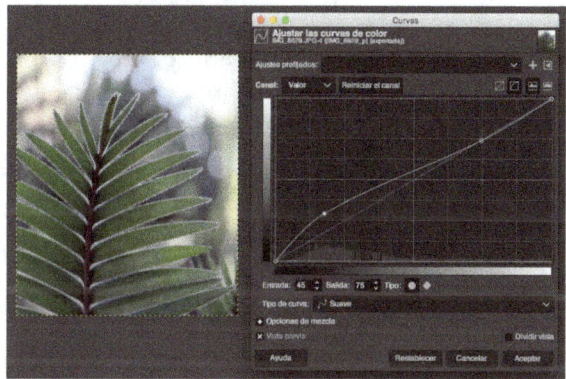

Como puedes ver, he tomado un punto de control para los tonos bajos cerca del pico de valores, para que la edición sea eficaz.

Quizá hayas notado que GIMP no ha mostrado el Histograma de la manera habitual. Me da la sensación de que es un fallo en la programación, que sucede esporádicamente.

Debes recordar que esta aplicación está desarrollada por un grupo de voluntarios, y cualquier informe de fallos o de comportamientos extraños es bienvenido. ¿Sabes de programación? También buscan ayudas puntuales...

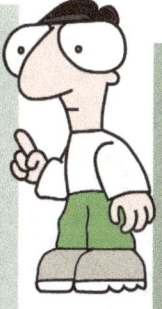

Ejemplos prácticos

Ejemplo: Anochecer en la montaña

En ocasiones se necesita estar en el lugar adecuado y en el momento justo para captar una fotografía. Es el caso de esta imagen, tomada al anochecer en los Alpes alemanes, cuando el Sol todavía iluminaba un valle lejano, mientras que yo me encontraba ya en la zona de penumbra.

Esta imagen podría ser ya correcta, con las nubes arriba enmarcando la imagen y centrando la atención en las montañas iluminadas. Podríamos hacer una simple conversión a blanco y negro, resaltando ligeramente el contraste.

Pero esta imagen tiene cuatro tonos principales: El oscuro del primer plano, uno intermedio en un tono medio, una montaña más iluminada y el cielo, que es el elemento más claro. La nube superior tomará un tono similar al de la montaña del medio. Vamos a jugar un poco con estos tonos.

Echamos un ojo al Histograma, y vemos que no se aprovecha todo el rango tonal de la imagen. Hay cuatro picos o áreas en la gráfica, correspondientes a las zonas descritas, y que nos dan una idea de la

complejidad de nuestra imagen.
Un simple ajuste de curvas para subir o bajar el contraste podría no ser lo adecuado.

Pero quizá tampoco queramos aplicar un primer Ajuste de Niveles Automático: Quiero mantener el aspecto visual de un anochecer, y no me interesa que parezca un paisaje con luz de día.

Pero sí que quiero tener los tonos más oscuros, de

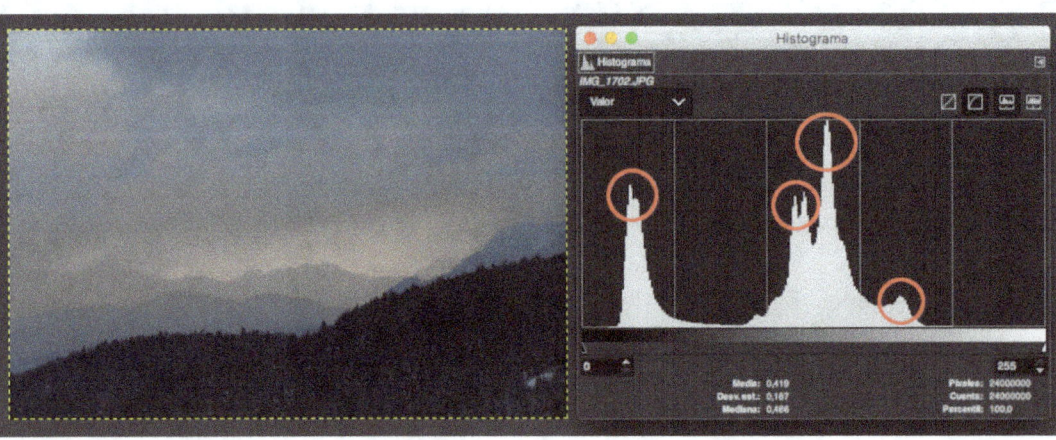

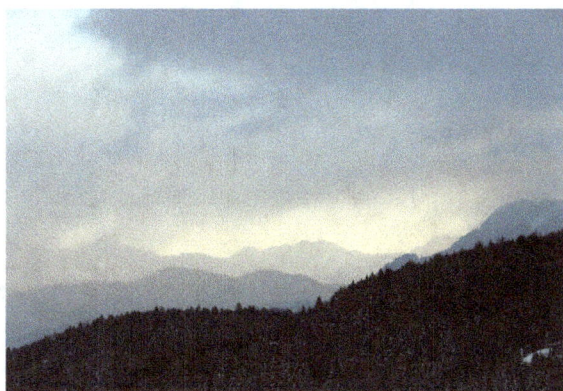

Un ajuste de niveles automático aclararía demasiado la zona iluminada

forma que modifico los niveles para "estirar" la gráfica hacia el color negro. Mira cómo he ajustado el nivel de entrada para el color negro en el valor 15.

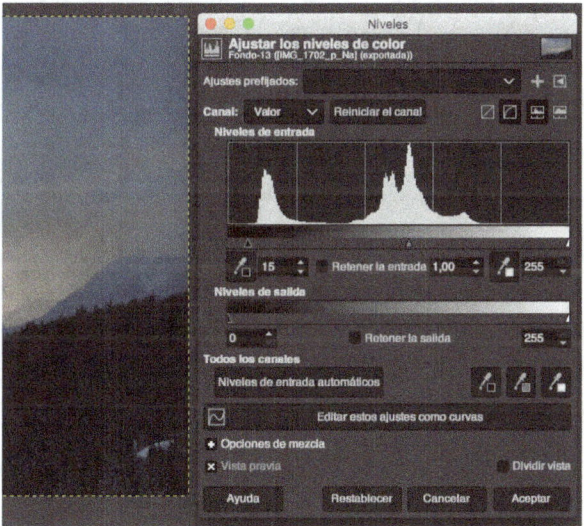

Recuerda que podíamos haber hecho esto mismo arrastrando el punto de control negro del ajuste de curvas hacia la izquierda del histograma.

Ahora, abro esta ventana auxiliar de Ajuste de Curvas, y hago clic en las diferentes zonas de mi imagen, para confirmar qué áreas de la fotografía se corresponden con esos picos indicados anteriormente.

Y aquí me encuentro con la primera sorpresa. La

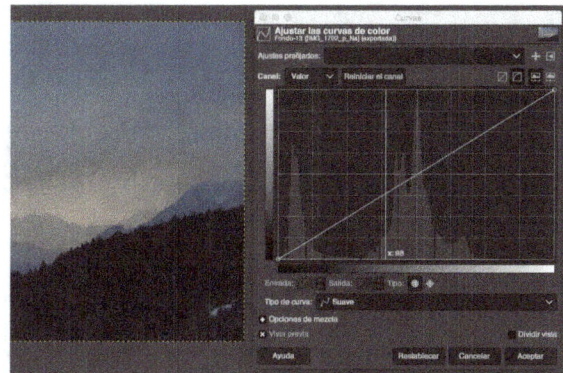

montaña oscura, en primer plano, incluye árboles nevados. Si busco un valor "umbral" correcto, puedo mantener el fondo oscuro pero iluminar estos árboles.

Esto lo consigo (prueba y error...) creando un punto de control con un valor muy bajo, quizá de 20 - 25, y arrastrándolo hacia arriba:

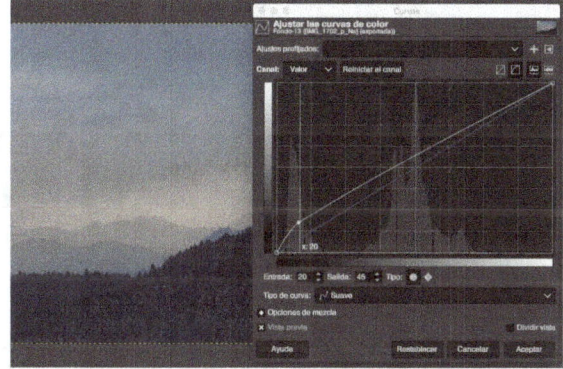

Obviamente, todos los puntos situados a la derecha de este valor 20 han quedado por encima de la diagonal, por lo que mi imagen se ha aclarado, en general.

El siguiente paso será el de oscurecer la montaña central, que tiene esos tonos alrededor del valor 100. Para esto, creo un nuevo punto de control en el lado izquierdo de ese segundo pico, y lo arrastro hacia abajo. Pruebo distintas posiciones, ya sea sobre la diagonal o debajo de esta. En mi caso, me quedaré ligeramente por debajo, acabando en un punto (entrada manual) (100, 95):

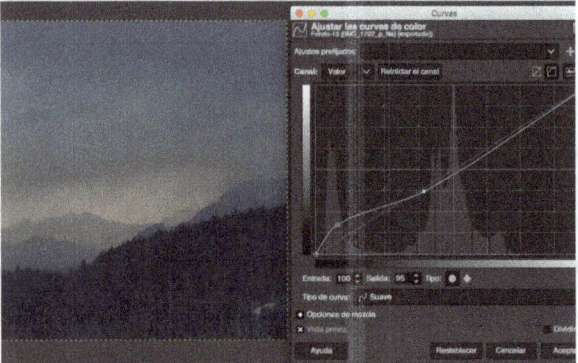

Ahora los tonos haltos han pasado debajo de la diagonal. Aclararé ligeramente la tercera montaña, creando un nuevo punto de control alrededor del valor 140 (curva de bajada del tercer pico), hasta colocarlo justo por encima de la diagonal, y finalmente crearé un punto sobre el cuarto pico del histograma, levantándolo considerablemente para aclarar el cielo y destacarlo de las montañas y las nubes en primer plano.

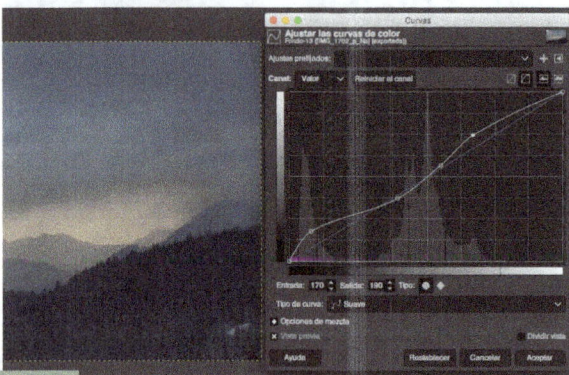

Finalmente, mi curva tiene el aspecto que puedes ver aquí arriba. Quizá puedas apreciar (esto depende de la impresión) el cambio de contraste entre la última montaña y el cielo.

En este punto, una vez que he separado los cuatro tonos tal y como quería, podríamos aplicar un nuevo ajuste de curvas (o incluso, de niveles) para recuperar parte de los tonos más claros que no utilizamos al principio.

De nuevo, intento no darle un aspecto de fotografía diurna. Por eso, desde la ventana de ajuste de niveles, bajo el punto de entrada del color blanco, pero solo ligeramente. Mira la diferencia entre selecionar el punto blanco de entrada con valor 200 (arriba) o bien 235 (abajo).

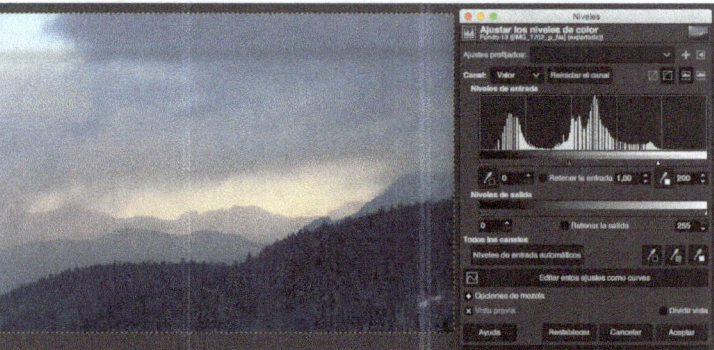

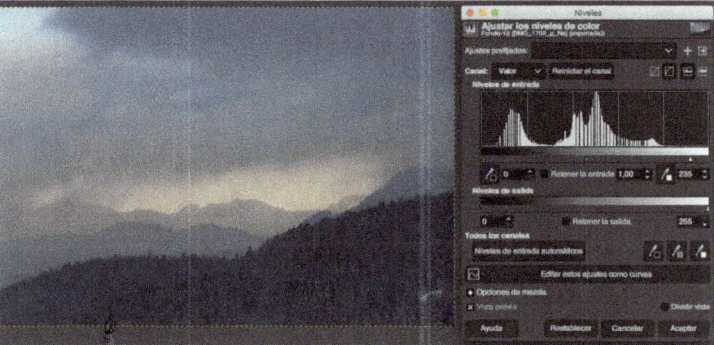

Una vez más, recuerda que estamos haciendo ediciones suaves, para ir acumulando los efectos. Según sea tu imagen, puedes necesitar aplicar una corrección en la saturación, o bien una conversión a blanco y negro, por ejemplo.

¿Es una edición demasiado suave? ¿No se aprecian los cambios que hemos hecho en este ejemplo? También podría deberse a la impresión, en este caso con impresora de chorro de tinta...

Ejemplo: Fotografía histórica

O fotografía antigua, si lo prefieres. En este caso, se trata de una fotografía que capturé alrededor de 1998, cuando todavía se estaba rehabilitando la catedral de La Seo en Zaragoza. En este caso, la imagen es de la Plaza del Pilar, pero se puede ver la torre con el andamiaje de fondo.

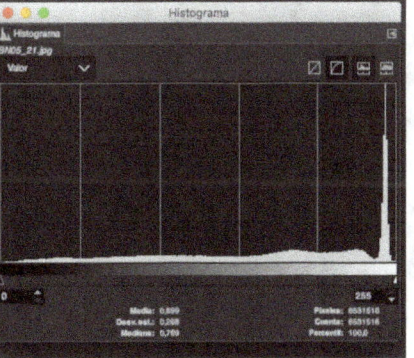

Ojo, no tiene por qué ser una fotografía "histórica". Puede ser una foto familiar con el color (o los grises) gastados por el tiempo. Vamos a ver qué se puede hacer.

Esta fotografía es analógica, e hice un escaneado del negativo. El ajuste automático del escáner (sí, hace 25 años yo sabía mucho menos...) intentó mantener todo el rango de valores de la imagen, produciendo, en este caso, una fotografía demasiado clara.

Algo que, en realidad, era cierto: Hice la foto con el sol de frente. Pero vamos a ver cómo podemos recuperar un poco más de información a partir de ese JPG escaneado...

Un vistazo al histograma (abajo) nos muestra el claro pico en los tonos blancos, que "queman" el cielo. Además, la imagen muestra una distribución muy uniforme del resto de los tonos, hasta (casi) el negro puro. En este caso, un ajuste de niveles no podrá hacer mucho, salvo, quizá, oscurecer ligeramente las sombras.

Lo que me interesa, en este caso, es recuperar información de la torre en rehabilitación. Con el histograma abierto, hago clic sobre un punto de esta torre, lo que me abre la ventana auxiliar de Ajuste de Curvas. Al hacer clic en la torre, veo que obtengo valores altos, alrededor de 220 - 230.

Con un poco de suerte, puedo aislar esos tonos y oscurecerlos, sin afectar demasiado al resto de la imagen. Creo un punto de control

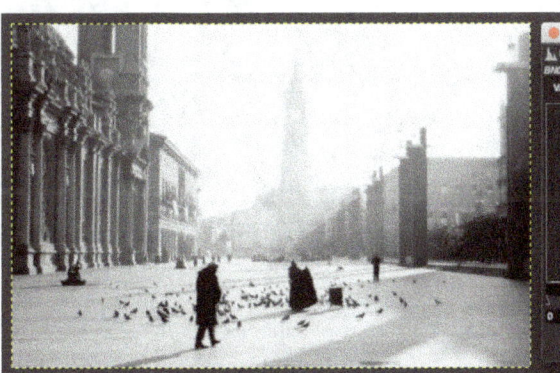

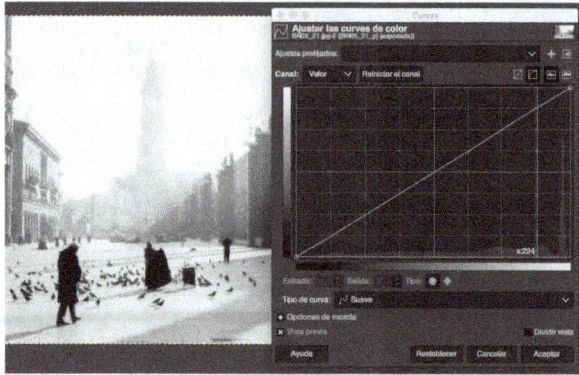

alrededor de ese valor, y lo arrastro hacia abajo, observando el efecto de este oscurecimiento en el resto de la imagen.

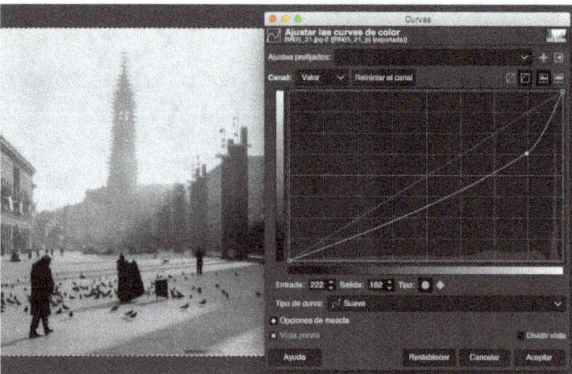

Como no deseo un oscurecimiento general de la imagen, creo otro punto de control en un tono medio (comienzo en 128) y lo muevo hacia arriba. Pero me encuentro con un problema:

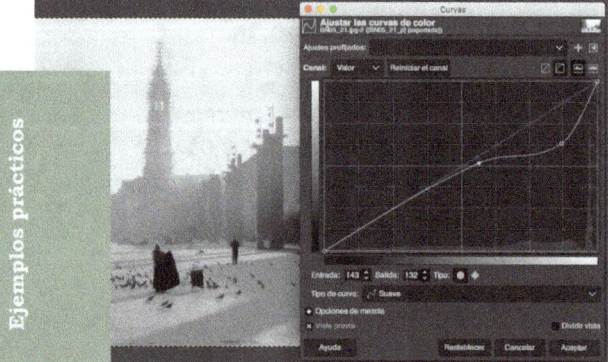

La subida "rápida" de la curva me produce

un tramo horizontal en el histograma, que se traduce en un grupo de tonos demasiado similares. Si te fijas en la captura anterior, se pierde buena parte de la diagonal de sombras creadas por las farolas. Ese resultado no es bueno, ya que perdemos una línea importante de la imagen, que "guía" la visión del público.

Así que opto por no hacer este cambio tan agresivo y bajo el punto de control a un sitio más neutral. Además, añado otro punto de control, en un tono más bajo, para acercar mi curva a la diagonal y evitar que los tonos oscuros se oscurezcan más:

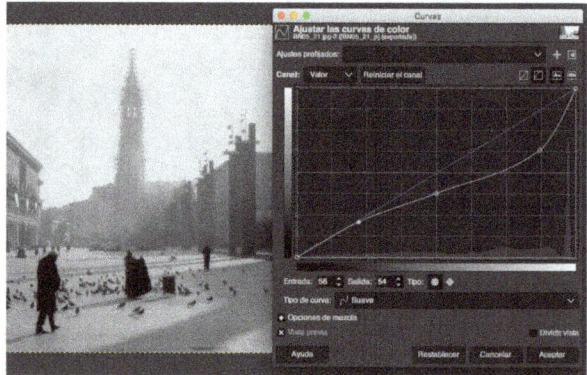

Finalmente, moveré el punto de control del tono negro hacia dentro de la gráfica, para reforzar los pocos puntos de la imagen que contienen ese color.

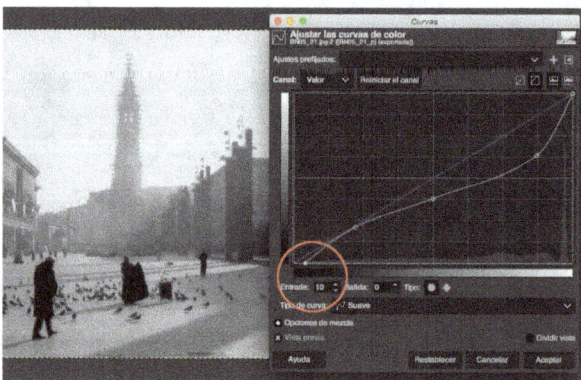

En la página anterior, puedes ver el resultado. El cielo ya no es blanco, y hemos recuperado parte de la información de la torre. Decidí no aplicar ningún virado, para mantener el aspecto original.

Ejemplo: Paisaje marino

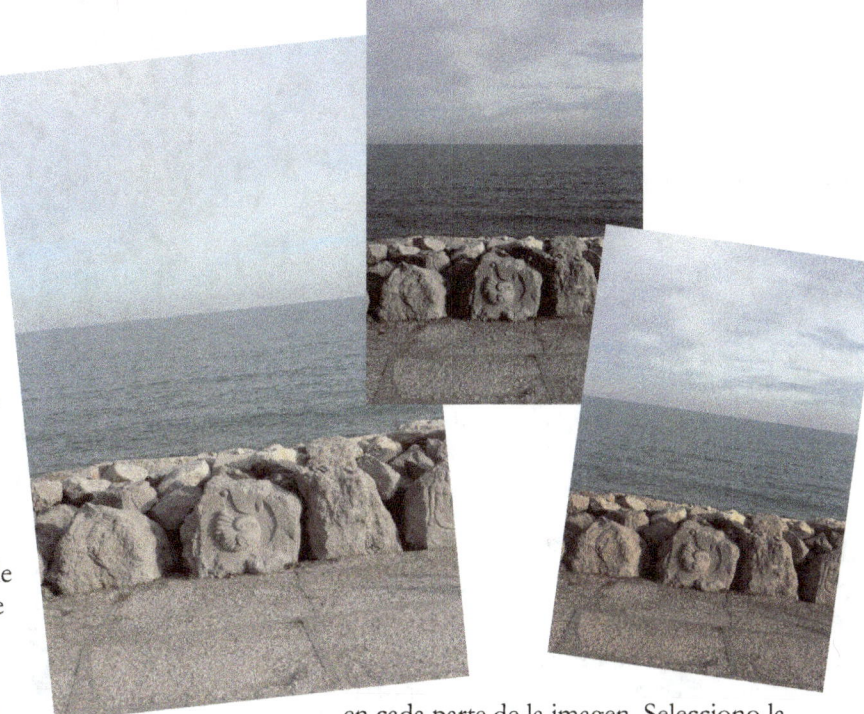

En este caso te traigo una fotografía "normal", incluso aburrida. En este caso, me hizo gracia la piedra tallada en el malecón (la foto está hecha en Caorle, Italia). Sin embargo, el cielo quedó muy uniforme, y las piedras tienen poco contraste.

Aquí, aprovecharemos (casi) todas las herramientas presentadas en este libro, para producir dos interpretaciones distintas de la misma imagen.

Ambas pueden ser válidas, depende de tu gusto personal. En el caso de tus fotografías, solo tú podrás decidir qué vale y qué no...

Como siempre, echo un vistazo al Histograma de la fotografía. Con la herramienta de curvas, compruebo qué canal influye en cada parte de la imagen. Selecciono la opción "RGB" del desplegable del historama, para llegar a la situación de abajo.

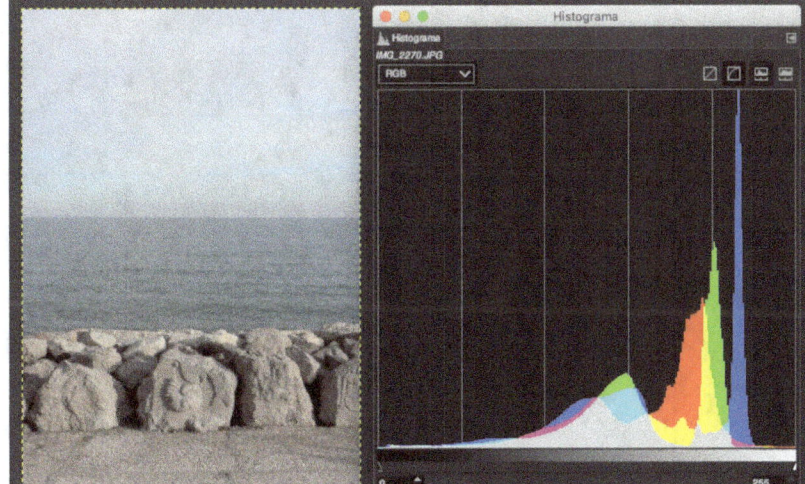

Podemos ver que los tres canales están relativamente bien distribuidos por toda la gaman de tonos. Además, el color rojo y el azul presentan dos picos separados, mientras que el canal verde se solapa con los otros dos en los valores medios - altos.

La misma información podríamos obtenerla desde la ventana auxiliar de curvas, haciendo clic en varios puntos de la imagen, o bien observando las miniaturas de la ventana auxiliar de capas, tal y como puedes ver aquí. Este es mi análisis:

El canal rojo, que presenta dos picos en el histograma, aporta un tono cálido a toda la imagen. Curiosamente, el pico de valores altos se corresponde al cielo, y el de tonos medios a las rocas.

En contra de lo que podamos pensar, el cielo tiene una buena proporción de color rojo, ya que aparece casi blanco. Además, si te fijas en las miniaturas, este canal rojo sí que incluye información de las nubes, algo que intentaremos recuperar. Por el contrario, el mar se ve más oscuro en este canal, debido a su color verde-azulado.

El canal azul, con su pico más alto del histograma separado del rojo, también aporta su fracción de iluminación al cielo, pero, sobre todo, contiene unformación en los tonos medios. La separación que vemos entre los picos del histograma se traduce en ese "corte" entre las rocas y el mar. Las rocas presentan un tono más oscuro en este canal, y un contraste limitado.

El canal verde, por último, también aporta "peso" al cielo, y un valor similar de tono al mar y a las rocas. Quizá incluye un poco más de contraste y texturas en estas últimas.

Para ver las posibilidades de GIMP, haremos dos ediciones distintas, basadas en la edición de una capa superior y modificando su efecto en la inferior.

Como vimos en una sección previa, crearemos esta segunda capa desde la ventana auxiliar de capas, haciendo clic sobre nuestra fotografía y eligiendo la opción "Duplicar capa":

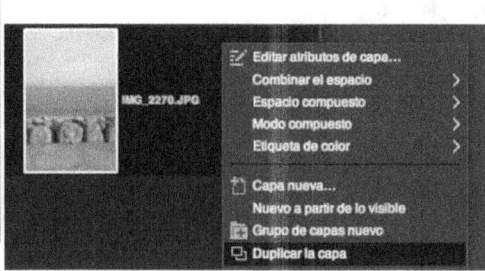

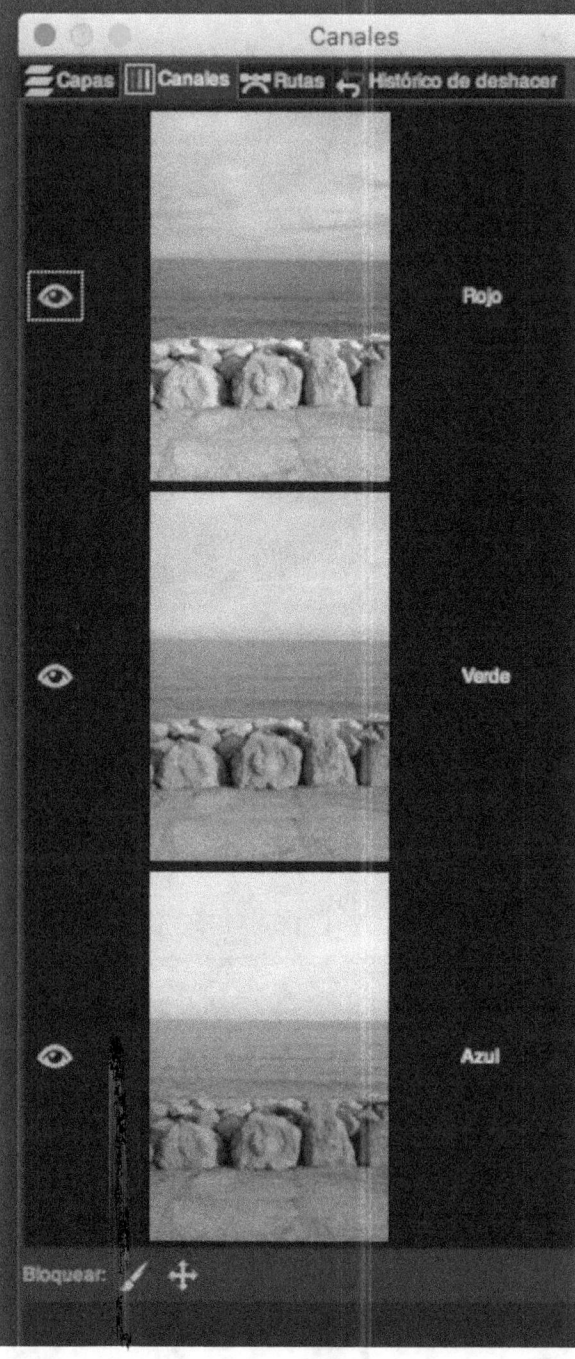

Primera edición: Canales

En este caso, voy a convertir la imagen superior a blanco y negro, utilizando el mezclador de canales (Recuerda, "Mezclador mono" desde la versión 2.10 de GIMP).

Utilizaré la información de mi análisis de la página anterior, dándole un peso mucho mayor al canal rojo que a los otros dos, para recuperar la información del cielo y oscurecer el mar.

Los canales verde azul tendrán una aportación simbólica, para reducir la iluminación de las rocas en el primer plano.

Pero antes de aplicar esta conversión, realzaré los tonos en los canales individuales, para optimizar el mezclador mono. Para el canal rojo, aplico una curva en "S", que recupere la textura de las nubes:

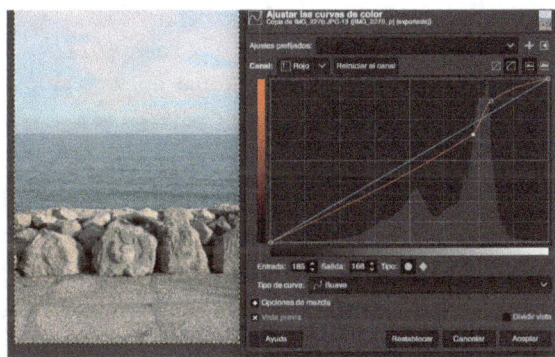

En el caso del color azul, aplico una ligera curva en forma de "U" con el punto de control en el pico alto, para oscurecer el cielo y para oscurecer aún más el mar y las rocas:

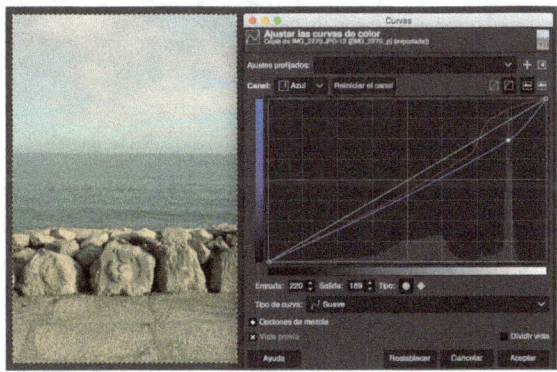

En el caso del canal verde, aplico otra curva en "U", pero aquí desde el pico de tonos medios, para osrurecer de manera general el canal.

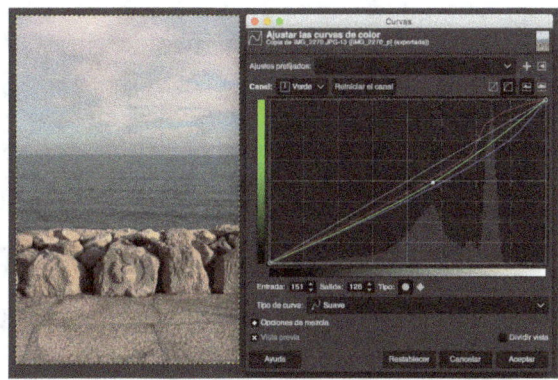

Ahora, ambas capas se ven muy diferentes en la ventana auxiliar de capas. Nota que estamos trabajando sobre la capa superior, que aparece enmarcada con una línea blanca.

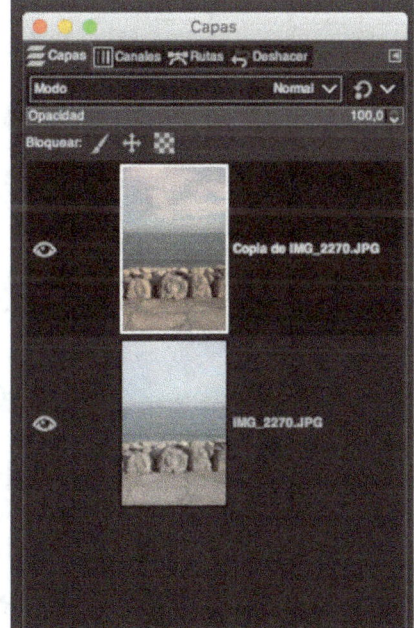

Claramente, los valores de color se han falseado en la capa superior. Como tenemos el modo de fusión de capas "Normal" por defecto, en nuestra pantalla veremos solo esos colores incorrectos.

Ahora, aplico la conversión a blanco y negro a esta capa superior, usando un valor muy alto para el canal rojo. Por ejemplo, utilizo estos valores:

Según cómo sea tu foto, quizá quieras probar los diferentes Modos. En mi caso, mira el efecto del modo "Luminosidad LCh":

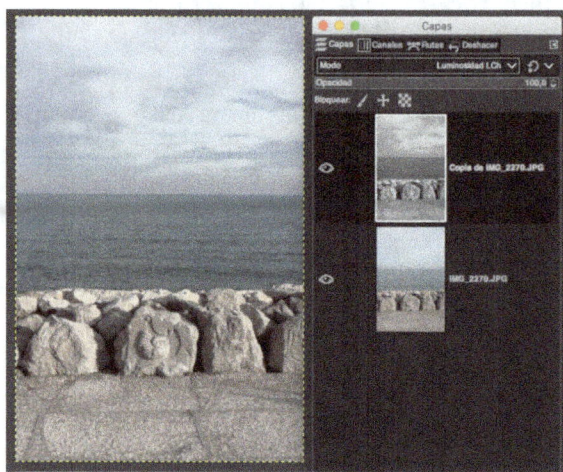

Ahora ya puedes ver cómo hemos recuperado la información de las nubes en el cielo, y cómo hemos oscurecido el mar para separar el cielo de las rocas.

Además, la miniatura de la capa se muestra en escala de grises, mientras que la información de la fotografía original se conserva en la capa inferior.

Alternativamente, podríamos usar el modo "Multiplicar", y después aplicar una curva para recuperar la iluminación de las zonas que deseemos:

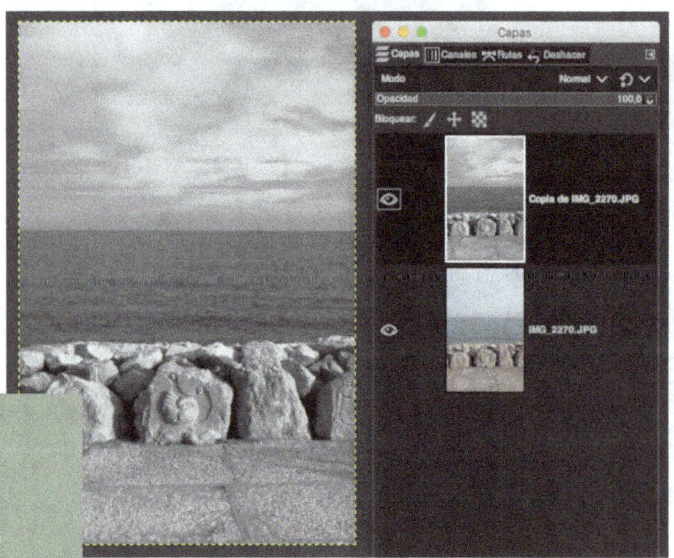

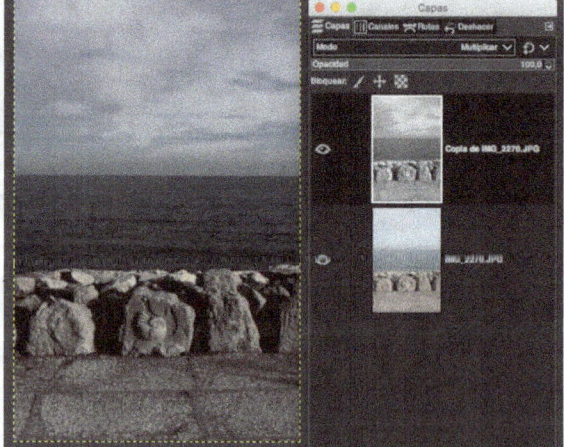

En este punto es donde jugaremos con los modos de fusión, para utilizar la información de tono de la capa superior para influir en la iluminación de la inferior.

Si quieres aplicar una curva a una fusión de capas, antes debes combinarlas.

Selecciona la capa superior en la ventana auxiliar, pulsa el botón derecho y elige "Combinar hacia abajo", o bien "Aplanar".

Ojo, ya no tendrás tus capas separadas..

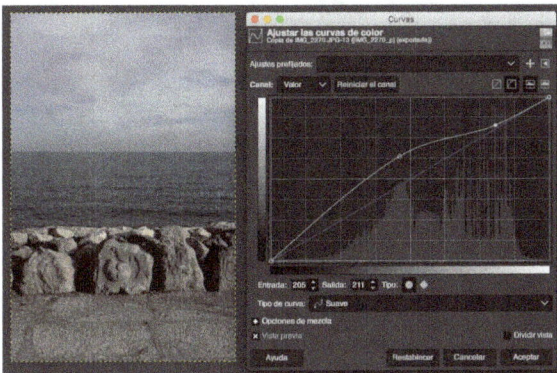

En este caso, aplico una curva en "S" invertida, para aclarar las sombras (creo un punto de control en el pico más grande de los tonos medios) y bajo ligeramente las luces, para evitar perder de nuevo la información del cielo.

Segunda edición: Máscaras

Ahora, vamos a hacer algo totalmente distinto, utilizando máscaras de capa. De nuevo, partimos de la imagen original y la duplicamos en una capa nueva.

Para crear la máscara, hacemos clic con el botón derecho del ratón sobre la miniatura de la capa superior, y elegimos la opción "Añadir máscara de capa...":

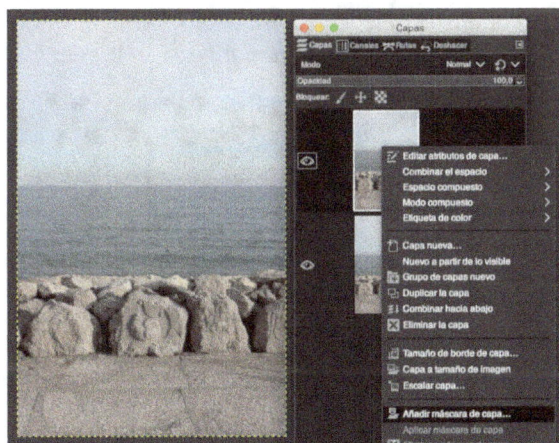

En este ejemplo, elegiré la opción por defecto, que rellenará la capa de color blanco. GIMP creará la

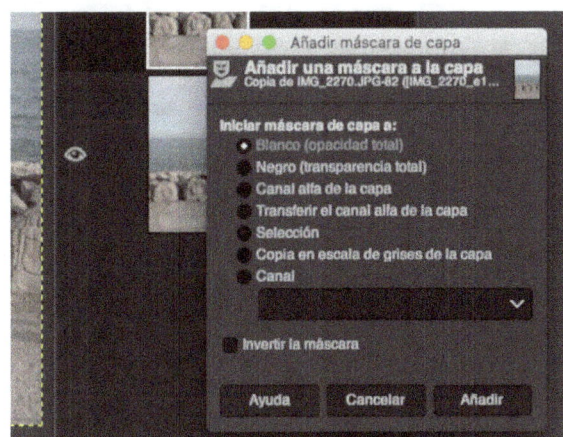

máscara, y la mostrará junto a la miniatura de la capa. Podremos editar el contenido de la máscara pintando sobre esta, habitualmente con el color negro, que implicará la transparencia total. Esta transparencia dejará ver el contenido de la capa inferior.

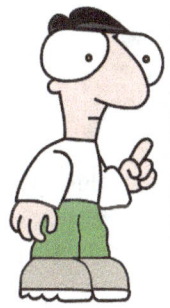

Podemos alternar entre ediciones sobre la imagen y su máscara, simplemente haciendo clic sobre el elemento deseado en la ventana auxiliar de capas.

El elemento activo (imagen o máscara) se verá enmarcado con una línea blanca.

Si utilizamos cualquier tono de gris, la imagen final mostrará una mezcla de los contenidos de ambas capas, cuya proporción dependerá del tono concreto de gris.

En una máscara, podemos utilizar todas las herramientas de selección y pintura que tenemos disponibles para una imagen normal.

Pero trabajar con una imagen duplicada presenta un problema: No veremos el efecto de nuestra edición en la máscara. Para evitar esto, crearemos una capa intermedia y la rellenaremos de un color cualquiera:

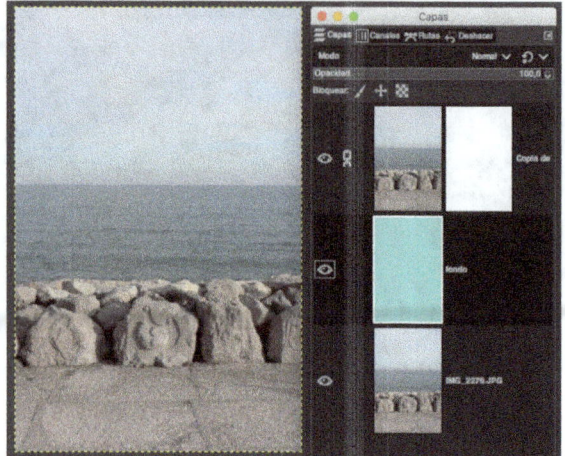

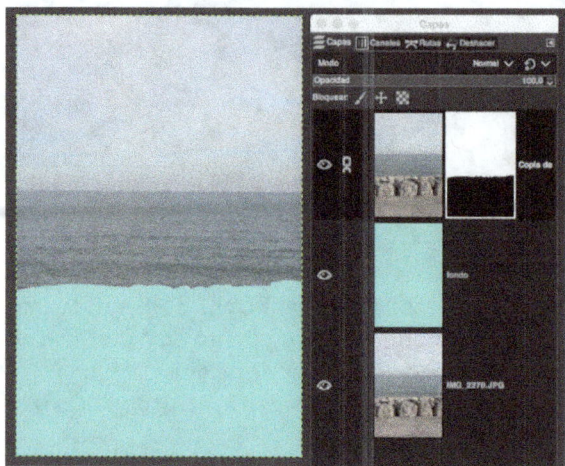

inferior. Después pinto toda la zona inferior con una brocha más grande, hasta cubrir toda la zona inferior.

En mi caso, pintaré de negro toda la zona inferior de las rocas y el suelo, y dejaré de color blanco tanto el mar como el cielo. Recuerda que puedes ampliar tu imagen hasta ver cada píxel de manera independiente, pulsando la tecla "+" tantas veces como desees.

En mi fotografía, pinto el contorno de estas rocas con una brocha de borde duro (para definir el contorno de manera limpia) y con el color negro.

En la captura inferior, nota que he fijado la dureza al 100%, y mi color frontal es el negro. Lo que vemos en esta captura es que estoy pintando de negro en la máscara de la capa superior, aplicándole transparencia y dejando ver la capa inmediatamente

Ahora, mi máscara de capa (fíjate arriba, tiene un borde blanco) ya incluye toda la zona que quiero mostrar de la capa inferior, en color negro. La imagen mostrará el color de fondo elegido. Podría borrar esta capa de ayuda, o bien ocultarla haciendo clic en el icono del ojo de su izquierda.

Pues bien, ya podemos editar ambas fotografías de manera independiente.

Recuerda que para trabajar con la fotografía superior tienes que hacer clic en su miniatura, lo que hará que sea esta la que tenga un marco blanco en la ventana

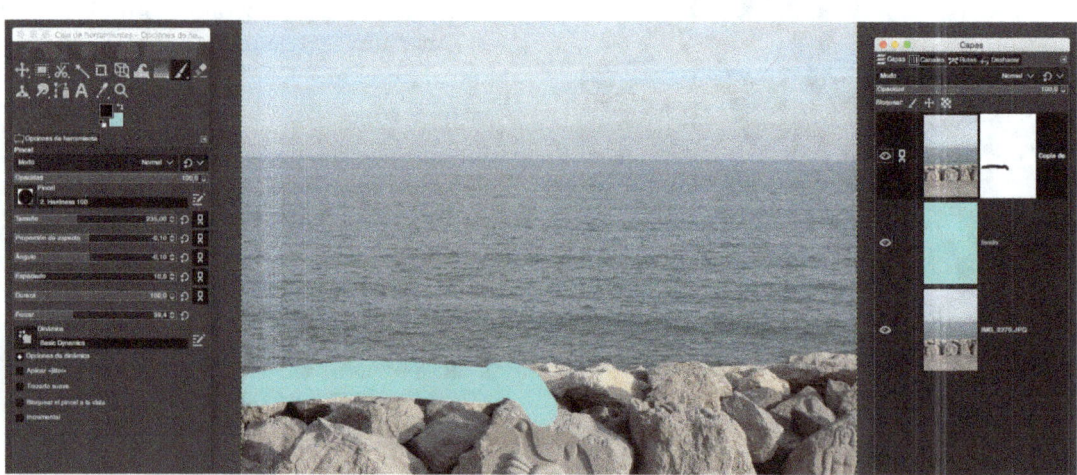

auxiliar de capas. Por ejemplo, voy a repetir la edición que hemos hecho en el ejemplo anterior, creando una capa por encima y aumentando el contraste de las nubes, en una imagen monocroma.

Para ello, duplicaré la capa de fondo y la arrastraré hasta arriba, ya que no necesito que esta capa superior tenga transparencia. No te muestro los pasos aquí, son idénticos a los del ejemplo anterior:

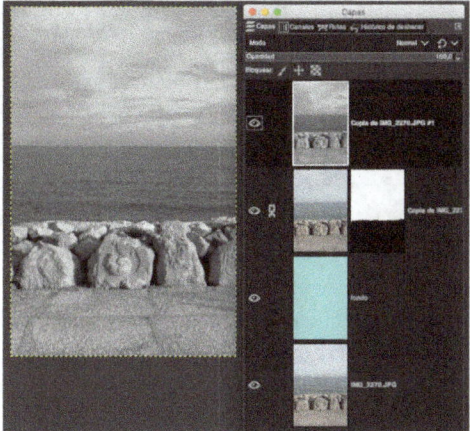

Ahora solo vemos la capa superior, ya que el modo de fusión es Normal, por defecto. Aplico el modo "Luminosidad LCh" que vimos anteriormente. Nota que las miniaturas de capa no cambian, pero sí lo hace nuestra imagen principal:

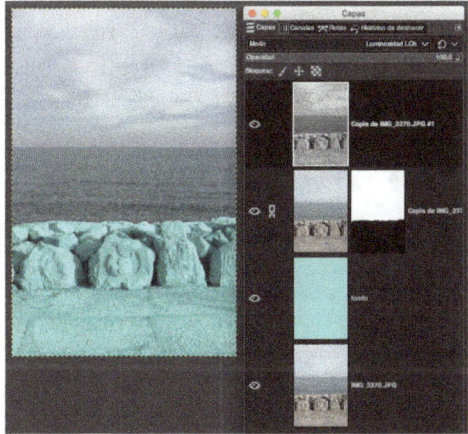

Vamos a ver qué ha cambiado. La capa en escala de grises nos modifica, en este caso, la iluminación de

lo que tiene debajo. De la segunda capa, recuperaremos el cielo, que ahora ya muestra su nuevo color y la información de las nubes. Pero, ¿por qué vemos las rocas azules?

La máscara aplicada a la segunda capa hace que veamos la tercera, con un color azul uniforme. Pues bien, lo que está sucediendo aquí es que la primera capa modifica la iluminación de esta tercera, donde la máscara de la segunda permite que sea visible.

Las formas y las sombras de las rocas vienen dadas por la capa superior, y todavía no vemos la inferior. ¿Complicado? Mira lo que sucede si oculto la capa de fondo, haciendo clic en su icono:

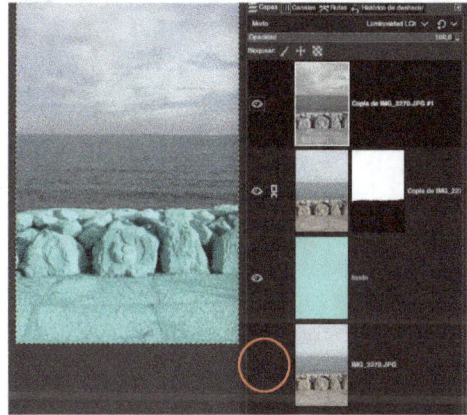

Para poder trabajar sobre la capa inferior, tendremos que aplicar las ediciones hechas hasta ahora de manera definitiva, eligiendo la opción "Combinar hacia abajo" del menú desplegable que vemos al hacer clic con el botón derecho sobre la miniatura de la capa superior.

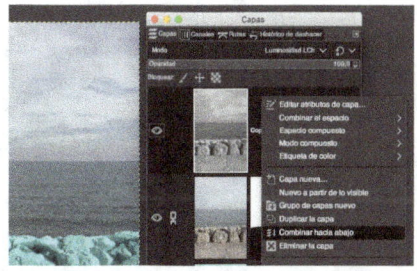

Pero, antes de hacerlo, puede ser una buena idea la de guardar un archivo intermedio en formato XCF de GIMP, que conservará la información de las capas por separado.

Una vez combinadas las capas superiores, tengo esta nueva situación:

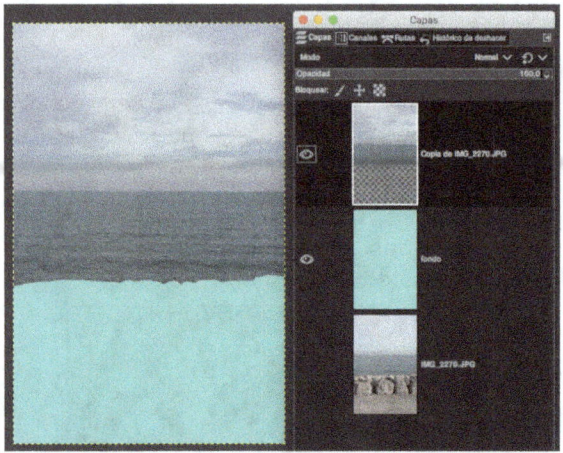

Ahora, el cambio de contraste (y ligeramente de color) se ha aplicado a la capa más elevada, y la transparencia de la máscara se ha aplicado a aquella, por lo que vemos esa trama de cuadrados grises en la miniatura. La transparencia nos deja ver la capa inferior, de color azul.

Recupero la capa inferior y elimino la intermedia azul. Hago clic en la miniatura inferior, para activar esa capa y editarla. Nota cómo ahora tiene el borde blanco.

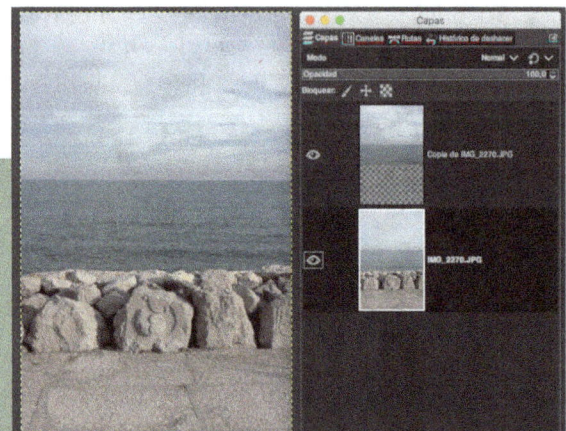

Ahora vemos el cielo y el mar de la capa

superior, y las rocas de la inferior. Ya que el cielo se ha oscurecido con la edición que hemos hecho hasta ahora, decido oscurecer también las rocas y el suelo, aplicando una curva en "S" para mantener las zonas iluminadas y realzar un poco el contraste:

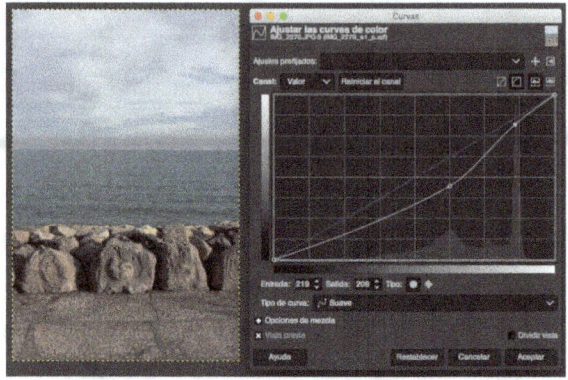

Nuestra imagen está terminada. Nota que ahora vemos el cielo de la capa superior, y las rocas de la inferior. Al exportar esta imagen a PNG o JPG, GIMP aplanará ambas capas, dejando únicamente la información visible de cada una para dar lugar a nuestra fotografía final. Si quieres mantener ambas capas, deberás guardar la imagen como XCF o PSD.

Nota que, al no aplicar una curva al final del proceso a la imagen global, esta edición nos ha quedado más clara que la anterior.

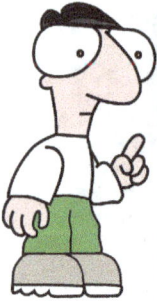

He seguido un proceso complejo en este segundo ejemplo de manera intencionada, para que vieses cómo manejar las diferentes herramientas.

En realidad, podríamos haber hecho todo un poco más fácil, aplicando primero el modo de fusión y creando la máscara después a la imagen resultante.

En cualquier caso, debes comprender que hay muchas formas de llegar a un mismo resultado: Te corresponde a tí decidir qué proceso te resulta más fácil o lógico.

Ejemplo: Falso HDR

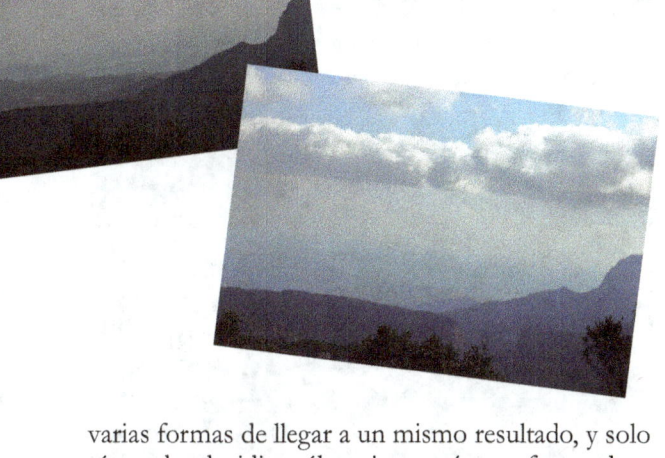

GIMP no puede trabajar, todavía, con imágenes con más de ocho bits por canal. Aunque sea de manera oficial, ya que internamente sí que maneja más de un byte para los cálculos de algunas ediciones. Es de esperar que la próxima versión 3.0 arregle este punto.

Hasta entonces, es complicado trabajar con imágenes especiales, como es el caso de las fotografías de gran rango dinámico, o HDR (de sus siglas en inglés, High Dynamic Range). Estas imágenes se generan a partir de un archivo RAW, o bien de varias fotografías tomadas con ajustes de exposición diferentes.

Al final, lo que se pretende es mostrar toda la información posible de la imagen, tanto en las zonas de luces como en las sombras.

Pero desde hace unos años se han desarrollado diferentes técnicas para producir un efecto similar a partir de una única imagen en formato RGB o PNG y con ocho bits por cada canal de color. En este ejemplo vamos a ver cómo procesar una imagen como la de arriba, para extraer el máximo de información útil de la fotografía.

Falso HDR

El proceso más habitual en GIMP suele incluir varios pasos, que vamos a ver a continuación.

El primero será el de aplicar un Balance de Blancos automático, desde "Colores - Auto - Balance de Blancos", que no hará otra cosa sino aplicar un Ajuste de Niveles Automático, algo que también sabemos hacer desde la ventana auxiliar de Niveles.

Puedes elegir un proceso u otro: Recuerda, hay

varias formas de llegar a un mismo resultado, y solo tú puedes decidir cuál se ajusta más a tu forma de trabajar.

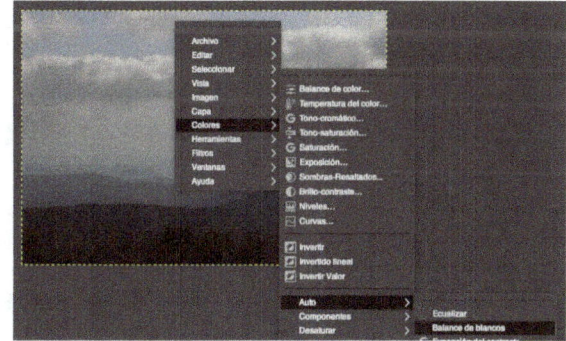

Después, tendremos que duplicar la imagen de referencia desde la ventana auxiliar de Capas, haciendo clic con el botón derecho del ratón sobre la miniatura y eligiendo la opción "Duplicar la capa".

El siguiente paso será el de eliminar la información de color de esta nueva capa superior, por ejemplo desde "Colores -

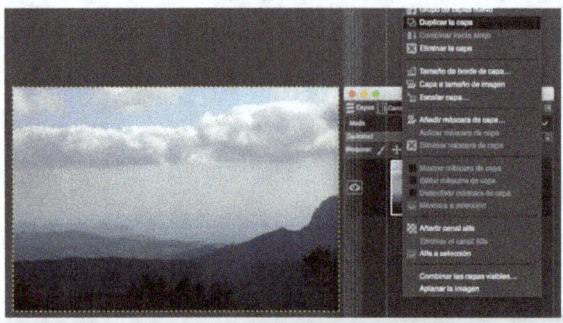

Desaturar - Desaturar...", eligiendo la opción de "Luminosidad" para quedarnos con los valores de iluminación.

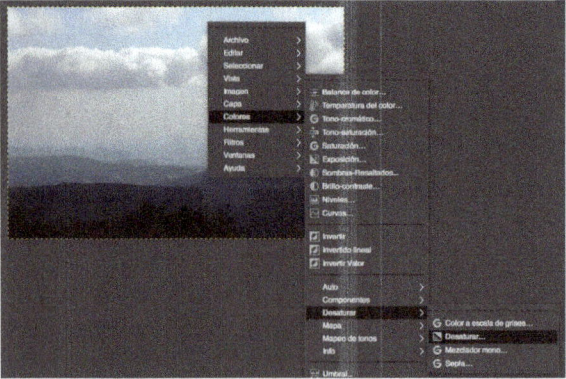

Ahora, la capa superior estará en escala de grises, y no nos dejará ver la capa inferior, en color, debido al modo de fusión Normal por defecto.

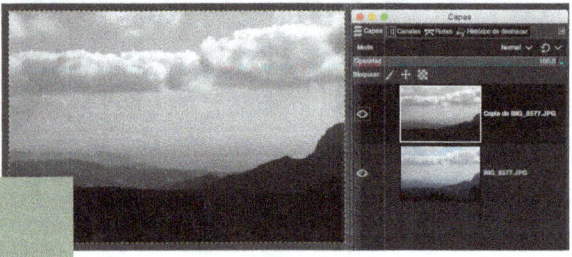

Ahora, invertiremos el mapa de bits de la capa superior, desde el comando "Colores - Invertir".

Como siempre, esta edición solo afectará a la capa que esté activa en ese momento. En nuestro caso, será la capa superior, lo que podremos comprobar al ver el recuadro

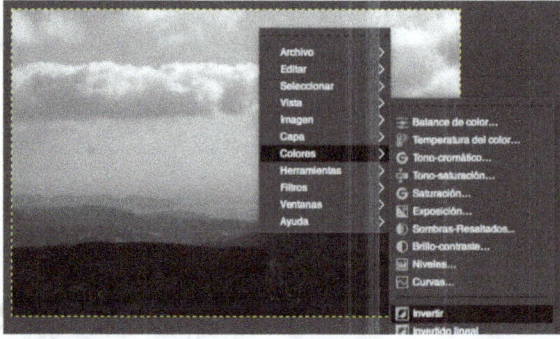

blanco en su miniatura de capa. Aquí podríamos aplicar un ligero desenfoque, si nuestra imagen contiene "demasiados" detalles que pudiesen producir bordes o brillos indeseados.

Y ahora llegamos al paso clave: Vamos a aplicar una fusión de capas con el modo "Solapar". Este modo de fusión parte del valor 50% como referencia, y actúa por separado en las luces y las sombras.

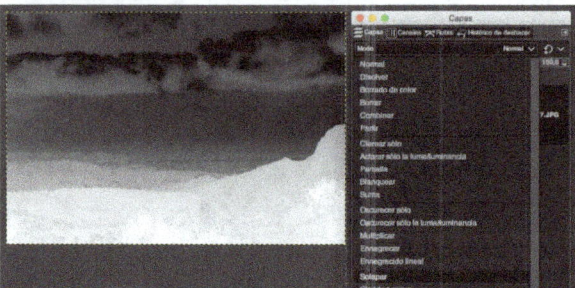

En este caso, los tonos claros en la imagen del fondo se oscurecerán (como sucedía con las sombras en el modo "Multiplicar"), y los tonos oscuros de nuestra fotografía se aclararán al aplicar valores muy altos (cercanos al blanco) en la capa superior, con un comportamiento parecido al del modo de fusión "Pantalla".

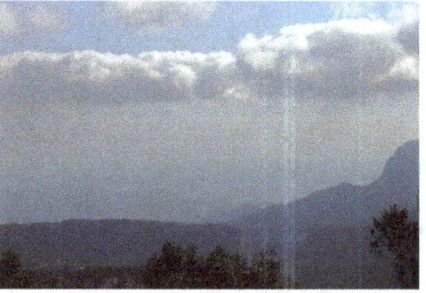

Nota cómo ya hemos recuperado información de las plantas en primer plano.

Ahora ya podríamos aplicar el modo de fusión de manera definitiva, combinando ambas capas desde la miniatura de la ventana auxiliar de capas:

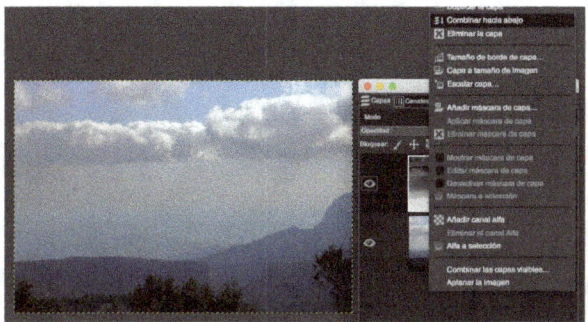

De no hacerlo, las ediciones posteriores que hagamos a partir de ahora se seguirían aplicando en la capa superior, y el resultado no sería el esperado.

Pero aquí llegamos al principal problema de estas imágenes en Falso HDR. Los resultados no suelen ser del todo satisfactorios, y aparecen algo apagados.

Sin embargo, el Histograma parece estar bien: Tenemos una distribución de tonos por todo el rango disponible, con dos picos separados de los extremos.

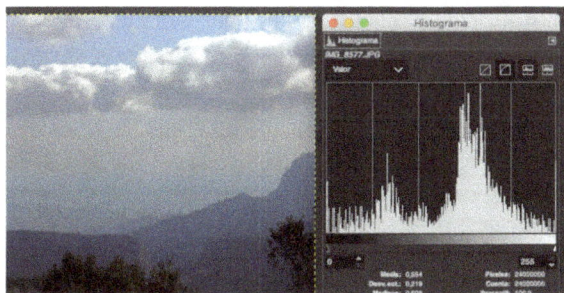

De hecho, si aplicásemos un Ajuste Automático de Niveles, no notaríamos ninguna diferencia en esta imagen: La información de valores ya se ha estirado hasta los extremos.

Sin embargo, sí que podemos aplicar un ajuste de curvas, con una curva en "S" para añadir algo de contraste, tal y como puedes ver en la siguiente captura.

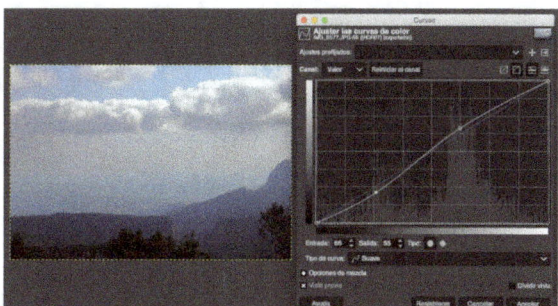

Finalmente, podríamos aplicar una simulación de película fotográfica, ya sea para realzar los tonos verdes de la vegetación en primer plano (Fuji Velvia) y bien los tonos cálidos de las montañas del fondo (Kodak Portra).

En el caso de mi fotografía, opto por esta segunda opción, para así separar el contorno de la montaña respecto al mar.

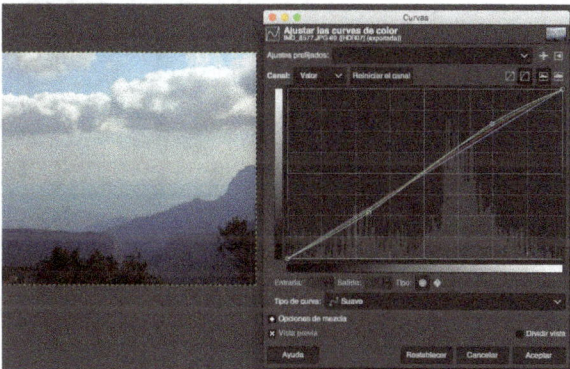

Como siempre, recuerda guardar tus fotografías editadas con un nombre diferente.

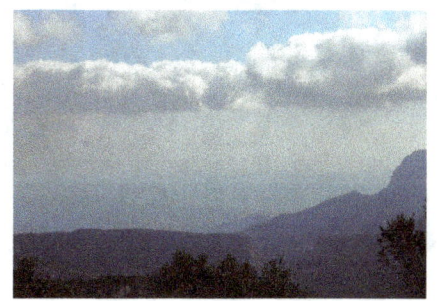

Ejemplo: Alta tensión

Siempre suelo llevar mi cámara conmigo. Esta captura la realicé al anochecer, y debo reconocer que buena parte del éxito de esta imagen se debe a un programa semiautomático de mi cámara: La captura de este tipo de fotografías suele ser complicada, si se quiere acertar en el nivel de iluminación correcto.

A pesar de que la imagen ya podría considerarse correcta (recuerda, las cámaras hacen un trabajo fabuloso, si se les deja cierta libertad de movimientos), todavía podemos extraer algo de información útil de las sombras, y vamos a usar esto para ver un par de consejos.

Como siempre, partiremos del histograma, en este caso el de Valor: Apenas tenemos información de color.

Pero vemos un punto interesante: Esta imagen presenta tres picos de color. Por supuesto, el pico central, algo más bajo, está producido principalmente por el cielo, tanto en la franja superior como en su reflejo en el agua.

Sin embargo, vamos a ver que tenemos una pequeña sorpresa en esta imagen. Probé a hacer un Ajuste de

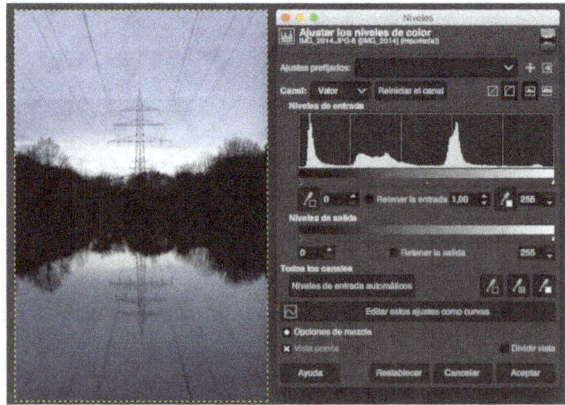

Niveles Automáticos, pero GIMP aclaró la imagen demasiado, recuperando un tono azul muy claro en el cielo. Esto se debe a que no hay prácticamente color blanco en la fotografía, y a que los canales están desequilibrados.

Mira cómo el pico de color rojo se sitúa más a la derecha que el azul y el verde, dando un tono cálido a las luces.

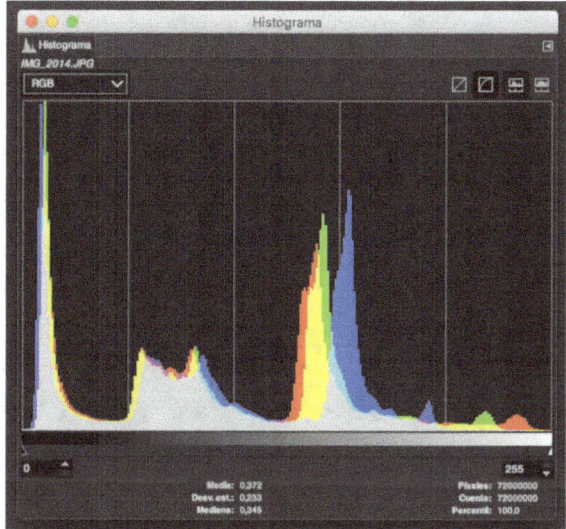

Así que decido hacer un ajuste de curvas sobre el Valor de la imagen, para evitar el efecto sobre el color.

En este ejemplo, haré un ajuste distinto: Aplicaré una curva en "S" invertida, pero tomando el pico de valores medios como referencia para las sombras. Las luces las oscurezco solo ligeramente:

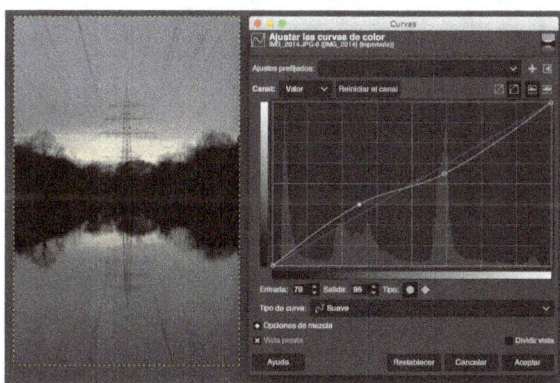

Y aquí es donde la imagen presenta una sorpresa: El mapa de bits original todavía tiene información de los árboles (y su reflejo sobre el agua) situados a la derecha de la imagen.

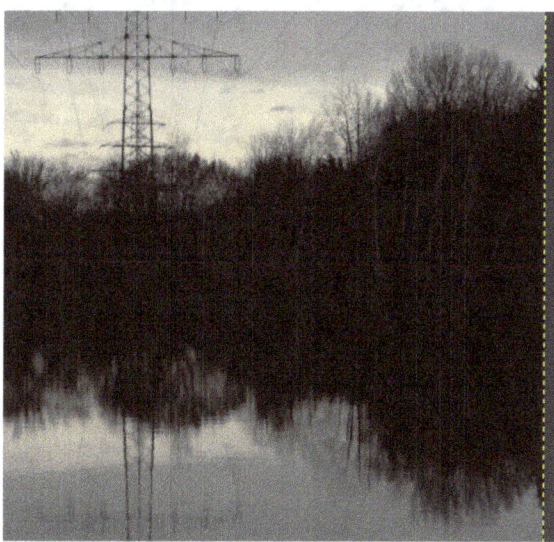

Aquí es donde debes decidir hasta dónde "estirar" la edición de tu imagen. Con el ajuste de curvas, podríamos aclarar esos tonos medios de los troncos, hasta hacerlos claramente visibles.

Pero, en ese caso, también afectaríamos a los tonos similares del resto de la imagen. Mira el efecto exagerado:

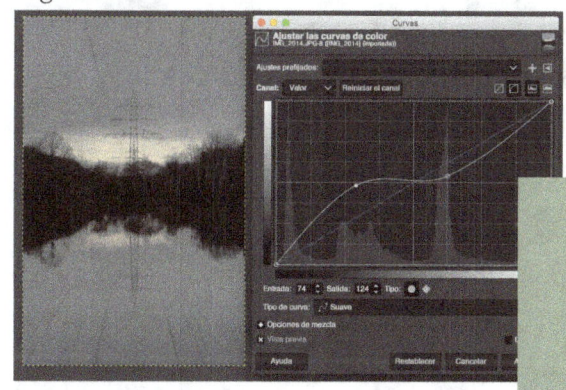

Ahora, casi podríamos recuperar información de las hojas rojizas del otoño, estación en la que se tomó esta fotografía. Pero hemos llegado a un punto crítico en nuestra edición: una inversión. Voy a exagerar el efecto todavía más, para que puedas verlo aquí abajo:

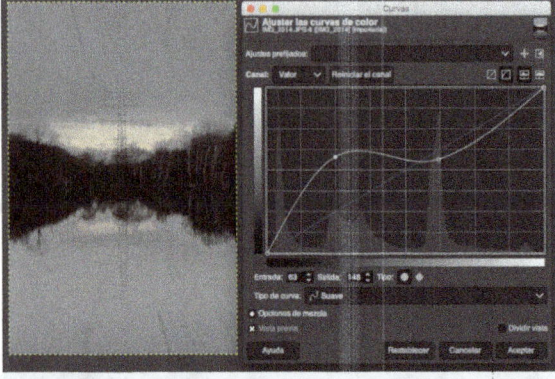

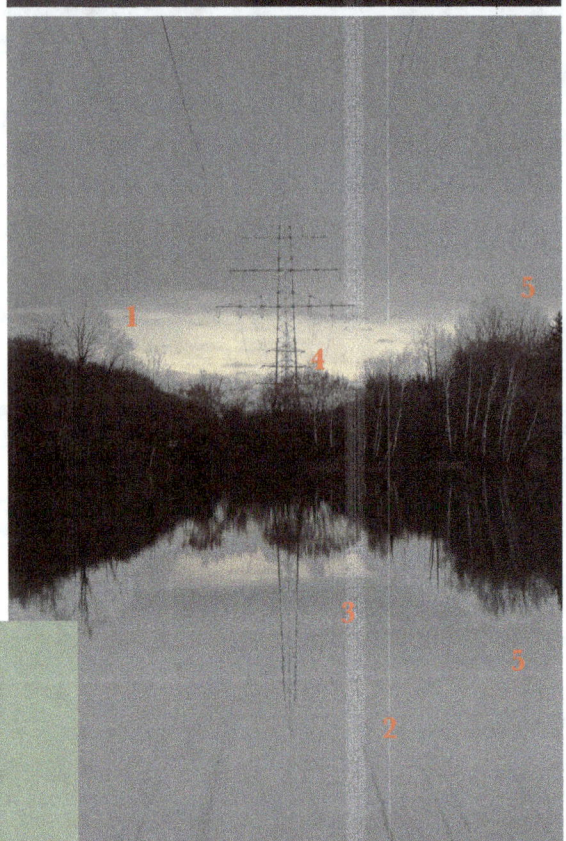

Y aquí puedes ver una serie de problemas que generamos en la fotografía de este

ejemplo, al hacer un ajuste tan extremo:

1. La inversión de tonos intermedios hace que se creen "halos" alrededor de las ramas desnudas en las copas de los árboles, que parecen nevadas.

2. Perdemos información de los cables, cuyo color oscuro original es ahora similar al del agua o el cielo.

3. La estructura de soporte de los cables, cuyo reflejo era apenas visible, aparece ahora más claro que el agua a su alrededor.

4. El cielo iluminado ha reducido ligeramente su brillo (esto lo hemos hecho al bajar un poco el punto de luces), pero ahora destaca demasiado sobre un fondo demasiado uniforme.

5. Los mismos "halos" del punto 1, en este caso crean contornos falsos sobre un cielo de un color demasiado similar.

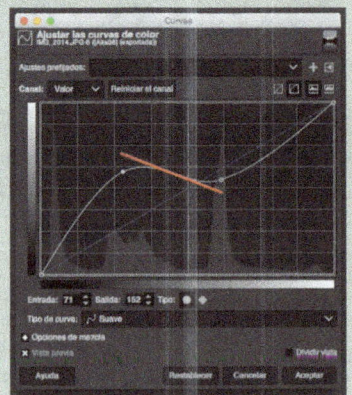

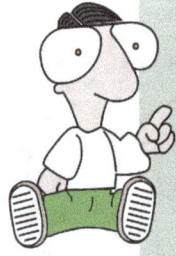

La inversión se produce cuando asignamos valores altos a tonos bajos iniciales, y valores (relativamente) más bajos a tonos altos, tal y como te muestro aquí con la línea roja.

Estamos invirtiendo la diagonal de la curva, lo que produce estos efectos extraños.

Recuerda, es lo mismo que vimos en la página 38 al hablar de curvas en "V" y en "V" invertida.

Por tanto, evito hacer esta transformación tan fuerte en un solo paso, e iremos aplicando ediciones más suaves. Vamos a verlo. Deshago la curva aplicada anteriormente, y creo otra similar, pero con cuidado de no producir una inversión: El punto de control de las sombras debe quedar a la misma altura o un poco debajo del punto de control de las luces.

Ahora ya tenemos un resultado más agradable a la vista, sin artefactos extraños. Pero el punto de control de los tonos medios también nos ha aclarado buena parte de las sombras, ya que he aplicado una curva suave.

Para corregir este punto y recuperar un poco de contraste en las sombras, creo un tercer punto de control en los tonos más oscuros:

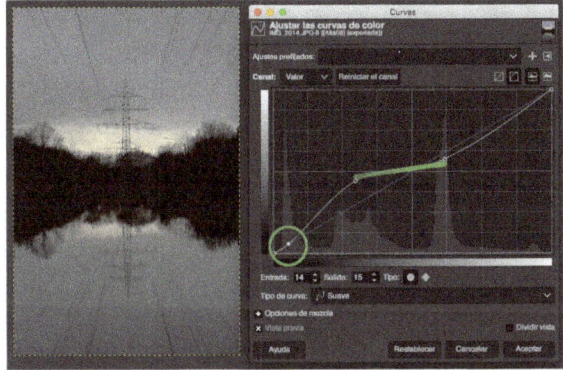

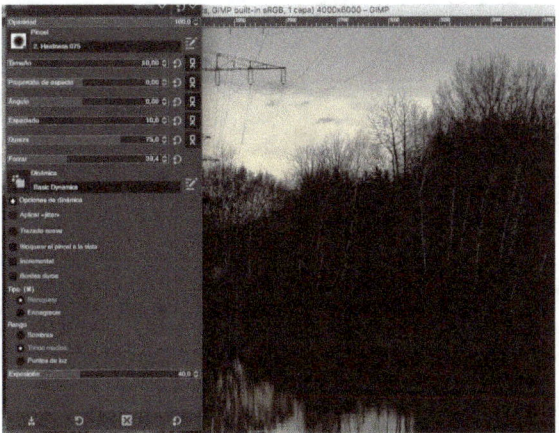

hagas pequeñas ediciones y las superpongas, en caso necesario. Es mejor realizar varias pasadas con una herramienta, hasta conseguir el efecto deseado, que no una sola con demasiada fuerza, que pueda estropear nuestra imagen.

Aplico la curva, y observo el resultado. Como no hemos forzado el aclarado de esos tonos medios, los troncos no se han realzado apenas. Para recuperar esos tonos, usaré la herramienta de Sobrexposición, tal y como vimos en una sección anterior.

Dado el contenido de mi imagen (y esto puede ser diferente en una fotografía tuya...), elijo un pincel pequeño, con borde difuso. Además, marco las opciones de "Blanquear" y "Tonos medios", para definir el comportamiento que quiero de mi herramienta.

Recuerda que puedes hacer pruebas cambiando el valor de "Dureza", para evitar que el efecto sea visible alrededor de los objetos editados. En mi caso, me interesa que el fondo tras los árboles siga siendo oscuro.

Como siempre, mi recomendación es la de que

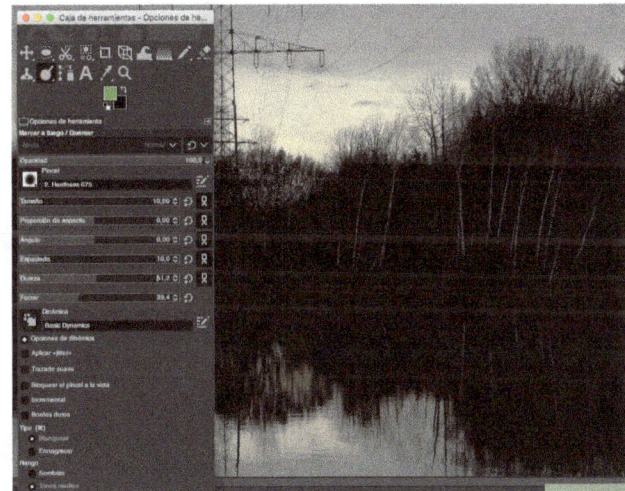

En fotografías como la mía, se puede jugar, además, con la percepción del público. Por ejemplo, puedo aplicar valores distintos de sobrexposición a árboles contiguos, para dar una sensación de profundidad.

De la misma manera, no necesito editar todos los árboles en el reflejo del agua, y puedo aplicar un ligero desenfoque en esa zona (haciendo una selección del contorno oscuro a mano), para ocultar mi edición. Una vez más, esto son pasos opcionales.

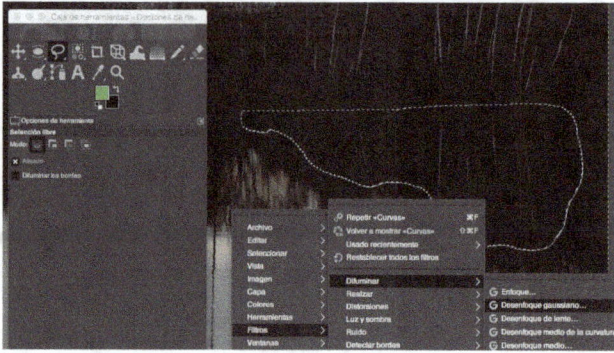

Vuelvo a mirar la imagen completa, haciendo zoom hacia afuera (recuerda, pulsando la tecla "-").

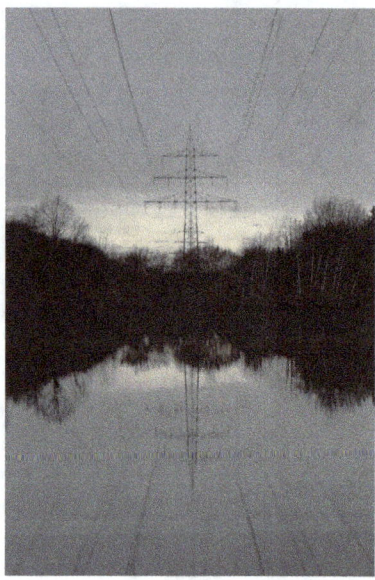

Ahora los árboles del lado derecho ya son visibles. En el caso de mi fotografía, intento aclarar todo un poco, aplicando una nueva curva (esta vez, en "U" invertida), con cuidado de no aclarar demasiado las luces.

Nota cómo he creado el punto de control a la izquierda del pico de los tonos medios,

que ahora presenta "huecos" en el histograma. Esto quiere decir que algunos tonos ya no están presentes en nuestra imagen.

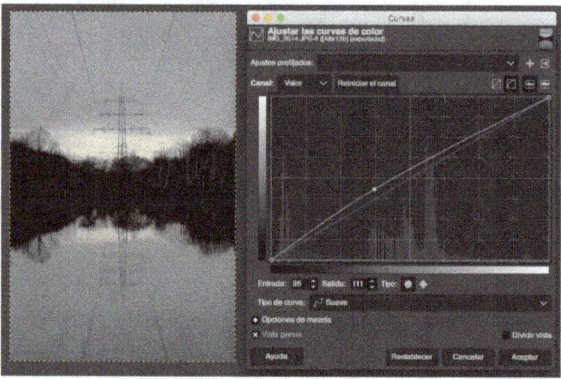

Si seguimos editando la fotografía, podríamos llegar a un punto donde esa edición se hiciese visible.

En todo caso, sí que podríamos hacer un ligero ajuste de los niveles extremos (en este caso, del color negro) para evitar que se deposite demasiada tinta a la hora de imprimir las zonas más oscuras.

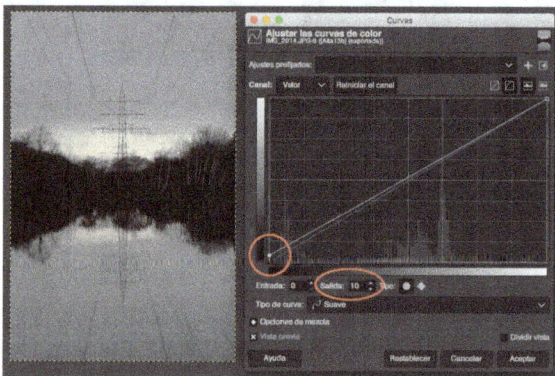

Recuerda que este NO es el ajuste específico de tu impresora, sino un ajuste general.

¿Quieres más? En el caso de mi fotografía, podríamos haber optado por subexponer las estructuras de la torre de alta tensión, tanto las de la torre misma como la de su reflejo.

Eso ya te lo dejo a ti...

Flujo de trabajo

Un punto interesante, que se merece una (breve) sección propia, es el del flujo de trabajo.

En las diferentes secciones anteriores hemos visto cómo, aplicando diferentes herramientas, podíamos ir corrigiendo defectos concretos de la imagen: contraste, falta de blanco o negro, tonos específicos, iluminación local, color...

Pero también hemos visto que muchos de estos procesos son destructivos, es decir, eliminan parte de los tonos disponibles o posibles de una imagen, produciendo una salida más pobre – aunque no sea apreciable a simple vista y la imagen sea, de hecho, más agradable.

El principal problema surge con imágenes "complicadas", o bien si no tenemos claro qué queremos conseguir con una edición concreta. La recomendación básica será, junto con la de aplicar cambios sutiles, la de reducir al máximo el número de pasos de edición.

Así, si vemos que un primer ajuste automático de niveles no consigue el resultado buscado, es preferible NO aplicarlo, y seguir editando el ajuste como una curva a través del botón o el comando correspondiente.

De la misma manera, si vamos a aplicar un duotono o un virado, no deberíamos hacer ediciones previas de contraste muy forzadas, ya que aquellos también introducen modificaciones en el contraste por canal.

Por último, la aplicación de una curva para el ajuste a una impresora concreta debe hacerse en último lugar y no se debe guardar con la imagen al terminar – salvo que sólo se trabaje con esa impresora. Si guardamos los ajustes con la imagen y después imprimimos en otra impresora (o bien, al subir la foto a Internet y verla en otro PC), podemos llegar a resultados inesperados...

En cualquier caso, la definición del flujo de trabajo (el presentado aquí es sólo una propuesta) dependerá del tipo de fotografías que estés manejando, el estilo final que quieras conseguir... e incluso el tipo de impresora a utilizar.

Deberás trabajar con tus imágenes para encontrar el método que más se adapte a tu estilo personal y a tu forma de trabajar.

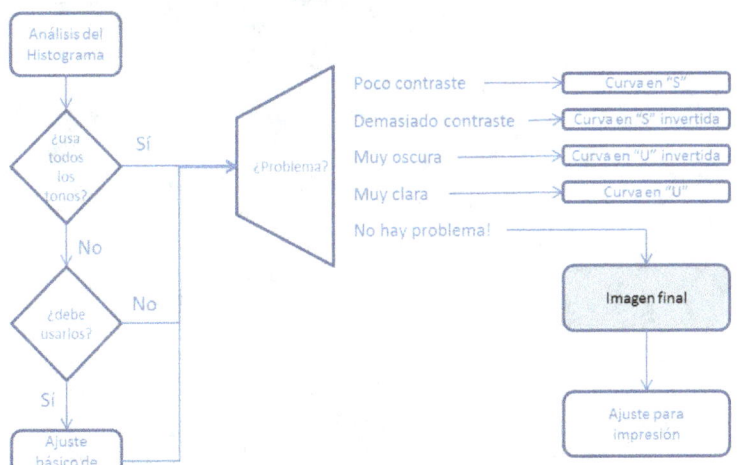

Gestión de archivos

Uno de los temas de los que nunca me cansaré de hablar es el de la gestión de archivos. A todos nos ha pasado en alguna ocasión, el perder una imagen original sin tener una copia de respaldo, o bien excedernos en nuestras ediciones, sin posibilidad de volver a un paso anterior al haber guardado los cambios según vamos progresando en una edición determinada.

Así, me gusta hablar de dos temas alrededor de la gestión de archivos:

Archivos intermedios

Por supuesto, siempre (¡siempre!) debemos intentar trabajar a partir de una copia de nuestras fotografías. Por lo general, es una mala idea el editar la única copia disponible. Por eso yo siempre recomiendo, en ediciones complejas, la creación de una carpeta dedicada, donde colocaremos una copia de la imagen original como punto de partida para nuestro trabajo.

Pero, además, también recomiendo ir guardando versiones intermedias, según éstas van incluyendo los elementos que estamos buscando. Por ejemplo, podríamos tener las siguientes versiones en una carpeta:

1.- Copia de la imagen original en JPG, o incluso su versión con capas de ajuste o máscaras, si las utilizas, en PSD o XCF

2.- Imagen original (1) con un ajuste de nitidez y, quizá, de niveles automáticos

3.- Imagen (2) con el contraste corregido mediante curvas, quizá con el color corregido también

4.- Imagen (3) convertida a blanco y negro

5.- Imagen (4) con retoques de iluminación (solarización o sobrexposición)

6.- Imagen final, quizá recortada o con una resolución diferente

7.- Versiones a distintos tamaños de (6)

Como curiosidad, yo intento incluir la información de mis ediciones como parte del nombre del archivo. Así, es habitual ver fotografías mías con nombres como

IMG_5309_d_bn255025_MdD_V_p.JPG

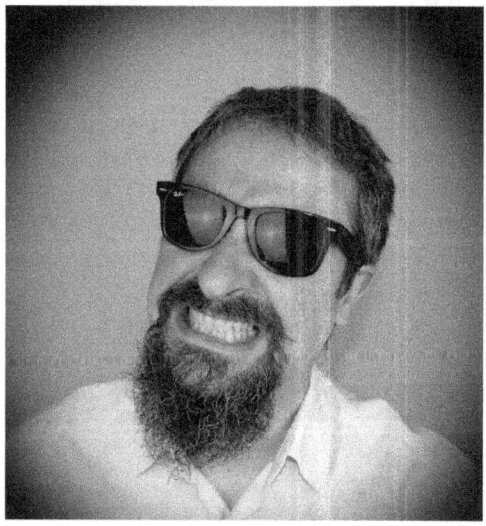

Donde IMG_5309.JPG es el nombre original de la fotografía tomada con mi cámara digital, y sé que he hecho un recorte (Detalle - d) para darle un formato casi cuadrado.

Después, he convertido la fotografía a blanco y negro, con factores 25%, 50% y 25% para el mezclador de canales, entonces he aplicado un ligero enfoque (Máscara de Desenfoque) y finalmente he incluido un viñeteado (V) para centrar la atención del público en el centro de la imagen.

El sufijo "_p", finalmente, hace referencia a una versión reducida (pequeña), seguramente para publicar en mi web o en redes sociales.

La fotografía de la página anterior incluye todos los pasos citados, y formó parte de una pequeña serie de autorretratos surgidos del aburrimiento de la pandemia de 2020.

No te puedo obligar a que seas tan meticuloso como yo. En realidad, yo puedo editar "en serio" unas pocas docenas de fotografías al año. Me puedo permitir invertir tanto tiempo en cada una de ellas, hasta conseguir el resultado deseado. Si tú te vas a dedicar a esto de manera profesional, quizá quieras saltarte pasos intermedios con algún proceso automatizado, por ejemplo para editar lotes de imágenes con pasos idénticos.

Pero sí vuelvo a insistir: Guarda versiones intermedias de tus ediciones más complejas. Quizá un día puedas retomar una fotografía desde un punto intermedio y crear una interpretación totalmente diferente, variando los ajustes.

Copias de respaldo

Me sigue sorprendiendo que haya mucha gente que no guarde un duplicado de sus imágenes en un soporte externo a su ordenador.

Las tecnologías de almacenamiento mejoran cada día, y se pueden encontrar unidades externas con capacidades mil veces mayores de las que había hace tan solo unos años. Las tarjetas de memoria de 256 Mb han dado paso a llaves USB con 256 Gb, por ejemplo. Y ya hay discos duros (en el formato actual, de 3.5 pulgadas de ancho, mecánicos) que alcanzan los 20 Terabytes de capacidad. Eso sí, a precios prohibitivos, por ahora.

Sin embargo, muy poca gente generará tal cantidad de imágenes en su vida, salvo que se dedique a la fotografía de manera profesional. En mi caso, habiendo trabajado con imágenes digitales durante

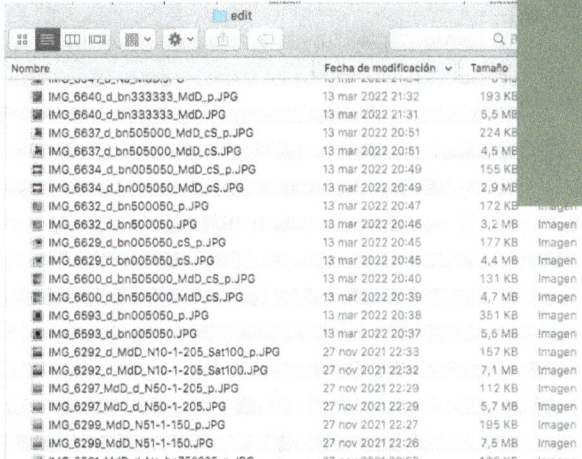

Aspecto habitual de una carpeta "cualquiera" de imágenes en mi ordenador...

los últimos veinticinco años, estaría hablando de unos 600Gb de información y más de cien mil fotografías, pero teniendo en cuenta lo que acabamos de ver, que guardo muchas de estas en diferentes versiones.

Sea como sea, una práctica "sana", que debería ser habitual si quieres conservar tus fotografías, sería la de almacenarlas al menos en dos soportes diferentes e, incluso, en dos sitios distintos. Por supuesto, las últimas imágenes puedes tenerlas en tu ordenador. Pero quizá este espacio es demasiado "caro" en

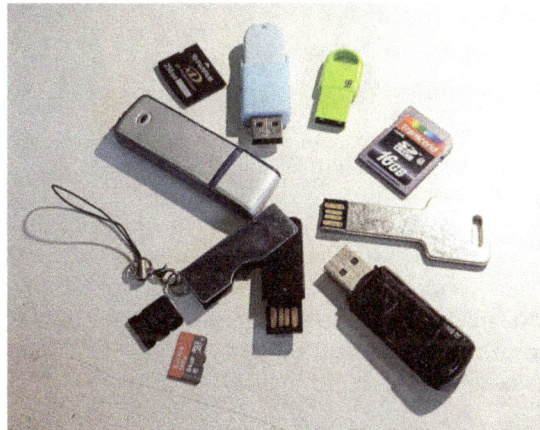

¿Quién no tiene un puñado de memorias USB y tarjetas de memoria antiguas en un cajón?

términos de espacio, frente a otros documentos (películas, por ejemplo) o a las necesidades de tu sistema operativo.

Ahora, a finales de 2023, los soportes ópticos como CDs y DVDs (por no hablar del BluRay) se han quedado obsoletos, y es difícil encontrar dispositivos lectores o grabadores. Pero no dejan de ser un buen soporte, si quieres conservar cierta cantidad de imágenes de un tema concreto.

Hoy, los reyes son las memorias USB y los discos duros externos SSD, para almacenamiento local "en un cajón". Estas unidades tienen capacidades más que razonables y nos permiten llevar nuestras imágenes a todos los sitios, e incluso compartirlas de una manera rápida y barata.

Aun así, los discos mecánicos todavía ganan en capacidad y en precio por megabyte, por lo que no se deben descartar como unidad secundaria en nuestro escritorio, teniendo la precaución de no darle golpes fuertes.

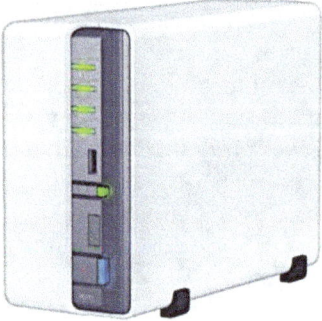

Hay dispositivos **NAS** muy sencillos que permiten conectar dos discos duros en paralelo, duplicando la información.

Incluso hay dispositivos, los denominados NAS (del inglés, Network Attached Storage, almacenamiento conectado en red) que añaden un grado más de seguridad al usar parejas de discos que duplican la información.

Su precio es algo más elevado que el de los discos duros externos, pero es una inversión muy recomendable.

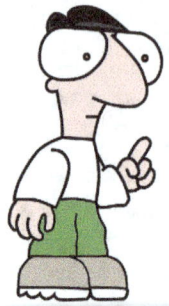

Cuando edites una imagen, trabaja siempre con una copia como punto de partida.

Una nube...

Y el último paso, con la proliferación de Internet y las velocidades rápidas desde cualquier dispositivo, es el de tener ese NAS como un servidor remoto, tanto privado como de empresas externas, como pueden ser Google, Amazon o Microsoft. Todas ellas te proponen diferentes planes de almacenamiento según tus necesidades y presupuesto.

Estos servicios de almacenamiento remoto pueden ser ideales si trabajamos de manera itinerante, o bien si utilizamos varios ordenadores, para tener la información centralizada.

Sin embargo, también tienen sus inconvenientes. El primero, que necesitas tener una buena conexión a Internet en todo momento, o te arriesgas a no poder acceder a tus fotografías.

El segundo, que estos servicios "en la nube" no dejan de ser el ordenador de otra persona (o empresa). Aunque sus sistemas de protección son más avanzados y es poco probable que pierdas tus datos, esa posibilidad existe, sin que puedas hacer nada.

Te corresponde a ti entender cómo vas a trabajar y cuál es la mejor combinación de almacenamiento para cubrir tus necesidades. En cualquier caso, no me cansaré de repetirte mi recomendación básica: Cuando edites una imagen, trabaja siempre con una copia como punto de partida.

Y, si tu edición es compleja, acostúmbrate a guardar imágenes intermedias, para poder recuperar el proceso en cualquier paso de tu edición.

Conclusiones

En este libro hemos visto cómo podemos mejorar nuestras imágenes con tres simples (o, quizá, no tan simples) herramientas: El histograma, para hacer un primer análisis, y los ajustes de niveles y curvas para aprovechar al máximo el rango de tonos o colores disponibles en nuestra imagen.

La herramienta de ajuste de niveles nos permite cambios rápidos, quizá como punto de partida para otros más complejos a realizar con el ajuste de curvas, claramente más potente. Con los Niveles podemos ajustar los valores de iluminación y contraste de una imagen completa, y preparar nuestra fotografía para que produzca un resultado aceptable con nuestra impresora casera.

La herramienta de ajuste de curvas, por su parte, nos permite modificar grupos de tonos o iluminaciones de una manera más flexible, pudiendo afectar el contraste de manera local e incluso introducir ligeras variantes de color, según nuestras preferencias.

Aunque ambas son herramientas complejas y requieren la intervención del usuario, el resultado vale la pena, comparado con otras opciones más automatizadas. Y, en cualquier caso, puedes partir del ajuste automático de los niveles.

Pero, en mi opinión, es ahí donde reside la potencia de las herramientas presentadas: permiten hacer lo que uno quiere hacer. Y no lo que pensó un programador o desarrollador de filtros automáticos para aplicaciones de retoque fotográfico.

Un paso más allá, otras herramientas secundarias, como el uso de las máscaras y la subexposición y sobrexposición, nos permiten darle un toque más profesional, de nuevo, con esta estupenda herramienta gratuita.

Además, del lado artístico, también podemos utilizar estas herramientas de una forma alternativa, por ejemplo, para crear variaciones en el color de manera creativa.

En este libro has podido ver varios ejemplos con distintas ediciones. Puedes estar de acuerdo o no con "mis" decisiones, quizá ahora tú aplicarías otras transformaciones a tus imágenes. En algunos casos, la edición es apenas apreciable pero, créeme, vale la pena hacer estos pequeños ajustes.

Recuerda, la decisión de si es necesario un ajuste o no, o hasta qué punto hacerlo, sigue siendo completamente tuya. Como artista (ya sea de la fotografía, de la edición o la imprenta) debes encontrar un proceso con el que te sientas cómodo e identificado, "tu" propio estilo.

Y debes tener claro que no por aplicar más y más transformaciones tienes que llegar a un mejor resultado. Debes saber cuándo has llegado al "mejor" resultado que puedes obtener con una imagen y saber parar ahí.

En el lado práctico, al igual que debes encontrar tu estilo, deberás configurar tu sistema para que se adapte a este, guardando tus ajustes de curvas válidos y calibrando tu impresora.

Un último consejo: acostúmbrate a guardar versiones intermedias de una edición y no olvides las copias de seguridad periódicas…

Valencia, enero de 2024

Glosario

A

Alfa - Canal especial utilizado en programas de edición de imagen para incluir información de transparencia.

B

Bit - Mínima cantidad de información posible en informática, puede tomar dos valores diferentes.

Tradicionalmente, se les asigna los valores cero o uno.

Bitmap – Mapa de bits. En imagen digital, se refiere a la matriz (o mapa) que incluye los valores de color para una imagen determinada, con información de las coordenadas de cada píxel.

Por extensión, se denominan imágenes de mapa de bits a todas las imágenes que utilizan esta estrategia (por ejemplo, las fotografías digitales).

La calidad final de una imagen impresa de mapa de bits dependerá (entre otras cosas) de su resolución.

Byte - Agrupación de ocho bits muy utilizada en informática (y en fotografía digital) para el almacenamiento y la transferencia de datos.

C

CD - Compact Disc, disco compacto. Soporte óptico de datos digitales (con grabación y lectura por láser), con más de 30 años de historia, utilizado todavía como principal soporte físico para la música. Utiliza una única capa para almacenar la información, hasta un máximo de 800 Mb.

Desplazado poco a poco por el DVD y el BlueRay, los avances en almacenamiento en memoria magnética y estática (Flash) están reduciendo su uso en informática.

Hay varios tipos de discos compactos en el mercado. Los de tipo CD-R (del inglés, recordable, grabable) sólo se pueden grabar una única vez (se permiten diferentes "sesiones" de grabación parcial hasta completar la capacidad del disco). Los discos del tipo CD-RW (de nuevo, del inglés read- write, lectura-escritura) pueden borrarse total o parcialmente, de manera que se pueden reutilizar múltiples veces.

Clarear Sólo - Modo de fusión que da como resultado final el pixel con mayor iluminación para cada posición, independientemente de la capa inicial en la que se encuentre.

Claridad Fuerte - Modo de fusión que produce una iluminación marcada de la imagen. Su definición es compleja, y depende de si el valor de iluminación de partida es mayor o menor que el gris medio (128).

Claridad Suave - Modo de fusión similar a "Solapar" (de hecho, en algunas versiones de GIMP son idénticos), en realidad no está relacionado con el modo "Claridad fuerte".

Clave - Valor promedio de la iluminación de una imagen. En fotografía. Se utiliza este término aplicado a las imágenes con predominancia de tonos muy claros (clave alta) o muy oscuros (clave baja).

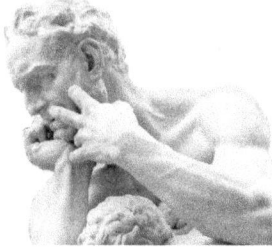

Ejemplo de imagen en clave alta

CMYK - Acrónimo en inglés para Cyan, Magenta, Yellow and blacK, Cian, Magenta, Amarillo y Negro. Es el sistema de color más utilizado en

125

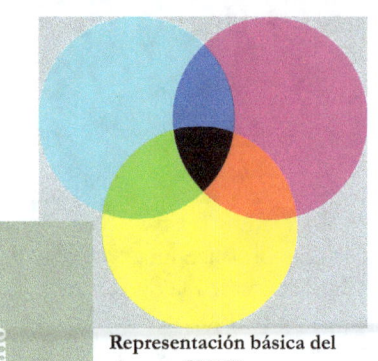

Representación básica del sistema CMYK

imprenta, también llamado cuatricromía.

Actualmente GIMP no puede trabajar con este espacio de color, pero podemos hacer una transformación aproximada en el selector de color.

Curva - Línea de ajuste de iluminación que se aplica a la imagen en general, o bien a un canal de color determinado; representa un factor de multiplicación o división diferente para cada tono de entrada.

En dibujo vectorial, es una "entidad" o elemento definido por una fórmula matemática, que indica la posición de una serie de puntos clave de esta.En dibujo vectorial, es una "entidad" o elemento definido por una fórmula matemática, que indica la posición de una serie de puntos clave de esta.

D

Driver – componente de Software encargado de la comunicación entre el ordenador y ciertos dispositivos externos.

Duotono - Imagen producida habitualmente a partir de una en blanco y negro, está formada por información de dos colores diferentes del blanco y el negro. En este libro se presenta una forma sencilla de producirlos mediante el ajuste de curvas por canal.

DVD - Digital Video Disc / Digital Versatile Disc - Disco de Video Digital / Disco Digital Versátil.

Evolución del Disco Compacto (CD) que permite almacenar hasta 9Gb de información en su variante de doble cara. Ya existe un formato sustituto, el BlueRay, con una mayor capacidad de almacena- miento.

F

Filtro - En fotografía, elemento que se coloca en la trayectoria de la luz para modificar las propiedades de la escena capturada. Puede colocarse delante del objetivo para modificar el color, la intensidad o la polarización de la luz incidente.

La mayoría de las cámaras montan, además, dos filtros fijos delante del sensor: uno selecciona qué color (canal) se leerá en cada fotodiodo individual.

El filtro más habitual es el filtro de tipo Bayer, que separa los colores rojo, verde y azul. El otro filtro será un filtro infrarrojo, para evitar lecturas indeseadas desde el sensor (sensible al calor).

En retoque fotográfico y diseñoo gráfico, un filtro es una edición especial (normalmente con su propio comando y ajustes dedicados) que modifica la imagen o el diseño para conseguir diferentes efectos.

Fusión de Capas - Operación matemática utilizada en edición de imagen que utiliza información de dos capas diferentes. Habitualmente es una operación no destructiva, y mantiene intacta la información de cada capa por separado. La fusión sólo afecta a la representación en pantalla, o bien al archivo acoplado final.

G

GEGL - GEneral Graphics Library, Biblioteca Genérica para Gráficos. Conjunto de herramientas y utilidades con licencia GNU que ha sido incorporado, por ejemplo, en la nueva versión 2.8 de GIMP.

Entre sus mejoras, están el trabajo con 32 bits, manejo de ficheros RAW y funciones para la creación de imágenes con rango dinámico extendido (HDR)

GIMP - GNU Image Manipulation Program Programa de manipulación de imágenes con licencia GNU.

GNU - Sistema operativo de código abierto similar al UNIX, iniciado en 1983 como alternativa a este. El hecho de ser abierto facilitó la aparición de los grupos de desarrollo, lo que hizo avanzar el proyecto rápidamente, y facilitó la evolución hasta sistemas como Gnome.

H

HDR High Dynamic Range – Alto rango dinámico. Se aplica a imágenes que contienen un rango extendido de valores, mostrando al mismo tiempo detalles en zonas oscuras y claras, y manteniendo la iluminación general de la imagen.

En principio, la técnica se usa con ficheros RAW para aprovechar la gran cantidad de información que contienen; también hay técnicas de falso HDR, que se pueden aplicar a archivos de ocho bits por canal.

HEIF High-Efficiency Image File - Nuevo formato de imagen de Apple. Es un formato con compresión sin pérdidas, que puede trabajar hasta con 16 bits de profundidad por canal.

El formato en sí mismo actúa como un contenedor, y usa el mismo códec que el formato de video (HEVC). Puede incluir transparencia.

Según Apple, el tamaño de archivo es aproximadamente la mitad del de un archivo JPG equivalente, y el sistema iOS hace la conversión automáticamente, lo que debería liberar espacio en el disco duro.

El sistema convertirá los archivos a JPG o PNG si se envían a un dispositivo no compatible. Este formato puede almacenar secuencias de imágenes en un único archivo.

Histograma - Gráfica que presenta la distribución de los diferentes tonos disponibles (intensidad de luz o por canal de color) en una imagen concreta.

Se utiliza para detectar posibles desequilibrios, y para una decisión inicial sobre la técnica de corrección o edición a aplicar.

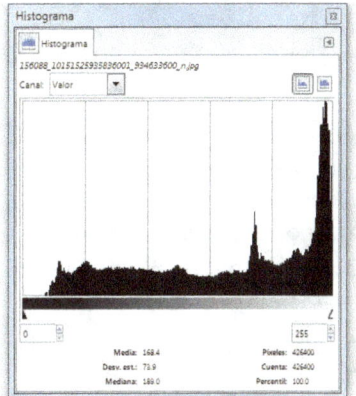

J

JPEG - Joint Photography Experts Group, grupo de expertos en fotografía. Fue el grupo original que trabajó en la definición del formato JPG, y que se consolidó con el algoritmo progresivo del instituto Fraunhofer.

Es el formato más utilizado en Internet, dado su rendimiento entre calidad y peso de la imagen; desde hace unos años, está sufriendo la competencia del nuevo formato PNG.

Su mayor inconveniente es la pérdida de información que se introduce al comprimir la imagen, que puede llegar a ser visible si el factor de compresión es muy elevado, o bien si una misma imagen se guarda varias veces sucesivamente. El resultado son artefactos de color.

K

KDP - Kindle Direct Publishing. División de Amazon dedicada a la impresión de libros bajo demanda.

L

LED - Light-emitting diode, diodo emisor de luz. Dispositivo semiconductor de bajo consumo capaz de emitir luz si pasa una corriente eléctrica a través de él en un sentido determinado.

Actualmente, algunas pantallas de televisión están sustituyendo la tecnología TFT a favor de paneles compuestos por LEDs.

M

Máscara - Herramienta utilizada por GIMP (y otros programas de edición de imagen) para limitar el efecto de una edición determinada.

El límite se presenta de una manera visual, lo que facilita esa edición.

Las máscaras suelen crear

un canal de información añadido, que en lugar de contener datos de color incluye información de cómo se protege la imagen.

Mapa de bits - Ver Bitmap. Es una imagen cuya información se almacena como una tabla de valores de color para cada píxel.

Megabyte (MB) - Unidad utilizada en informática para representar 1,024 Bytes.

Mezclador de Canales - Herramienta de edición de imagen presente en la mayoría de los editores avanzados, que permite modificar la importancia relativa de cada canal de color (por

ejemplo, rojo, verde y azul en el sistema RGB) en la imagen final.

Mediante el mezclador de canales podemos generar imágenes artísticas con colores falseados, o bien versiones monocromas (en blanco y negro).

Modo de fusión - Relación matemática utilizada por GIMP para componer una imagen de salida a partir de la información disponible en dos capas superpuestas. La capa superior se utiliza como herramienta para modificar la inferior. Actualmente, GIMP tiene 21 modos de fusión diferentes.

Multiplicar - Modo de fusión cuyo princpial resultado es un oscurecimiento general de la imagen, manteniendo los

puntos de luz sin cambios.

N

NAS - Network Attached Storage, unidad de almacenamiento conectado a una red.

Nivel - Cantidad de puntos de una imagen que contienen un determinado tono de iluminación o de color primario, según el histograma que se esté analizando. Es un dato clave como punto de partida para el ajuste de niveles o de curvas.

Normal - Modo de fusión en trabajo con capas. No modifica el contenido de ninguna de las capas utilizadas, por lo que los objetos situados en capas superiores ocultan a los colocados en capas inferiores.

P

Pantalla modo de fusión basado en la multiplicación de capas, pero que se usa para aclarar las imágenes.

PDF - Portable Document Format – Formato de documento transferible. Es un formato original de Adobe, que se ha extendido como estándar entre plataformas informáticas.

PNG - Portable Network Graphic – Gráfico (o imagen) portátil para la red. Es una imagen que toma las mejores características de diversos formatos, para crear este nuevo, que ya es compatible con la

mayoría de los navegadores de internet.

En concreto, utiliza el espacio RGB completo (8 bits por canal, como JPG y TIF) y permite compresión sin pérdidas (como GIF y TIF) pero consiguiendo tamaños de archivo muy reducidos.

PSD - Formato de imagen original de Adobe, desarrollado en paralelo a su aplicación Photoshop.

Actualmente, hay muchos programas que lo utilizan, debido a su capacidad de almacenar diferentes capas e información interna de trabajo (máscaras, trazados…).

Punto de ajuste - Punto que se crea sobre una curva para modificar su forma, utilizado para crear diferentes tipos de curva.

R

RAW - Del inglés (raw significa crudo), hace referencia a los archivos digitales generados por la cámara con la información directa del sensor, sin ningún proceso interno.

Contienen mucha más información que los archivos en formato JPG - y su tamaño también es mucho mayor.

Recorte - Pérdida de información de una imagen que se produce cuando se aumenta demasiado el brillo (se dice que hay un recorte en las luces altas) o bien cuando se oscurece demasiado (recorte en las sombras).

El resultado son aáeas de color blanco o negro uniforme, respectivamente, que pueden dar una sensación desagradable a la imagen, como si faltase algo.

RGB - Red, Green and Blue, rojo, verde y azul. Es el sistema universal de representación de color en pantallas y monitores, y cubre gran parte del espectro visible por el ojo humano.

Desde hace unos años, hay espacios de color derivados del RGB, como el sRGB y el AdobeRGB.

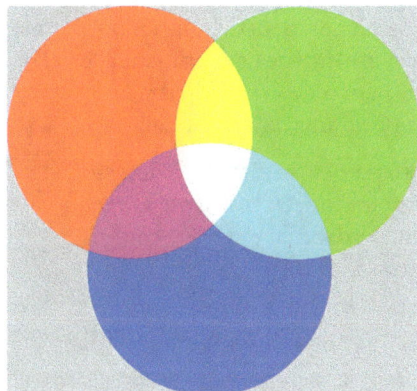

Representación básica del sistema RGB

RVA - Acrónimo en español (Rojo, Verde y Azul) para el sistema RGB.

S

Saturación – Intensidad de color, tomando como referencia el color blanco y valor el máximo posible para ese color en el espacio de color determinado.

Puede expresarse de una manera matemática, por lo que la mayoría de programas de edición permiten modificar el color de las imágenes mediante el ajuste de la saturación.

Sepia - En fotografía, es un procedimiento tradicional de coloreado de fotografías en blanco y negro, que les daba un color marrón claro característico. Ejemplo de imagen procesada en sepia.

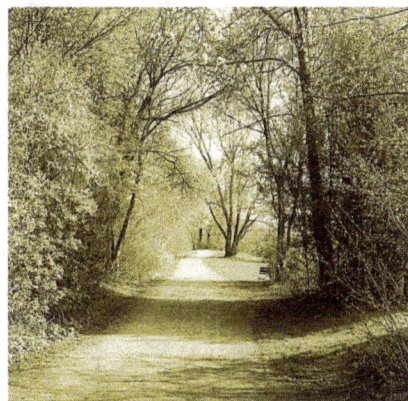

Sobrexposición - Edición de una imagen en la que se simula el proceso de laboratorio en el que se iluminaban ciertas zonas del papel fotográfico durante más tiempo del teórico, para oscurecer esas zonas.

Subexposición - Procedimiento inverso al de la sobrexposición, en el que algunas zonas del papel sensible se cubrían para que resultasen más claras de lo esperado.

SSD - Solid State Drive - Unidad de estado sólido. Almacenamiento de información digital basado en chips de silicio, que están sustituyendo a los discos dursos mecánicos tradicionales.

T

TFT - Thin-Film Transistor – Transistor de película plana. Tecnología utilizada en la fabricación de pantallas planas, necesita una fuente de luz blanca (y una rejilla de filtros de color) para representar las imágenes.

Tintado En imagen digital, proceso en el que se aplica un color uniforme a una imagen. Se puede hacer de varias formas diferentes, ya sea mediante la adición de una capa de color sólido y modo de fusión "Multiplicar", o bien mediante ajustes de brillo, tono y saturación.

También se puede conseguir mediante la herramienta de curvas. En fotografía tradicional, se conseguía mediante la adición de colorantes en el proceso de positivado del papel. No es el mismo proceso que el virado, en el que se modificaban las sales del soporte físico (papel).

Tolerancia – en imagen digital hace referencia al rango de valores permitido para aplicar una herramienta o selección, a partir de los valores de un punto concreto.

Cuanto mayor sea esta tolerancia, mayor será (por lo general) el área afectada por la herramienta, transformación o selección.

Tono En fotografía, puede hacer referencia al color

("un tono rojizo"). Algunos programas de edición fotográfica permiten ajustar los colores de una imagen mediante un control del tono y la saturación del color, ya sea sobre toda la imagen o sobre una selección activa.

También, modo de fusión en GIMP que mezcla la información de las dos capas afectadas, tomando el dato de tono de la capa superior y la saturación y el valor de la capa inferior.

Transparencia - Característica de los puntos de una imagen (normalmente, en una capa diferente de la del fondo), que indica si la capa inmediatamente inferior debe ser visible o no.

La capa de fondo, por definición, no puede tener transparencia.

Tritono - Imagen producida a partir de otra en blanco y negro, está compuesta a partir de tres colores diferentes de los primarios RGB.

U

USB - Universal Serial Bus – Bus Serie Universal, formato de conexión digital estándar que permite la conexión de hasta 127 equipos por puerto. Se ha convertido en el estándar actual, con su versión 2.0 (permite hasta 480MBps) como la más extendida.

Ya hay dispositivos que trabajan con el nuevo estándar 3.0, que poco a poco va desplazando a la versión anterior, aunque es compatible con aquella.

V

Virado - Coloreado tradicional que se hacía sobre las fotografías en papel, mediante diferentes productos químicos. Las sales de plata se sustituían por sales de otros metales.

X

XCF - Acrónimo de eXperimental Computing Facility - Instalación informática experimental, es el formato de archivo nativo de GIMP. Hasta la versión 2.6 de este programa, era opcional.

Con la última versión, es el formato por defecto, y el resto de formatos se consiguen mediante el menú "Exportar". Permite almacenar datos de capas, canales, máscaras, trazados…

Enlaces de Internet

• **http://www.gimp.org** – página oficial de GIMP, desde donde se puede descargar la última versión del programa

• **http://manual.gimp.org/manual/** - Manual oficial de GIMP

• **http://gimp.hispalinux.es** – centro de recursos de GIMP en español

• **http://www.scribus.net** – página de desarrollo de Scribus - programa de autoedición con el que se ha realizado este libro...

• **http://www.portableapps.com** - página donde se recogen diversos desarrollos y adaptaciones de programas (entre ellos, GIMP) que no requieren modificación del registro del sistema (Windows) en su instalación, por lo que permiten su uso desde memorias externas.

• **http://www.hdrsoft.com** - página de los desarrolladores de Photomatrix, herramienta muy difundida para la realización de imágenes de alto rango dinámico (HDR)

• **http://www.rawtherapee.com** – página de los desarrolladores de Raw Therapee (editor de imágenes en formato RAW), con sección de descargas gratuitas e información de actualizaciones.

• **http://r0k.us/graphics/PseudoGreyPlus.html** - Últimas técnicas sobre Falso Gris (Pseudogrey). Actualmente, alcanzan los 3110 tonos de gris...

• **https://libros.agbdesign.es** - Blog actual del autor...

Del mismo autor

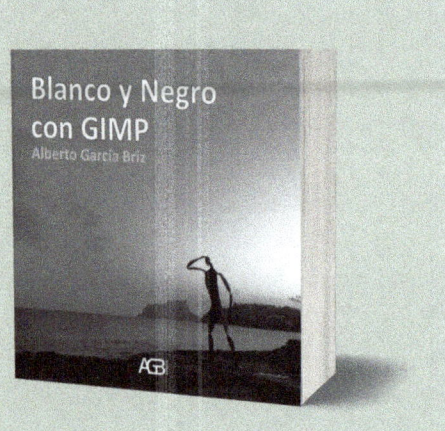

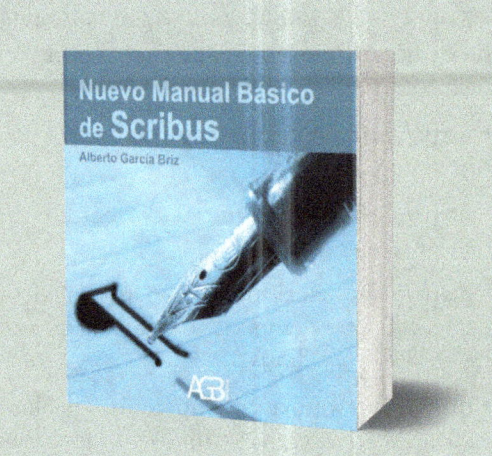

Blanco y Negro con GIMP

ISBN 979-8815643802

Diez años después de la publicación de la primera edición, este libro supone una actualización a las nuevas versiones de esta potente aplicación gratuita para la edición de imagen, introduciendo nuevas técnicas y herramientas, orientadas a la conversión a blanco y negro.

Tienes más libros y novedades del autor en
https://libros.agbdesign.es

Manual Básico de Scribus

ISBN 978-1731215253

Aprende a manejar esta fantástica herramienta gratuita de maquetación para crear tus publicaciones con un acabado profesional.

Esta publicación te presenta, en un lenguaje sencillo, el proceso para producir documentos complejos.

La funcionalidad de Scribus es, en la mayoría de las ocasiones, similar a la de otros programas de pago como InDesign, pero totalmente gratuita, al estar desarrollada por su propia comunidad OpenSource.

Del mismo autor

Del mismo autor

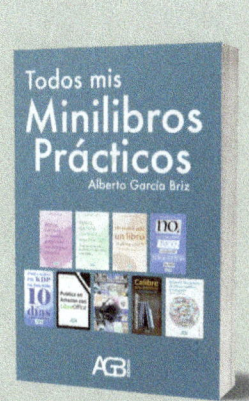

Todos mis minilibros prácticos

ISBN 979-8516629907

Este libro reúne en un solo volumen a color todos los minilibros prácticos del autor (hasta la fecha) sobre autoedición y publicación en Internet.

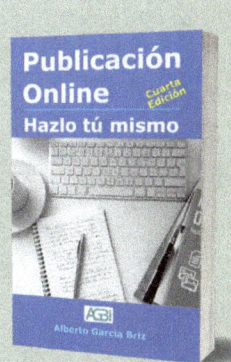

Publicación Online - Hazlo tú mismo

ISBN 978-1731215253

La autopublicación es una tendencia actual en Internet. Con unos pocos pasos puedes tener sobre la mesa (o en tu lector de libros electrónicos) ese libro que llevaba años en un cajón...

Cuarta edición con contenidos ampliados.

Del mismo autor